基于 | 核心素养 | 的
学校变革系列

钟启泉 著

课程的逻辑

Curriculum Logic

华东师范大学出版社 · 上海

图书在版编目(CIP)数据

课程的逻辑/钟启泉著.—上海:华东师范大学出版
社,2019
ISBN 978-7-5675-9087-8

Ⅰ.①课… Ⅱ.①钟… Ⅲ.①课程改革-教学研究-中
小学 Ⅳ.①G632.3

中国版本图书馆 CIP 数据核字(2019)第 084697 号

课程的逻辑

著　　者　钟启泉
项目编辑　师　文
审读编辑　范美琳
责任校对　朱　虹
装帧设计　卢晓红

出版发行　华东师范大学出版社
社　　址　上海市中山北路 3663 号　邮编 200062
网　　址　www.ecnupress.com.cn
电　　话　021-60821666　行政传真 021-62572105
客服电话　021-62865537　门市(邮购)电话 021-62869887
地　　址　上海市中山北路 3663 号华东师范大学校内先锋路口
网　　店　http://hdsdcbs.tmall.com

印 刷 者　上海锦佳印刷有限公司
开　　本　787 毫米×1092 毫米　1/16
印　　张　18.5
字　　数　252 千字
版　　次　2019 年 7 月第 2 版
印　　次　2024 年 6 月第 6 次
书　　号　ISBN 978-7-5675-9087-8/G·12019
定　　价　49.00 元

出版人　王　焰

展望学校教育的变革 | 总　序

　　21世纪是教育决定社会、经济、文化之未来的时代。随着全球化与后产业革命的推展，学校教育的价值与意义重新受到审视。作为公共教育的基础教育需要从求"量"的时代转向求"质"的时代。这就是说，革新学校教育的内容、教学的方式与学校体制，借以实现"公平而有质量的教育"，成为摆在我们面前的紧迫课题。

　　可以说，当今国际教育界涌动的"核心素养"（core competencies）的教育思潮就是旨在回应这种挑战的教育战略。无论是欧盟的"关键能力"（key competency）、美国的"21世纪型能力"（21st century skills），还是我国的"核心素养"，都在不同程度上刷新了学力观，体现了对新的课程设计与教学范式的诉求。归纳起来，大体表现出如下的趋势：（1）倡导"整体的人"的发展——求得广泛的社会公益目标与个人目标相统一的"核心素养"。学校课程的愿景与其说是让学生习得单纯的知识，不如说是勾画了学生作为"整体的人"的人格发展与学力发展的面貌。（2）从"聚焦知识"到"聚焦素养"的转向——课程设计与教学范式的重点从教学内容，亦即从聚焦"知识"转向聚焦"能力·基于素养"的养成。基于"核心素养"的学校变革谋求上述两种聚焦的统一。（3）从关注"概念的理解"转向关注"学科素养"与"跨学科素养"——倡导在特定的学科教学中凝练"关键概念"（key concepts）和提炼"大观念"（big idea），突出"跨学科"的学习，借以实现"能动学习"。而这种"能动学习"涵盖了三个基轴，即"深度学习"、"主体性学习"、"对话性学习"。（4）强调"终身学习"的重要性与学生的"主体性"所必需的"元认知能力"。课程的框架与教学的标准应当指向学会"4C"，即"批判性思维"（critical thinking）、"沟通"（communication）、"协同"（collaboration）、"创造性"（creativity）。（5）广义的课程可从四个侧面——文本的课程、教师实施的课程、学生习得的课程、经受评价的课程来加以把握,并求得彼此的联动。实践证明,这是一种有效的课程制度。(6)教师是学校变革的主体,教师的学习是同教学实践息息相关的学习,作为"协同学习"过程的课堂研究乃是造就教师成为"学习的专家"所不可或缺的。

学校变革是一个系统工程。基于"核心素养"的学校变革涵盖了如下基本环节:核心素养—课程标准(学科素养/跨学科素养)—单元设计—课时计划与实施—学习评价,这些环节是彼此关联、环环相扣的。基于"核心素养"的学校变革系列丛书,试图针对我国的教育现实及其发展愿景,展望学校变革中的实践性、理论性、政策性的课题,围绕改革实践中令人困惑的教育现实问题,展开理论探讨,提供种种思路。本系列丛书由三卷组成:《教育的挑战》,旨在把脉教育转型的大势,勾勒我国学校教育变革的图像;《课程的逻辑》,旨在寻求课程发展的逻辑,梳理我国基于标准的课程设计与教学范式的改革课题;《学校的变革》,旨在瞄准学校变革的重心,对新的学力论与学习论展开阐述。可以说,本系列丛书是我国改革开放四十多年来教育学术交流的历史见证,也展现了一个教育学人四十多年来教育科学研究的心路历程。

我国要从"教育大国"走向"教育强国",唯一的路径就是实现学校教育的转型——从"应试教育"转型为"素质教育"。"应试教育"的毁灭是势所必然的,"素质教育"的创生同样也是势所必然的,这是时代发展的潮流。不过,"应试教育"在我国根深蒂固,这种转型必然是一个艰难而漫长的新旧教育势力角力的过程。只要我们义无反顾地坚守变革的愿景,我国的学校教育变革的实践就一定能够迸发出耀眼的火花。可以相信,我国学校教育的转型获得成功之日,就是中国教育奇迹诞生之时。毫无疑问,新时代我国学校教育变革的实践经验一定会超越自身的国度,而拥有世界性的意义。期待我国学校教育的变革能够创造出中国的教育传奇,为国际教育界提供中国的教育经验。

目　录 | Contents

下编　重建课堂教学

寻求课程发展的逻辑 | 引 言

任何"课程编制"大抵离不开三项基本原则：其一，传承和发展人类文化遗产；其二，回应社会现实；其三，满足儿童发展的需求。换言之，所谓"课程编制"是指以选择和排列教育内容为主要课题的作业，包括如下三个构成要素：(1)目标的设定，即如何应对时代的要求，设定教育的目的与目标。(2)学科与跨学科活动内容的选定，即选择旨在实现目标的文化素材。(3)儿童经验的认定，即如何根据学习者的条件去配置学科与跨学科的内容系列与时间系列，使之转化为促进每一个儿童成长的主体性契机。因此，不管你意识到与否，"课程编制"总是集中地反映了编制主体所拥有的教育观、知识观、学习观和儿童观。

不过，学校的"课程"(curriculum)并非是单纯为学生预设的"跑道"，而是让学生沿着"跑道"跑的过程。也就是说，"课程"不是单纯静态的"公定框架"和学校的"教育计划"，而是师生在一定的教育情境中展开文化探索的动态生成的过程。值得我们关注的是，重建"基础学力"的概念，教会学生"学会关心"，已经成为当今世界课程改革的一个共同趋势。不仅传统的"读、写、算"基础被重新赋予内涵，而且基础学力的重心也从传统的"3R"——读、写、算，转移到"3C"——"关怀"(caring)、"关心"(concern)、"关联"(connectedness)。新世纪的基础教育学校力求建立一个充满关爱而不是残酷竞争的环境，重视学生的人格建构和多元发展，因为每一个学生都是"多元智能"的存在。如果说，19世纪以来世界基础教育课程所推崇的"基础学力"的重心是传统的"读、写、算"技能，那么，当今时代基于"关爱伦理学"的课程所强调的"基础学力"的重心则是"学会关心"。借助"课程统整"使得学生学会"统整知识"是当今世界课程改革的又一重大诉求。学校的"课程统整"既是一种课程策略，也可以说是一种课程意识。

它既是一种解构,也是一种建构。它并没有一套固定的模式,它的品质就是不断超越。

伴随着知识社会的进展,学校的功能与作用在发生变化。学校不再是"知识的配给所",学校的首要课题是发展学生的核心素养。学生的知识不是教师赐予的,而是学生自己掌握的。促进发展的课程不是教授现成知识的课程,而是探究真理的课程。正如柏拉图所说,"强制的灌输式学习不会在灵魂中留下任何的东西"。因此可以说,从"知识本位"向"素养本位"的转型,是当今时代课程发展的逻辑。瞄准"核心素养"的学校"课程"、基于"课程"而实现的"教学",以及学生在教学过程中体验到的"学习",这三者之间是相辅相成的关系。《课程的逻辑》基于上述观念,围绕课程目标、课程内容、课程策略、课程评价、课程政策以及教师角色等范畴的问题,旨在回答我国学校课程变革进程中直面的一系列课题。

——以"课程知识"概念的重建为核心,阐明新时代学校课程需要五个新的突破。这就是,基于"保障学习权"的视点,整体勾画基础教育的课程体系;基于"学校改革逻辑"的视点,聚焦"课堂革命";基于"课程文化"的视点,超越"双基论"的局限,倡导建构性的学习;基于"课程资源"的视点,打破陈腐的教材概念,实现"一纲多本"的教科书政策;基于"学习共同体"的视点,打破学校孤立于社区的状态,倡导"学习共同体"的学校建设。

——以凯洛夫教育学为靶子,阐明新时代学校课程需要新的教育思想高度——"儿童本位"。这就是,"尊重儿童"——儿童不是完全的成人,是拥有其独自的认知结构与生活需求的独特的存在;"理解儿童"——儿童是"在成长中"、"在关系中"的多元智慧的存在,儿童不是"小大人",儿童教育不能"成人化";"发展儿童"——儿童是知识的自主建构者。学校与教师的责任在于保障每一个儿童的"学习权"。"儿童本位"是"新课程改革"的出发点和归宿。

——以改革实践的诉求为依归,阐明新时代学校课程发展直面新的挑战:概念重建与制度创新。其一,重建"知识"概念和"学习"

概念,从行为主义、认知主义和建构主义三种"知识观"的演变,阐明知识概念的演进对课程创新的进步意义;依据认知科学的成果与建构主义学习观,阐述"学习"是个人意义的发现或是社会意义在主体中意义的形成。其二,凸显新的教师形象,即新时代学校课程的发展要求教师教育必须从"教书匠"的训练走向"反思性教育家"的成长,以求得"理论的实践化,实践的理论化"。同时,倡导"实践研究方法论"——基于知识建构的学习观与教师合作关系的课堂研究方法论。其三,强调课程学人的道义承担——秉持"国际视野,本土行动"的理念,致力于课程概念的重建与课程制度的创新。这是历史的召唤,也是课程学人的道义承担。

本书是在《课程的逻辑》(2008 年版)的基础上修订的,此次作为基于"核心素养"的学校变革系列丛书(全三卷)中的第二卷,分上编"创新课程文化"和下编"重建课堂教学",由 20 篇文章组成。这次修订做了篇目的删削与调整,以及文字的补充与修正。读者或许可以从中追寻到我国改革开放四十多年来基础教育课程改革进程的某些线索。

上编

创新课程文化

1

论学校课程改革的价值转型

2001 年 6 月，教育部颁布的《基础教育课程改革纲要(试行)》(以下简称《纲要》)开启了我国学校课程改革的征程。其核心理念是"为了每一位学生的发展"，预示着我国学校课程体系的价值转型。长期以来，基础教育课程体系为知识技能所主宰、为升学考试所左右，目标单一、内容死板、过程僵化、方式机械，严重影响了学生身心的健康发展。新课程顺应时代发展的需要，决心彻底扭转应试教育的弊端，以培养学生健全的个性和完整的人格为己任，努力构建求得每一个学生发展的课程体系。具体而言，新的课程体系力图走出知识传授的目标取向，确立培养"整体的人"的课程目标；破除书本知识的桎梏，构筑具有生活意义的课程内容；摆脱学生被知识奴役的处境，恢复个体在知识生成中的合法身份；改变学校个性缺失的现实，创建富有个性的学校文化。

一、关注学生作为"整体的人"的发展

人类个体的存在是一个整体性的存在。这包括两层含义：人的完整性与生活的完整性。从本质上说，人是一个身体、情感和精神和谐发展的有机整体。人的完整性根植于生活的完整性。生活无非就是人与世界的交往。因此，人生活在世界中，人生活的世界是人的世界，人与世界的其他构成——自然、社会亦是彼此交融的有机整体。

（一）现代教育对"整体的人"的支离

个体作为一个整体的存在方式要求学校课程能为其提供整体的内容和时空，然而，传统课程的诸多举措却忽略乃至销毁了儿童的整体性。一方面，追求学术性、专门化的课程体系与缺乏深度的传递方式剔除了课程中的生命气息，从而导致了学生的片面发展。长期以来，伴随着对理性知识的无上崇拜，学校课程体系中的非学术性知识，如儿童的现存环境、生活背景和经验阅历等被"边际化"，课程作为抽象的知识类型，以符号的平面化遮蔽了文化的精神含义。同时，机械的、单向灌输式的文化传递方式对学校课程的精神内涵的失落来说，无疑是雪上加霜。它排除思维的批判性和否定性，学生个体的理解、想象和创造都变得不再重要，重要的是遵循课程，更具体地说，是遵循教科书、教学大纲等的规定。在这种情况下，课程异化为限制学生精神发展的力量，生命的丰富性和责任感随之游离在课程之外。个体的知识学习与精神建构产生了质的断裂，学生不再是一个完整的统一体，他常常说着"言不由衷"的话语，过着成人为自己预设的生活，努力成为"有精神病的科学家"。

另一方面，高度"制度化"（institutionalization）和"科层化"（bureaucratiation）的学术科目基于"人类中心主义"的视野，[1] 秉承"二元论"的价值观和功利主义的态度，视自然、社会、他人为利用理性原则加以操纵和控制的对象，从而把儿童完整的生活加以割裂和肢解，导致儿童的完整性被连根拔起。因为自我与世界是统一的，人生活在世界中，人把世界对象化，也就意味着把自己存在的基础对象化，因而也在一定程度上将自身对象化。当人把自身对象化时，人的自我就被完全异化了，人也就不复为一个统一的整体。相反，他成为了马尔库塞（H. Marcuse）所言的"单向度的人"。他强烈地试图掌控、役使和享用一切，同时却又在外在的观念、权威和名利之中迷失。

人性支离所引发的现代教育的种种悲剧可谓罄竹难书。如何实现一个完整的人的教育？个体存在的完整性不是不同学科知识杂烩的结果,亦不是条分缕析的理性思维的还原。它一方面需要个体通过丰富多彩的生活体验和个性化的创造表现来丰富生命的内涵和质地,另一方面需要个体以宽广的胸襟向整体的生活世界敞开,同自然、社会和自我进行真实的对话和交流。

(二)"整体的人"的发展内涵

"整体的人"(whole person)的发展首先意味着智力与人格的协调发展。雅斯贝尔斯(K. Jaspers)在《什么是教育》中曾经忠告人们:"教育是人的灵魂的教育,而非理智知识和认识的堆积。"[2]第八次基础教育课程改革把改变课程过于注重知识传授的倾向和统整学生的知识学习与精神建构作为具体改革目标之一。为实现这一目标,新课程首先力图通过制定"国家课程标准"代替一直沿用的"教学大纲"。原有的教学大纲多以学科体系为中心来表述本学科要求掌握的知识与技能,教学要求否认个体差异,规定学生必须达到统一的最高标准,从而造成学生疲于应付知识的学习的现状。国家课程标准是对学生某一阶段的学习结果所作出的最低限度的、共同的要求,并不规定课程的具体内容。这为学生的个体经验进入到课堂开了方便之门。只有当知识学习与学生的经验融在一起,知识才能与个体发生意义关系,才能对个体生命的建构发挥作用。其次,国家课程标准把"过程与方法"作为与"知识与技能"、"情感态度与价值观"同等重要的目标维度加以阐述,承认过程本身不仅具有手段性价值,亦具有目的性价值。这对学生的精神建构具有重要意义。尽管强调探索的过程可能意味着学生要面对问题和困惑、挫折和失败,意味着学生花费很多时间和精力,可结果却一无所获,但这恰恰是一个人学习、生存、生长、发展和创造所必须经历的过程,它还生命以真实,还生活以实在。只有在过程中,知识才能进入个体的整体经验,被生生不息地转化为"精神的力量"和"生活的智慧"。

"整体的人"的发展还意味着个体、自然与社会的和谐发展。杜威说:"只有当相继出现的经验彼此结合在一起的时候,才能存在充分完整的人格。只有建立起各种事物联结在一起的世界,才能形成完整的人格。"[3]课程体系唯有贯彻自然、社会与自我有机统一的原则,才有可能实现整体的人的发展目标。新课程首先用一种整体主义的观点,从三大关系上规划培养目标,即学生与自我的关系(如"具有健壮的体魄和良好的心理素质,养成健康的审美情趣和生活方式")、学生与他人和社会的关系(如"具有社会责任感,努力为人民服务")、学生与自然的关系(如"具有初步的创新精神、实践能力、科学和人文素养以及环境意识"),致力于人的自然性、社会性和自主性的和谐健康发展,从而培养人格统整的人。其次,新课程突破学科疆域的束缚,强调向儿童的生活和经验回归,把自然、社会与自我作为课程开发的基本来源。例如:作为新课程亮点之一的综合实践活动课程,其内容的选择与组织就是围绕三条线索(学生与自然的关系、学生与他人和社会的关系、学生与自我的关系)进行的,同时该课程还力图走出工具理性的窠臼,倡导活动的伦理原则。在亲近与探索自然的过程中放弃主宰自然的狂妄心理,发展学生对自然的关爱品质,成为自然的、有意义的"揭示者"和"守护者";在体验和融入社会中培养民主的观点,提升理解、宽容、同情等主体意识,发展批判社会、服务社会的能力;在认识与完善自我中,正视人的尊严与价值,培养珍视与善待生命的德行,追求个性的张扬与解放。当自然、社会与自我彼此交融,归属于学生整体的课程生活时,课程的意义得以澄明:"学校课程的宗旨不在于促使我们成为学术科目的专家……学校课程的宗旨在于促使我们关切自己与他人,帮助我们在公共领域成为致力于建设民主社会的公民,在私人领域成为对他人负责的个体,运用智力、敏感和勇气思考与行动。"[4]

二、回归学生的生活世界

现象学大师埃德蒙德·胡塞尔(Edmund Husserl)认为:"生活

世界是自然科学被遗忘了的意义的基础。"[5]在他看来，"生活世界"（life world）是"直觉地被给予的"、"前科学的、直观的"、"可经验的"人之存在的领域，是一个有人参与其中、保持着目的、意义和价值的世界。"生活世界"的理念对教育的启示在于：教育是发生在师生之间的、真实生活世界中的社会活动，生活世界是教育发生的场所，学生的体验和经验构成了学校教育的重要内容；生活世界也是教育意义得以建构的场所，教育只有向生活世界回归，才能体现教育意义的真谛。教育是发生在学校中、教师和学生的生活中的教育，课程是学生的课程，课程教学应该在学生的生活世界中关注教育意义的建构，在现实生活中关注师生之间的对话与理解，追寻富有意义的、充满人性的教育。

（一）生活意义的失落

如何恰当处理"科学世界"（scientific world）和"生活世界"之间的关系，是困扰20世纪课程改革乃至教育改革的基本问题之一。[6]纵观整个20世纪，对课程内容选择起支配作用的主要是科学世界，课程改革在很大程度上是为了适应科学世界的变化。"唯科学主义"（scientism）因而成为支配20世纪课程改革的主导价值观，受科学世界支配的课程体系也就成为"唯科学主义"的传播者，这种课程越来越脱离生活世界，进而导致教育中生活意义的失落。就现实而言，中小学课程也总是在强调理性知识的价值和强调儿童的经验之间摇摆，未能处理好科学世界与生活世界的关系。一方面，课程改革强调课程内容应来自学生的生活经验；另一方面，当学生在教学过程中热衷于表达自己的具体经验时，教师却往往对这些经验不屑一顾，甚至压制它，这种自相矛盾正是教育的一块"心病"。远离学生生活和社会现实的课程教学所体现的只是单一的生活模式和图景，缺乏生活意义的课程迫使学生在课程实施中戴着面具做痛苦的表演，学生缺乏真实生活的愉悦体验，更缺少生活的激情。学生的生活世界被忽视了,学生由一个社会情境中的具体人变成了一个单纯表演的认知者,从而造成学生生活的"殖民化"。

长期以来,我们衡量课程的尺度是科学化、理性化和实证化,科学知识的地位和作用被置于无以复加的高度。于是,课程设计便按照由直观到抽象的逻辑顺序排列,目的在于构建以纯理性为旨趣的知识体系。当前的中小学学术科目因过分追求学科体系结构的完整性与纯洁性而走入"高筑墙、深挖洞、广积粮"的误区,使课程从总体上脱离了学生生活。在课程世界里,教师是全权主宰。他通过对课程标准的解释与程序的掌握,成为学生获得所谓正确的"知识、规范、纪律"的参照。但教师本人并未成为自己个性风格的代言人,在考试的要求下,他对知识的传授只能按"标准"原则进行。学生在规范、统一的世界里,作为独立个体的自由地位被"等待加工的商品"属性所挤压。课程对理论知识的顶礼、科学世界的独尊和学生生活的冷漠,迫使学生沉浸在各种符号的逻辑演算和知识的被动接受之中;课程不能关照学生的生活世界,缺乏相应的生活意义和生命价值,于是课程世界里学生的"失我化"使"人"被隐藏起来。现代课程工具的理性使课程偏离了原本方向,"人"这种最有用的知识在课程视野里成了最不完备的知识,课程迷失了对"意义"的追求——"人"被边缘化了。被"边缘化"的学生开始呼唤"让我成为自己",渴望在茫茫人海和芸芸众生中获得一个属于自己的熟悉领地,希冀在空旷无垠的宇宙中觅得一个坚固的支点,来寻求一种内心体验。

(二) 回归生活的课程

"尽管客观科学的逻辑超越了直观的主观生活世界,但它却只有回溯到生活世界的明证时,才具有它的真理性。"[7]回溯历史、审视现实,可以发现,科学世界依然对课程体系、课程内容起着主宰作用,在科学世界被日益强化的同时,科学世界与生活世界被日益割裂开来,科学世界沦为"迷途的羔羊",人也就不可避免地沦为"科技理性"的奴隶,导致学校教育知识的非人性化现象。现代课程在与生活世界的剥离中不断被人们所诘问、剖析和审视,因此,需要通过课程去寻找失落的人的主体价值,"人"的发展需求正以前所未有的声音呼唤着课程改革踏上回归生活世界的旅途。"人的回归才是教育改革的真正条件。"

20世纪70年代以来,课程研究发生了"范式转换"(paradigm shift),众多的课程学者开始反思以"泰勒原理"(Talyer Rationale)为代表的传统课程开发范式的局限与偏执,致力于对课程领域进行"概念重建",这给课程研究带来了新鲜的气息。在概念重建主义课程理论看来,课程不是既定的学习材料,也不是"僵死"的教科书,而是活生生的经验和体验。正如美国课程论专家威廉姆·派纳(W. F. Pinar)所言:"课程尽管包括这些文字的与制度的意义,但绝对不限于此。……课程应成为一代人努力界定自我与世界的场所。"[8]既然课程是学生"界定自我与世界的场所",那么就应该关注学生的经验与体验,关注学生当下的生活感受,而不仅仅是先前积累的知识。此外,后现代课程理论也非常关注学生的经验,以小威廉姆·多尔(W. Doll)为代表的后现代课程论者,致力于超越既定学习材料的教条,走向学生的经验与体验,从而实现课程的"丰富性"(rich)、"回归性"(recursive)、"关联性"(relational)和"严密性"(rigorous)。

在我国新一轮的课程改革中,新课程体现出向生活世界回归的取向,《纲要》对课程改革的具体目标作出了规定:"改变课程内容'繁、难、偏、旧'和过于注重书本知识的现状,加强课程内容与学生生活以及现代社会和科技发展的联系,关注学生的学习兴趣和经验,精选终身学习必备的基础知识和技能。"[9]从课程内容的角度确定了课程改革同学生生活的联系,关注学生的兴趣和经验,尊重学生的个性自由发展,从而改变了过去把学生放在客体的位置上而忽视其主体性的对象化思维。新课程明示了课程内容不能仅仅来自"科学世界",而必须以"生活世界"作为背景和来源,赋予课程以生活意义和生命价值。回归生活世界的课程,在内容上突破了狭隘的科学世界的束缚,课程内容不再是单一的、理论化的、体系化的书本知识,而是向学生呈现人类群体的生活经验,并把它们纳入到学生生活世界中加以组织,使文化进入学生的"生活经验"和"履历情境"。

《纲要》还明确规定:"整体设置九年一贯的义务教育课程",小学阶段以综合课程为主;初中阶段设置分科与综合相结合的课程;高中阶段以分科课程为主。可以看出,新课程对课程结构进行了重建,强调综合性,加强选择性并确保均衡性。新课程注重学科知识体系的重建,努力软化学科界限,展开跨学科的对话,这也是对旧有的课程结构进行的根本改造。它在每一教育阶段都以具体课程形态的方式,有计划地安排了学生的学习机会,体现了课程的综合化,强化了课程对学生个体差异的选择性,保证了每位学生全面、均衡、和谐地发展。因此可以说,新课程体系也倡导了一种回归生活世界的教育,注重社会生活,关照学生的经验和个体差异性,它所体现的不是分科的学科知识,而是综合的跨学科的知识和学问。《纲要》还规定了一些综合课程的具体形态,如综合实践活动等,这些综合课程统整了学生的生活经验与知识体系,有利于促进学生的和谐发展。

三、寻求个人理解的知识建构

知识是教育的重要内容和载体,是教育目的得以实现的基础。某一时代的知识观深刻地影响着这一时代学校教育的课程形态、教学特点与学习方式。因此,把握体现当今时代精神的知识观,是建构新的教学和学习理论的前提。

(一)"个人知识"(personal knowledge)的缺席

传统课程体系信奉客观主义的知识观,视知识为普遍的、外在于人的、供人掌握的真理。由于以主客分离为基础,课程当之无愧地成为了知识的载体,成为一堆事实、理论和方法的总汇。它外在于生命个体,外在于学生丰富的现实生活,以其所代表的知识的绝对性乃至神圣性成为个体生命顶礼膜拜的对象。认识过程就是把热情的、个人的、人性的成分从知识中清除。在教育领域,这意味着个人见解在给定的课程知识面前是没有意义的,它只能被搁置,甚至被否认、被杜绝。正如罗素所言:"就整个社会所搜集的知识总量来说,社会的知识包括百科全书的全部内容和学术团体汇报的全部文献,但是关于构成个人生活的特殊色调和纹理的那些温暖而亲切的事物,它却一无所知。"[10]对知识客观化和科学化的追求,必然是以牺牲个人知识因素为代价的。

英国哲学家波兰尼(M. Polanyi)将知识分为"显性知识"(形式知识)与"隐性知识"(默会知识),[11]显性知识是能够被人类以一定的符码系统(语言、数学公式、图表等符号形式)加以完整表述的知识;隐性知识则是指那种个人化的"只可意会,难以言传"的知识。我们正是借助这两种知识形态,才得以能动地生成知识。尽管默会知识是极其个人化的,不是用语言可以完全表达出来的,但却对人类的认识有着深刻的影响。它是所有知识的支配原则,因为"人们能够识知的比人们能讲述的更多;如果人们不依赖对不能讲述的事实的感知,人们不可能有系统的理解。"[12]如果把人类知识比作一个冰山,外显的明确知识不过是暴露的冰山一角,掩隐在一角之下的则是大量的、复杂的、不可言传的默会知识。默会知识像没入水下的冰山部分,强有力地支撑着显性知识,使其保持生机和活力。

由于无法言传,个人知识的获得只能通过学习者的亲身体验和实践。但在传统知识信念的支配下,教学始终是单向地向学习者灌输明示的知识,学习者作为知识的容器,始终无法将知识转变为自己的理智力量,因此也就无法从根本上导向对知识的发现与创新。个人知识在课程体系中的缺席对学生造成了恶劣的影响。教师与学生陷入被知识奴役的处境,从而丧失了鉴赏知识、批判知识和发现知识的信心、勇气和资格。这是极为不幸的事件,因为它从认识论意义上动摇着知识创新、民主建设和社会进步的根基。福柯在一本书中曾意味深长地反问:"对知识的热情,如果仅仅导致某种程度的学识增加,而不是以这样或那样的方式或在可能的程度上使求知者偏离他的自我,那么它归根到底能有什么价值可言?"[13] 21 世纪的基础教育课程体系必须要恢复个人知识的合法性地位。

(二) 具有个人意义的知识生成方式

只有在个人的日常生活中获得直接体验的知识才能变成个人的知识,课程体系因而必须建构知识与人之间的一种整体的意义关联,使之对个人的成长和发展产生意义。

新课程首先要确立起新的知识观,从而使人摆脱传统知识观的钳制,走向对知识的理解与建构。课程改革的具体目标之一,是积极倡导学生"主动参与、乐于探究、勤于思考",以培养学生"获取新知识"、"分析和解决问题"等的能力。这表明,新课程不再视知识为确定的、独立于认知者的一个目标,而是视其为一种探索的行动或创造的过程。个体是内在于这一过程的,因此他与知识不是分离的,而是构成一个共同的世界。同时由于个体的参与,知识不再是纯粹认知的活动,它与个体的兴趣、情感、信仰等态度相关。个体的个性化参与态度及个人见解随之进入知识,并与之有机地融合在一起。课程知识因而不再只是具有普适性的简单规则和既定结论,学生生活及其个人知识、直接经验亦成为课程内容的有机构成。课程走下神坛,成为师生共同创生意义的资源和材料。教师与学生摆脱了被知识奴役的处境,面对课程知识,获得了某种尊严和言说的权力。

其次,新课程把转变学生的学习方式作为重要的着眼点,以尊重学生学习方式的独特性和个性化作为基本信条,从而重建了"教"、"学"、"师生关系"等概念。新课程要求在所有学科领域的教学中渗透"研究性学习方式",同时设置"综合实践活动课程",为"研究性学习方式"的充分开展提供独立的学习机会。研究性学习是一种自主、合作、探究的学习方式。它的引入使教学不再是教师面对知识独白的过程,而是师生共同参与知识创生的过程。教师不再仅仅是"教教材",而是与学生一起探索"学生所正在经验到的一切"。学习作为建构新知识的活动,一方面成为学生不断质疑、不断探索、不断表达个人见解的历程,另一方面,学习还超越原有的个人化行为,成为群体合作的行动,成为团队精神和群体意识发展的契机。教师与学生还将建立起真正的对话关系,超越自己的个体有限视界,填平"知识权威"与"无知者"之间的鸿沟。师生在知识创生中的主体地位的恢复,赋予其人生实践和社会实践以深刻的意义和崇高的使命。"权威意识"在求知中被破除,从而有助于学生形成不断进取、谋求改变的人生取向和精神境界,进而在更广阔的范围和深远的意义上构筑"不断创新,追求进步"的民族心理倾向和国民共同信仰,最终实现中华民族的伟大复兴。

再次,新课程还力图构建具有个人意义的评价方式,以保障知识生成方式的个性化。新课程要求"发挥评价的教育功能,促进学生在原有水平上的发展",将评价视为评价者与被评价者共同建构意义的过程,强调通过学生的主体参与,发展自我反思能力和对自己的学习负责任的意识。主张在价值观上尊重个别差异,秉承多元主义的价值取向;在评价方式上,试图采用"档案袋评定"(portfolio assessment)、"苏格拉底式研讨评定"(Socratic seminars)、"表现展示评定"(performance exhibitions)等质性评定方式以弥补传统学业成就测验的不足;在评价内容上,注重描述学生的个性化反应,以提升评价的个人发展价值。

四、创建富有个性的学校文化

学校文化是教师和学生在学校和班级的特定场所内,由于拥有独特的社会结构、地理环境、人文景观而形成的学校独有的一系列传统习惯、价值规范、思维方式和行为模式的综合。对于课程来说,改革不仅仅意味着内容的更新、完善与平衡,更重要的是,意味着学校作为"文化共同体"的创造者。[14]学校文化的变革是课程与教学最深层次的改革,创建富有个性的学校文化正是课程改革的核心课题。

（一）学校个性的缺失

现实的学校教育不过是一种灌输式的"存储行为"。[15]在这里,作为"讲解主体"的教师,不是同学生进行平等对话、沟通合作,而是让作为"倾听客体"的学生耐心地接受、记忆和重复存储材料。学生变成了知识的"容器",变成了可任教师灌输知识的"存储器",师生关系是一种"反对话关系"。[16]传统教学大纲的强制性（指令性）,教育制度的僵硬性,学校与社区的隔离,应试教育体制特别是高考制度对于学生期待与要求的划一化,所有这些因素都不是彼此孤立的,而是彼此交错成为强化"反对话关系"的因素。这些因素,大体导致了两大结果:一是学校文化的大部分被制度化了的"反对话文化"所占据,使得促进教师专业成长的"师徒制"、"教研室"以及自发形成的教师学习小组等类型的"合作文化"、"对话文化",在"应试教育"的背景下被扭曲,在本质上变成了"反对话文化",目的在于为应试教育服务,从而加剧了学校的划一性、僵硬化;二是学校不立足于社区、学校与学生的实际,学生每日往返于家庭与学校两点之间,学校俨然成为"文化的孤岛",创造学校自身特色文化的势头薄弱,学校文化缺乏生活化、社会化意义。这些问题既导致了"学校文化"的贫困,又导致了学校个性的缺失。

学校个性的缺失导致了两个方面的问题。从宏观层面来看,制度化了的"反对话文化"在学校中占据优势地位,学校在课程管理上一律受制于国家课程,缺乏自主发展的空间,学校的划一性、僵硬性造成了学校维持现状的"适应主义倾向",导致发展学生创造精神与实践能力的教育难以展开。从微观层面来看,繁、难、偏、旧的课程文化,一方面导致学校产生了大量的游离于现实生活的、难以应变的"差生",压抑了学生个性的发展;另一方面也束缚了教师的发展,教师全权主宰课程,按照呆板的教学计划传授既定的书本知识,但教师本人难以成为自己个性风格的代言人,学校的校风和个性也无法在这种氛围中生长。因此,课程改革的现实课题,是重新审视学校文化发展的内涵,创造出反映各自学校个性特色的独特的学校文化。

(二) 学校文化的再生

"学校文化"的再生是课程改革的直接诉求和终极目标。我们的学校不是官僚机构,不是兵营,不是公司,不是监狱,学校是"学习型组织"。学校文化的重建和再生是一个发展新的价值、信念和规范的过程;是一个变"灌输中心教学"为"对话中心教学"、变"专制独裁关系"为"平等合作关系"、变"资源垄断关系"为"资源共享关系"的过程。[17]课程改革为学校的改革和发展提供了一个平台,为创建新型的、富有个性的学校文化提供了契机。在"学校文化"再生的过程中,我们需要特别关注建设民主的管理文化、建构合作的教师文化和营造丰富的环境文化。

20 世纪七八十年代以来,随着世界范围内课程改革的演进和课程开发模式的变革,无论是集权型的课程管理体制还是分权型的课程管理体制,都越来越关注课程开发的开放性和民主化,力图打破原有的课程权力分配极端化的管理模式。我国新一轮课程改革也正在致力于建设民主的课程管理文化。《纲要》明确规定:"改变课程管理过于集中的状况,实行国家、地方、学校三级课程管理,增强课程对地方、学校及学生的适应性。"我国三级课程管理体制的提出与推行,既迎合了世界范围内课程权力再分配的潮流,也是课程改革的客观需要。它突破了以往课程权力过于集中、难以适应地方与学校具体情境的弊端,推进了课程的适应性和课程管理民主化的进程,也使校本课程成为此次课程改革的一大亮点。校本课程的概念体现在以下几个方面:在课程权力方面,学校拥有课程自主权;在课程开发主体方面,教师是课程开发的主体;在课程开发场所方面,具体学校是课程开发的场所。因此可以说,校本课程最能反映学校的具体情境和学生的学习需求,体现学校的特色和发展风貌。

课程管理的民主化、均权化意味着课程变革的过程是一个全员参与的过程。"三级课程管理"的理念赋予教师参与课程开发、管理课程的权力,尤其是在学校水平上,促使教师成为课程开发的主体。获得专业自主的教师在参与课程开发时,能够积极展开交流和对话,逐渐在参与改革的教师之间形成"伙伴式的团队文化",实现共同的教师专业成长。教师这种以其自身的"实践知识"为基础展开的"实践思维方式",拥有如下特征:不仅是教学后的反思性思考,而且是能够活跃地展开教学过程的即兴式思考;能够积极地、感性地、深思熟虑地介入教学情境;从多元的视点研究教学的复杂性;在发现教学现象的复杂关系的过程中不断地建构、再建构教学所固有的问题框架。此外,新课程倡导加强课程综合化,综合课程的实施使教师之间的合作成为必需。任何教师都不可能具备所有学科的知识和技能,实施综合课程需要教师之间互补与合作,努力打破原有的独立作业的教学形态,培养教师的团队合作精神,发展教师的专业自主权。

学校文化既有显性的文化,诸如教育目标和课程,也有来自教育作用的潜在文化,诸如学生的交友关系、师生的信赖关系、学校与班级的氛围等对于学生人格形成的影响,即"隐性课程"对于学生发展的作用。杰克逊(P. W. Jackson)曾从课程论的角度对学校文化的影响进行了研究,他认为,在学校、班级中促进学生社会化的非学术性经验构成了"隐性课程"(hidden curriculum)。可以说,学校的校风和个性更强烈地体现在隐性课程之中。因此,应当从这个角度出发,重新对学校环境文化加以审视。学校环境文化不是作为显性的课程资源,更多的是作为隐性课程发挥着作用,对学生的影响是潜移默化且长久而深远的。本次课程改革也非常关注隐性课程在塑造人、培养人中的作用,而不仅仅关注课程表上显性的课程,注重学生对日常生活的经验和体验。同时,赋予教师一定的课程自主权,逐渐形成民主的管理文化与合作的教师文化,其宗旨就在于营造一种丰富的学校文化环境,更好地促进学生的主体发展和身心的和谐发展。

参考文献

［1］［4］［8］Pinar, W. F., Reynolds, W. M., Slattery, P. et al. Understanding Curriculum[M]. NewYork：PeterLangPublishing, 1995：848,848,847—848.

［2］雅斯贝尔斯.什么是教育[M].邹进,译.北京：生活·读书·新知三联书店,1991：4.

［3］杜威.我们怎样思维·经验与教育[M].姜文闵,译.北京：人民教育出版社,1991：268.

［5］胡塞尔.欧洲科学危机和超验现象学[M].张庆熊,译.上海：上海译文出版社,1988：98.

［6］张华.课程与教学论[M].上海：上海教育出版社,2000：422.

［7］倪梁康.现象学及其效应[M].北京：生活·读书·新知三联书店,1994：131.

［9］钟启泉,崔允漷,张华.为了中华民族的复兴,为了每位学生的发展——《基础教育课程改革纲要(试行)》[M].上海：华东师范大学出版社,2001：3.

［10］罗素.人类的知识[M].张金言,译.上海：商务印书馆,1983：9.

［11］［12］野中郁次郎,绀野登.知识经营的进展[M].东京：筑摩书房,1999：104,105.

［13］大卫·雷·格雷芬.后现代科学——科学魅力的再现[M].马季方,译.北京：中央编译出版社,1998：9.

［14］森敏昭.21世纪学习的创造[M].京都：北大路书房.2015：24—27.

［15］［16］保罗·弗莱雷.被压迫者教育学[M].顾建新,等,译.上海：华东师范大学出版社,2001：25,40.

［17］欧用生,杨慧文.新世纪的课程改革[M].台北：五南图书出版公司,1998：1—20.

2

课程改革：挑战与反思

随着新课程实施的进展，新旧教育观念的冲突是不可避免的。改革与反改革的声浪恐怕会持续存在于改革的全过程。我们需要清晰地向整个社会传递这样的信息：素质教育是既定方针，不可动摇；课程改革要进行到底，倒退没有出路。新课程背景下的学校教育作为汲取全人类优秀文化遗产的一种文化实践活动，归根结底是旨在促进每一个学生健全成长的活动，而不是"教化"和"训练"。我国的教育发展缺乏资金、人员、技术，但更缺的是思维方式的变革。

一、危机引发改革，改革产生困惑

"危机引发改革，改革产生困惑。"这是诸多国家发展的通则。课程改革也是一样，它不是某些人的心血来潮，而是危机引发了改革：因为存在课程危机，我们才策划改革。"应试教育"使得我们的课堂异化、学校异化、人格异化，说得彻底一点，教育的使命和魅力荡然无存。奴役学生、摧残人才的"应试教育"同当今时代的发展格格不入，应当寿终正寝了。一方面，教育改革特别是课程改革势在必行；另一方面，我们在改革实践中又产生了许多困惑：从观念到体制、机制都不能适应，课程改革面临重重困难。不过，应当说，许多矛盾和困惑并不是由于新课程本身所产生的，它不过是催化旧体制、旧机制中的问题，使其浮出水面而已。在我看来，特别是以下三个瓶颈导致了当前课程改革的种种困惑，需要抓紧解决。

第一个瓶颈，高考制度滞后。尽管教育部已经明确了大体的改革方向——"下放、多样、扩大大学自主招生权",但至今仍缺乏一个强有力的研究班子来具体地落实这些原则;尽管我们有一些考试院之类的机构,但它们的着力点好像不在于研究,而是行使职能。严格地说,它是一种职能机构,谈不上研究机构。中国的教育人口极其庞大,加上"应试教育"积重难返,如果缺乏对于指导性的、具体的操作规程的研究,那么,学科教学改革和综合实践活动将难以推进,普通高中的课程改革可能就会崩溃。而高中课改一旦崩溃,会影响到初中、小学的课程,最终导致应试教育全面"复辟"。

第二个瓶颈,教育立法滞后。《中华人民共和国义务教育法》(以下简称《义务教育法》)、《中华人民共和国高等教育法》(以下简称《高等教育法》)等教育法制不到位。比如,义务教育是一种免费的、强迫的教育。义务教育的要件是如下四个义务:(1)就学义务——监护者(家长)送子女入学的义务。(2)办学义务——国家或者地方公共团体设置学校的义务。(3)就学保障义务——义务教育免费。对由于经济缘由就学困难的学龄子女的保护者,地方公共团体必须给以必要的补助——奖学义务。(4)规避义务——对限制学龄子女劳动的学龄子女雇用者的避止义务。[1]义务教育原则上不分种族、信条、性别、社会身份、经济地位,以所有儿童为对象,实行"强迫的"、"免费的"教育。但我们不能否定这样一个有目共睹的事实:政府的教育投入不足,是造成教育乱收费的根源。现行的所谓"义务教育",实践水分太大。因此,修订《义务教育法》等教育法规乃是理所当然的。不过,这种修订需要有一个公众讨论、教育学术界通力合作的过程。①

第三个瓶颈,教师研究滞后。新课程在实施中提出了一个响亮的口号——"教师即课程",但要把这个口号转化成每一个教师的专

---

① 1986 年 4 月 12 日第六届全国人民代表大会第四次会议通过,2006 年 6 月 29 日第十届全国人民代表大会常务委员会第二十二次会议修订的《中华人民共和国义务教育法》在第二条"国家实行九年义务教育制度"中规定:"义务教育是国家统一实施的所有适龄儿童、少年必须接受的教育,是国家必须予以保障的公益性事业。""实施义务教育,不收学、杂费"。我国的义务教育进入了免费时代。新《中华人民共和国义务教育法》的颁布和实施是我国教育事业发展的一个里程碑。

业成长的实践,需要改变教师被研究的状态。近20多年来的国际教师研究经历了一连串的进展:教师技能研究→教师思维研究→教师知识研究→教师"反思性教学"研究。[2]"作为研究者的教师"是当今国际教育界新出现的一个热潮,越来越多的教育学者和一线中小学教师以各种形式积极从事教育、教学研究,包括"教育叙事"、"行动研究",等等。我国缺乏教师研究的积累,如何帮助教师转换角色是我们面临的严峻课题。

面对种种观念的障碍和包括评价制度、问责制度、中介性监管机制在内的制度建设的缺失,假如缺乏强有力的跟进措施,那么,这次课程改革就可能虎头蛇尾,而作为改革之对象的应试教育就可能愈演愈烈。现在我们的中小学每日每时围着应试教育转,学生每日每时从教科书到教科书,学生的身心发展令人堪忧。原本应当是"文化殿堂"的学校被异化为"文化沙漠"。应当说,课程改革的必要性和紧迫性是有目共睹的,改革的大方向不容逆转。基础教育课程改革既是一种政府行为,也是一种专业行为,需要寻求整体推进课程改革的合理的、适度的步伐。在新课程的实施过程中,新旧教育观念的冲突是不可避免的。改革与反改革的声浪,恐怕会持续存在于改革的全过程。我们需要清晰地向整个社会传递这样的信息:素质教育是既定方针,不可动摇。课程改革要进行到底,倒退没有出路。

二、新课程是旨在促进每一个学生健全成长的活动,而不是"教化"和"训练"

应当承认,多年来我国课程教学改革的文本,甚至一些地方新出台的课程改革的计划,基本上都局限于动物学习心理学的视野,一味崇尚行为主义的学习理论,把教育和学习归结为训练。列宁早在《青年团的任务》里就强调,不能把教育归结为机械的训练。教育,应当是汲取全人类优秀文化遗产的一种文化实践活动。第八次课程改革作为区别于前七次课程改革的分水岭,就是从课程总体设计到课堂教学设计,始终把学生的发展置于中心地位。新课程背景下的教育是旨在促进每一个学生健全成长的活动,而不是"教化"和"训练"。教育部出台的驱动第八次课程改革的总体课程设计方案——《基础教育课程改革纲要(试行)》(2001 年)以全新的话语系统规划了新世纪我国基础教育课程改革的蓝图,反映了当今时代课程理论和课程改革实践的进步趋势。它从保障每一个人的"学习权"的高度,明确提出改革的基本理念——"为了中华民族的复兴,为了每位学生的发展",不仅推出了"三级课程管理"的基础教育课程政策,而且针对应试教育的弊端提出了一整套推进大众主义教育的改革方略,包括强化品德教育、关注人文素养、重视媒体教育、确立两种课程等。[3]特别值得一提的是,这次课程改革关注课程的整体设计,期望确立两种课程——学科课程与综合实践活动课程。这两种课程的共同点是,基于同样的课程目标,诸如改造学习方式,发展学生个性;拥有同样的基本要素——知识与经验。两种课程不是二元对立的,不能以为学科课程是知识课程,综合实践活动课程是经验课程。两种课程的差异在于知识与经验的组织方式的差异——学科课程是以学科内容为核心来组织知识与经验的;综合实践活动课程是以现实的主题为核心来组织知识与经验的。就是说,综合实践活动课程是以学科课程所排除了的现代社会以及人类与人生的切实问题作为课程内容的,它打破了传统的分科主义课程的束缚,为学生提供了一种学习经验的基本框架。这是我国课程发展的重要里程碑。

概括起来,按照《纲要》的规定,这次课程改革力图实现三大转型:课程政策从"集权"到"放权"的转型;课程范式从"科学中心主义课程"到"社会建构中心课程"的转型;教学规范从"传递中心教学"到"探究中心教学"的转型。这个改革的大方向得到了国内教育界乃至国际课程学界的高度评价。一方面这种改革是全方位的,许多目标不能一蹴而就,不可能急于求成,需要稳步推进。但是另一方面,新课程本身也有一个成长、成熟的过程。由于缺乏强有力的跟进措施,新课程确实产生了一些偏差。比如,各门学科之间的衔接问题,综合实践活动课程实施中的精英主义、功利主义倾向，教科书编制中的克隆现象，甚至与"一纲多本"的教科书政策背道而驰的行政举措，等等。另外，由于教师的"课程惰性"等原因，凡是改革力度大的学科和教材，往往会遭到更加尖锐的批评意见。因此，一般来说，在"总体设计—课程标准—课堂教学"的设计链中总会存在两个落差：在"总体设计与课程标准"之间存在第一落差；在"课程标准—课堂教学"之间存在第二落差。

第一落差需要通过对话、讨论（概念重建过程）来解决。但凡付诸实施的重要举措，不宜朝令夕改，不能因为少数人有不同意见就叫停。之前有三位数学家告状，要求高中数学课改停步，造成了不好的社会影响。学术数学不等于学校数学，数学不等于数学教育。每一个人的见解都是相对的，不是绝对的。同样，即便是权威学者的见解，有深度未必有广度，有局部未必有整体。而教育问题、课程问题是一个整体的问题，需要整体的、全局的思考；也需要善意的批评和理性的响应。学会主张、学会倾听、学会宽容、学会妥协、学会分享，这才是和谐社会所需要的。教育是一个公共文化的领域，教育的公共性决定了教育问题需要作为公共的论题被加以思考和讨论。我们需要将"告状文化"转型为"对话文化"。

第二落差需要通过教师培训（教师专业成长）来解决。课程实施是一种教育实践过程，是教师行动研究的过程，即教师专业成长的过程。强调"教师培训"、"校本研修"是新课程实施的一个亮点。但是，新课程的教师培训除了国家级、省市级培训之外，县级以下的培训往往由低层次的教师进修学校或是一些公司把持，加上师范大学不重视教师培训，未能积极介入，导致培训质量出现问题。师范大学应当关注中小学课程改革。看看国际教育界，近年来，美国有不少教师团体以日本的"授业研究"为榜样，潜心"教学实践"的研究；日本有的教育大学尝试开发培养"实践性知识"的教师养成的课程，在教师教育的课程中引进"体验性学习"、"实践性课程的开发"，充实教学见习、模拟教学等课程，这些都值得我们借鉴。归根结底，新课程的实施，呼唤新的教师培训制度的确立。

三、我国的教育发展缺乏资金、人员、技术，但更缺思维方式的变革

我国的教育发展缺乏资金、人员、技术，但更缺思维方式的变革。长期以来，我国基础教育课程的发展，在课程规划、基础理论、课堂教学等方面，"非此即彼"的二元对立的思维方式占主导地位，就是一个明证。

（一）课程规划

任何课程都有一个课程规划的问题。我国以往七次的课程改革，充其量不过是学科范围内的知识系统的调整，缺乏高屋建瓴的总体设计，造成分科主义课程的格局。这是因为，我们缺乏"课程意识"，把课程理解为少数人研制、多数人被动实施的过程，自然不需要对课程进行规划和反思。而这次课程改革可以说在这方面迈开了回归专业的小小的一步。从《纲要》文本来看，它体现了国际教育界倡导的教育发展的基本准则——"国际视野"与"本土行动"。"国际视野"与"本土行动"原本不是二元对立的，而是相辅相成的，不汲取先人的成就，缺乏国际视野，你的理论和行动就不可能有什么高度。国际教育界从 20 世纪 80 年代以来就经历了教育研究范式的转换，经历了"概念重建"的过程，更新了有关课程与教学的话语系统，并且有相当丰富的研究积累。我们需要反思我国教育科学发展的现状。在建国以来的教育科学发展过程中，我们主要汲取的是凯洛夫(I. A. Kairov)教育学，巴甫洛夫(I. P. Pavlov)的"条件反射学说"等，却丢弃了苏联教育科学的精华所在——比如说，维果茨基(L. S. Vygotsky)的"最近发展区"理论。正如顾明远教授指出的，以凯洛夫教育学为代表的苏联教育学的理论体系，"实际上没有摆脱赫尔巴特

（J. F. Herbart）理论的影响。它强调的是学科中心、课堂中心、教师中心。"[4]凯洛夫教育学的基本特征就是缺乏"以人为本"的精神，"目中无人"。用苏联教育学界自己的说法，叫做"教育学中无儿童"。早在20世纪60年代的苏联教育学"解冻时期"，苏联教育界就已经把这些清理掉了。这是世界教育史上的典型的历史教训。我国一些动辄标榜历史认识辩证法、动辄"记取历史教训"的学者，为什么对此却讳莫如深呢？有人批评这次课程改革的理念是"理想主义"，不适合中国国情。其实，"不适国情论"不是什么新东西。早在20世纪20年代，《大公报》针对当时国民党老是以所谓的"中国国情"来抵制进步势力，发表社论《贵顺潮流而不贵适国情》抨击道，我们珍贵的是要符合时代的潮流，不是要适合中国的国情。因为国情是人造的，是可以改变的。"国情要适合真理，而不是真理要适合国情"。所以，"不适国情论"的逻辑可以休矣。[5]我们在思考教育问题的时候，需要兼顾两个维度——"现实维度"与"未来维度"，这两个维度也不是二元对立的。我们需要求得"变与不变"两者的统一，而两者的统一只能通过改革实践本身来解决。中国最大的教育现实就是教育发展不平衡。然而，"均衡发展"不等于"平均发展"，更不等于"削高填谷"。东部发达地区要创造先进经验引领中西部不发达地区的教育发展。"发展是硬道理"，西部地区的教育不能永远落后，不能被"唯条件论"牵着鼻子走。我们正是要通过课程改革来推进西部地区的教育发展。

（二）基础理论

综观世界各国课程文本的历史发展，大体经历了三个里程碑——"行为主义—认知主义—建构主义"，这是一种历史的进步。而"建构主义"也已经从"个人建构主义"发展到"社会建构主义"。社会建构主义知识论的一个基本立场，就是旨在消解个体与社会文化的二元对立。在社会建构主义看来，知识的生成并不是单纯个人的事件,而是通过彼此之间心灵的交互作用建构的。就是说,人是在社会文化情境中接受其影响,通过直接地跟他人的交互作用,来建构自己的见解与知识的。更进一步说,人的学习不应当是封闭于个人主义的操作过程,而是以集体主义为基础的"学习共同体"的"文化实践"过程——是一种对话过程和修炼过程。在我看来,这种社会建构主义兼容了"反映"与"建构"两种机制,是符合马克思主义认识论的。[6]我们当然不应当原封不动地照搬照抄外国建构主义的一套,但是,为什么不可以在立足自身改革实践、博采众长的基础上,建构我们的建构主义呢?有人把"后现代主义"视为洪水猛兽,然而,它作为一种世界性文化思潮,其理论建树和思维方式是不容忽视的。它通过揭示世界的复杂性、事物的不确定性而强有力地挑战着在现代占主导地位的"划一思维",有助于我们重新审视人与人的关系、人与世界的关系;后现代主义教育学把儿童置于"自我变革"的主体,有助于儿童基于差异的"多元智慧"和"批判意识"的形成。[7]有人嘲笑说,我们还处于"现代化"时代,何谈"后现代"。后现代主义尽管是一个跟时代相关的词汇,但它实际上代表一种思维方式。我们不能简单化地、线性地将"前现代—现代—后现代"理解为时间序列关系,而应将其视为一种"扬弃"、"建构"和"超越"的关系。后现代主义的思想不过是对现代性的缺陷加以弥补而已。"现代"与"后现代"并不是一种非此即彼的关系。我们为什么不能从后现代主义的思想资源中汲取"尊重他人、倾听他人"的"后现代意识"和"开放心态"呢?我想,后现代主义批判归根结底只会促进而不会阻碍中国教育的现代化发展。

(三)课堂教学

20世纪60年代以来,教学实践已经发生变化——"行为主义范式—信息处理范式—建构主义范式"。就是说,从控制学习者行为的行为主义,转型为学习者自身挑战客观世界、发现其价值与意义,从而再建客观世界之意义的建构主义。因此可以说,"传递中心教学"

同"探究中心教学"的差异之一,就在于课堂控制的性质。传递中心教学是尽量把课堂中的人际关系、时间和空间均质化,强调有效地发挥作用的"系统化"的控制;而探究中心教学是把课堂中的人际关系、时间和空间多元化、多层化,在课堂中实现多样的个性的交响。我国的课堂教学模式几十年一贯制,从"满堂灌"到"满堂问",课堂教学的本质并没有改变。这是因为,我们缺乏"教学觉醒",把教学归结为单纯的技术操作过程,导致了刻板划一的教学。"教学觉醒"意味着教学主体的回归,在新课程背景下的课堂教学本身就是一种对话的过程,就是引导学生"与客观世界对话、与他人对话、与自我对话,并且通过这种对话,形成一种活动性、合作性、反思性的学习,也就是形成认知性实践、社会性实践、伦理性实践的'三位一体'的过程。"[8]这种课堂教学的过程是超越二元论的:它强调知识的主观与客观、知识的接受与发现、知识的解构与建构、知识的抽象性与具体性等诸多关系的统一。例如,"接受学习"与"探究学习"作为人类的两种基本学习方式,在具体的实践过程中往往是交织在一起的,并非势不两立。因此,新课程凸显"探究学习",并非全盘否定"接受学习",而是旨在改造学生的学习方式,以"探究文化"取代"应试文化"。有人却强调"一切学习都是接受学习",认为并批评新课程强调教学与社会生活联系的问题解决型的"探究学习"就是在否定"接受学习",甚至主张西部地区的课堂教学只能是"接受学习"甚至是"灌输式教学",发达地区才适于"探究教学",这种"二元对立"的思维方式导致了赤裸裸的"教育歧视"。还有人认为并批评新课程强调知识技能、情感和价值观的"三维目标"就是"轻视知识",等等,所有这些,都反映了我们对于新课程背景下的知识观、课程观、学校知识价值观转向的基本特征和基本意义尚缺乏起码的认识。

课程改革的前提是变革思维方式,重建话语系统。长期以来,我国的教育理论界和实践界存在着一种对课程教学的"简单思维"的偏好,希望得到极端的、普适的秘诀。这就是"非此即彼"的二元对立的思维方式。杜威(J. Dewey)在他的《我们怎样思维·经验与教育》中开宗明义地指出，他们"喜欢采用极端对立的方式去思考。他们惯用'非此即彼'的公式来阐述他们的信念，认为在两个极端之间没有种种调和的可能性。当他们被迫承认极端的主张行不通的时候，他们仍然认为他们的理论完全正确"。[9] 然而，"非此即彼"的二元对立的思维方式对于课程改革文本的种种误读，以及对于课程改革实践的种种曲解，恰恰违背了马克思主义辩证法，其危害无穷，需要断然抛弃。

四、课程改革需要良好的社会舆论环境的准备和配套经费的支撑

课程改革需要良好的社会舆论环境的准备和配套经费的支撑。如果说，没有建国之初大张旗鼓地学习苏联教育学的运动和教育经费的投入，就没有新中国教育的早期建设，那么，建国以来的第八次（从教育思想和课程范式转型的角度说，是第二次）国家规模的课程改革，倘若没有相应的舆论准备，没有新一轮强有力的概念重建运动，没有必要的配套经费的支撑，那是不可想象的。

我国现行中小学课程的功能仅仅归结为百科全书式的"知识灌输"而缺失了"人格建构"，这是经不起拷问的。尽管我们喊了几十年的"双基"，但究竟什么是"基本知识"、"基本技能"，还是一笔糊涂账。"课程即知识"的偏见所带来的危害和教训，难道还不够吗？例如，曾经有一位留日的中国学生居然在日本出版了一本极度反华、严重歪曲了许多重要史实的书籍，这在很大程度上透视了我国基础教育的缺失。

这次课程改革为新的课程教学的创造提供了契机。在当今时代，基础教育课程的功能归根结底在于使得学生"学会关心，发展智慧"；基础教育的课程需要从"科学中心主义课程"转型为"社会建构中心课程"——一种基于新的知识观和学习观，力求让学生人格健全发展的社会建构主义的课程。就是说，第一，这种课程聚焦人类关爱

的主题,为学生的人格发展奠基。这是首要的课题。正如美国教育哲学家诺丁斯(N. Noddings)指出,"关心是一切成功教育的基石","以关心为核心的道德人生应该成为教育的主要追求"[10]。第二,这种课程聚焦人类的文化和智慧的发展,为学生的终身学习奠基,即为学生的智力发展和学术发展提供坚实的"文化基础"(例如,美国的"核心知识"、英国和法国的"共同文化"、德国的"关键技能"、日本的"基础学力")。可惜,类似这样的研究,在我国几乎是一片空白。我国的课程研究任重道远。事实上,新课程实施以来,种种抵制新课程的舆论甚嚣尘上,有的甚至把原本应试教育的弊端硬加在新课程的头上。面对种种的挑战——来自旧观念的挑战,来自旧体制的挑战,来自应试教育利益集团的挑战,以及来自新课程成长过程本身的挑战,我们都需要认真对待,不能听之任之。

课程改革既然是一种教育思想和课程范式转型的过程,一场破旧立新的运动,就要求我们不仅要有强劲的专业话语的声音,也要有一个积极推进新课程实施的社会舆论环境。时下大众媒体展开讨论的教育改革话题多半是不着边际的、鸡毛蒜皮的文字游戏,诸如,"课堂教学该不该放讲台"、"教研员要不要参与课堂教学"、"金庸小说进教材好不好"、"刘翔进教材行不行"之类的问题。除了像日本社会科教科书违背历史事实成为国际政治问题之外,大多数问题都属于教科书内容设计方面的问题,或者说,属于教师的专业自律的范畴,不必进行"全民讨论"。全社会该讨论的应当是"什么是义务教育"、"如何推进公平教育"、"基础教育的'基础'是什么"、"什么是优质教育"之类的大问题。精心选择大众媒体讨论的公共教育话题,是新闻战线的社会责任,也是教育战线的社会责任。新课程的实施,呼唤良好的社会舆论环境;而良好的社会舆论环境的形成,需要新的概念重建运动作为支撑。

我国自改革开放以来,基础教育事业得到了长足的发展,但同经济发展的速度相比,我国的教育投资是不成比例的。谁都承认,"投资教育,就是投资国家和民族的未来",但我们的认识仅仅停留于口号。4％的国家教育预算,何年何月才能兑现？关系到我国基础教育健全发展的这次国家规模的课程改革,乃至国家教育科学研究院的建设,何年何月才会有必要的投资预算？课程和教学的改革是学校改革的中心,这种改革何时才能纳入国家教育行政的议事日程、成为学校改革实践的中心地位？——所有这些问题,都需要有高瞻远瞩的发展规划。①

基于上述内容,我的结论和建议是：(1)我们需要寻求整体推进课程改革的合理的、适度的、透明的步伐。"不进则退","冒进则废","慢进则毁",而倒退是没有出路的。(2)新课程的实施呼唤一系列教育制度——包括教师教育制度、教育评价制度、问责制度、中介性监管机制的确立,呼唤教育科学的重建。(3)课程改革需要有良好的社会舆论环境和配套的经费支撑。归根结底,课程改革是一种"学校文化"的转型。"这场教育革命要求根本性的结构性的变化。仅此而言,它决非是一场一蹴而就的革命。因为教育实践是一种文化,而文化变革越是精雕细琢,才越能得到确实的成果。"[11]

参考文献

［1］钟启泉."教育制度"与"学习社会"——日本石附实教授访谈[J].教育发展研究,2005,25(4)：66.

［2］佐藤学.课程与教师[M].钟启泉,译.北京：教育科学出版社,2003：217—238.

［3］教育部.基础教育课程改革纲要(试行)[A]//钟启泉,崔允漷,张华.为了中华民族的复兴,为了每位学生的发展——《基础教育课程改革纲要(试行)》解读[M].上海：华东师范大学出版社,2001：3—13.

［4］顾明远.中国教育的文化基础[M].太原：山西教育出版社,2004：243.

［5］何兆武.文化漫谈[M].北京：中国人民大学出版社,2004：50.

［6］佐藤公治.在对话中学习和成长[M].东京：金子书房,1999：62—70.

［7］增渕幸男,等.现代教育学的视野[M].东京：南窗社,2001：63—69.

---

① 在十届人大全国五次会议举行的记者招待会(2007年3月9日)上,财政部长金人庆回答财政教育支出的问题时说,2005年我国用于教育的财政支出占GDP的比重约为3.12％,2006年为2.82％,估计2007年有望超过3％。

［8］佐藤学.学习的快乐——走向对话［M］.钟启泉,译.北京:教育科学出版
　　社,2004:38—43.

［9］杜威.我们怎样思维·经验与教育［M］.姜文闵,译.北京:人民教育出版
　　社,1991:249.

［10］诺丁斯.学会关心——教育的另一种模式［M］.于天龙,译.北京:教育科学
　　　出版社,2003:38—221.

［11］佐藤学.静悄悄的革命［M］.李季湄,译.长春:长春出版社,2003:8.

3

课程发展的回归现象与
非线性模式
——检视课程思潮的一种视角

　　教育界有人认为,我国当前的课程创新存在一股"轻视知识"的教育思潮,并且断定"这一思潮思想来源驳杂",包括"重视能力的培养而忽视知识的学习"的"形式教育论"等。既然提起了世界教育史上的"形式训练与实质训练之争",那么,我们就来考察一下"形式训练说"与"实质训练说"的历史真相。其实,这场论争并不那么简单,它们的内涵是随着时代的进展而变化的。本文回顾"形式训练说"与"实质训练说"的演进,进而从知识论、学力论的角度,检视课程思潮的变化所带来的课程发展模式的演进,借以认识新课程的思想背景。

一、从"实质训练说"向"形式训练说"的回归: 新形式训练说

(一)"形式训练说"与"实质训练说"的消长

　　自柏拉图(Plato)以来,许多教育家一直在倡导这样一种观点:教育不仅是授予知识,而且在于训练并形成能力。昆体良(Quintilianus)认为:"几何对于儿童的教育有其价值。这是因为,它可以锻炼心智,使人头脑灵活、知觉敏锐。几何的价值就在于这种学习的过程。借此所获得的不在于知识。"[1]这种观点随着历史的发展愈益受到青睐。到了 18 世纪,在笛卡儿(R. Descartes)和莱布尼兹(G. W. Leibnitz)等人的合理理论,特别是康德(I. Kant)的批判主义认识论的影响之下,"形式训练说"(formal discipline theory)形成了。

这种学说主张,教育的目标不在于习得实质性的知识内容,而在于形式性地训练心智能力。而且强调,在一种领域中所训练的能力能够迁移到其他领域。古典语(主要是拉丁语)和数学是最适于心智训练的。

在这里,试分析"训练"的含义,首先应当考虑的是以官能心理学为背景的发展心智和能力的训练说。其目的与其说是借助学习习得材料(教学内容),不如说在于形成记忆能力、思考能力。就是说,其价值在于通过学习形成能力。极端地说,肯定离开了内容的能力练习——借助反正要忘却的无意义词汇的识记来训练记忆能力、思维能力。这就有导致教学上的形式主义之嫌。这种观点在官能心理学遭到否定的今日,已经丧失了它的理论根基。可以说是一种形而上学的独断论。其次应当考虑的一点是,以裴斯泰洛齐(J. H. Pestalozzi)的"直观"认识的根本原理为目标的训练说。这种观点认为,习得态度与方法乃是能力形成之根本。上述两种形式训练说的影响,具体反映在 19 世纪学科型课程编制上。"学科课程"(subject curriculum)的特色就是以现成的学术体系为基轴的课程,向儿童强行灌输成人的逻辑与思维。他们的逻辑是,教材是有用的、必要的,是儿童长大成人时必须掌握的。

19 世纪至 20 世纪之间,"形式训练说"逐渐丧失信赖,代之而起的是"实质训练说"(material discipline)。桑戴克(E. L. Thorndike)和武德沃斯(R. S. Woodworth)等人的实验研究表明,在两种情境中只要有同一或类似的要素,就会出现"迁移"的现象,但形式训练说一贯主张的广域的迁移是不存在的。这种"实质训练说"也有两层含义:其一是,学习社会中有用的知识。即运用活动分析法和社会功能法等选择教材,使儿童习得对长大之后有用的知识和经验;其二是,丰富和深化儿童在目前的生活环境中已获得的经验,以求得成长。即提供有助于满足儿童需求、兴趣爱好的教材。这两层含义的共同之处就是,认定教材本身有训练价值,所以不应当架空。倘若从对社会有用的观点看教材,那么,它是未成熟者(儿童)在成长为成熟者(成人)之后使用的、有用而必要的;倘若从丰富儿童经验的观点看教材,那么,它的重要度取决于儿童理想的成熟程度有多大的必要。

这样看来,"形式训练说"旨在使儿童掌握现成的知识、技能,以现成的学术体系学习现成的思考方式;"实质训练说"则是以现成的成人社会为模型,通过学习社会生活经验,使得儿童自然地融汇于成人之中,以求得现存社会的进步。换言之,19 世纪后半叶的"形式训练说"以过去的社会、文化为教育的基础,是"着眼于过去的教育"。20 世纪前半叶的"实质训练说",以现时的社会、文化为基础,是"着眼于眼前的教育"。在 21 世纪的信息化时代里,掌握着眼于过去的思考方式和眼前的知识、技术是毫无意义的。我们必须基于思维的创意与跃进的技术,培养儿童的探究态度与能力,当代的教育必须是"着眼于未来的教育"。从这个意义上说,当代的教育必须有"新形式训练说"。

(二)"新形式训练说":实质训练与形式训练的扬弃与统一

"形式训练说"是以 18 世纪的官能心理学为基础的。按照这种官能心理学的说法,心智是由一定数量的能力组成的。因此,这些能力是作为整体受到训练,在生活的种种情境中对于一切目的都是同样起作用的。换言之,基于一定材料的能力练习,是作为整体的能力练习,这种练习效果也可以"迁移"(transfer)到其他任何材料之中。

"形式训练说"立足于能力的"普遍迁移"的观点:倘若学习像古典语那样的有心智训练价值的学科,那么,在这里所训练的心智能力也能够无限制地迁移到需要同样能力的其他"学习领域"之中。古典语的学习作为一种语言学习,倘若能够迁移到内容类似的现代外语的学习中,那就有它的实质性含义。然而并不是那样,借助古典语习得的心智能力,作为内容,"实质"上不是一回事。例如,自然科学学习中的迁移,它的重点是置于学习的"形式"侧面——判断力、推理力、记忆力之类的迁移。"实质训练说"是完全相反的训练说。它主张学校教育应当作为社会生活的模范环境——"场"加以构筑。从这个观点出发,准备社会所必要的知识技能,学校可以直接而具体地教授知识技能,在这里几乎无须考虑迁移。

"形式训练说"是古典的、形而上学的理论,遭到詹姆士(W. James)等人的实验的否定。不过,将它的对立面译为"实质训练说"未必准确。"形式训练说"是被否定了,但应当承认心理学上的迁移。"实质训练说"与"迁移说"是二元并列的。然而,从20世纪60年代前后开始,出现了从"实质训练说"向"形式训练说"的回归现象,矫正了这种二元论。同"实质训练说"一道,"特殊训练说"早就得到了肯定,进而又肯定了一般迁移的可能性。这种趋势在布鲁纳(J. Bruner)的"学科结构论"中有鲜明的反映。他说:"学习要有助于将来,有两种方式:一种方式是通过学习同初步学得的工作十分类似的那些工作的特殊适应性,心理学家把这种现象称为训练的特殊迁移。这也许应当称为习惯或联想的延伸。而先前学习使日后的学习更为有效的第二种方法,则是所谓的非特殊迁移。更确切地说,是原理与态度的迁移。这是指学习一种普遍的概念,这种普遍的概念可以作为原初习得的概念的特殊案例,作为认识后续问题的基础。这种迁移应该是教育过程的核心——用基本的和普遍的概念来不断扩大和加深知识。"[2]

日本教育学家佐藤三郎教授把学习迁移的回归现象分为五个阶段,并揭示了这些迁移之间的关联性。[3]

1. 形式训练(普遍性迁移)。例如,从古典语A的学习课题迁移到完全不同的数理学科B、C的学习课题,这是一种无限制的迁移,称为普遍性迁移。

2. 新形式训练(概念性迁移)。这就是布鲁纳等人倡导的"概念性迁移"。

3. 新形式训练(非特殊迁移、原理态度的迁移)。相当于布鲁纳的非特殊迁移。布鲁纳说,为了扩充自己的学习范围,认识某概念是否能适用于新情境,就得更清楚地把握目前学习的现象的一般本质。

4. 新形式训练(特殊迁移)。例如,布鲁纳指出的:"已经学会怎样敲钉子,往后我们就更能学会敲平头钉或削木片。毫无疑问,学校里的学习创造了某种可以迁移到不论在校内或离校后所遇到的活动上去的技能。"

5. 实质训练(同一性迁移)。几乎否定迁移的可能性,所以学过的东西只适用于同样的学习内容。

从上述五阶段的分析可以看出,现代的形式训练说正在兴起。这种现代型的形式训练说必须从"心智训练"(mental discipline)或是"知性训练"(intellectual discipline)的视点出发做出考察。归根结底,必须从迁移的视点做出透视。要把握这种回归现象,就不应当持二元对立观。就是说,应当辩证地看待这种回归现象,把迁移视为流动的动态的连续体。我们不能机械地分割迁移,把它分为实质训练、形式训练、技能训练三个阶段。它们是辩证统一的。凝固地看待其中的任何一个阶段都不会取得学习迁移的效果。总之,不应平面地、静态地看待迁移,而应当立体地、动态地把握它。例如,学习外语(包括古典语),从实用性、学术教养性方面来看,它有助于外语能力的发展,而且外语学习还有助于比较文化论的思考与行动,这就突出了实质训练。外语学习有助于加深学习者对于语言的关注,通过正确地、丰富地运用本国语,磨砺语感。这是语汇上的特殊迁移,在文法方面是普遍性、非特殊迁移。此外,外语作为高考的科目而受到重视,不仅凸显了这些学力是大学教育所需的实质训练的要求,而且还具有广泛迁移于大学的学术能力的形式训练的意义。

20世纪60年代,两种现代课程思潮——学问中心课程思潮与人性中心课程思潮相继出现,前者作为新课程开发的革新课程,突出了有组织的学科知识结构的课程。而且这种知识是各个学术领域之中的基本概念、原理或法则。不过,从20世纪70年代开始倡导的"人性中心课程"则强调体验与活动的重要性。如果说,前者体现了从实质训练向形式训练的回归,那么,后者则体现了从形式训练向实质训练的回归。不过,我们需要做的,是寻求形式训练与实质训练的扬弃与统一。这样,才能使得学生在习得各门基础学科的基本内容的过程中,同时也训练思维、判断、问题解决等的能力,从而能够在实际的生活情境中形成有效的智力与知性。

二、从"科学世界"向"生活世界"的回归：直接体验说

(一) 科学世界：传统及其弊端

在"形式训练说"理论化的 19 世纪末,实际的教育采取的是学科课程的形态。这种学科课程随着科学的专业分化,被分解成种种科目,各自并列。学科也随着各自专业领域的发展作为绝对不变的体系固定下来。不充分考虑儿童的实际需求、兴趣爱好及能力,而是教授跟他们无关的抽象知识,这种"传统型课程"(traditional curriculum)成为压抑学生个性发展的重担,不能培育他们的创造性和自发性。学科的体系尽管考虑到了如何适于儿童,但不是具体的儿童,而是一般的、抽象的儿童。预先准备好的知识体系是凝固不变的,并且划一地灌输给儿童。

20 世纪前半叶的课程改造运动,就是从改组这种学科课程——远离现实的抽象的,而且将其分割为多门类的且固定划一的课程——开始的。其目标是,从实质训练的视点出发,发展出以有效的方式授予对实际生活有用的具体知识的课程;编制使多方面的知识与能力得以内在地统一于儿童人格的课程;编制促进每个儿童自发学习和个性发展的课程。这样,曾经是学科中心的课程,变成了儿童中心课程和社会中心课程。

20 世纪后半叶的新课程运动,是伴随着 20 世纪 50 年代的科学技术革新及随之而来的知识技术的量的增大与质的变化流程而出现的,是指向以人性化的流程为底流的运动。确实,由于儿童的学习能力有限,网罗式地教授不断增长的大量知识,几乎是不可能的。为了

与同质的变化发展的知识领域相对应,就必须采取"学习学习方法的策略",而不是知识记忆型的学习。学校教育必须提高学术水准,以应对科学技术的革新。从这些要求出发,学问中心课程作为新的课程出现了。这里采用的学术(学问),在训练说中接近"形式训练说"的感觉,乍看是同样的概念,但其实在其基本的能力概念中是大相径庭的。迁移理论是以能力为前提的。问题在于,这种能力事实上是如何迁移的。这样,锻炼必要的、理想的能力成为重要的课题。

传统的学科课程旨在拥有学术知识(不含思维方式),锻炼能力。20世纪前半叶的课程旨在以社会有用性与基于儿童兴趣爱好的知识(不含社会行为)为材料对学生加以锻炼。20世纪60年代的新课程是以获取知识(拥有原理、基本概念的结构化知识)、锻炼学生探究态度和探究能力为主旨的。正如布鲁纳在《教育过程》中所强调的,"构成一切科学和数学之核心的基本概念,形成人生和文学的基本课题,是强有力的,同时又是单纯的"。[4] 而且,"只要理解了基本的概念,就更容易理解学科了"。[5] 在这个前提下,"拥有各个学术领域中最高智力的每一个人",就可以明确各个领域的基本概念及其结构,并且反映到学科课程之中。在这里,布鲁纳强调的有着学术背景的"受锻炼的理解"、"受锻炼的探究"得到重视,而同现实生活的关联却被视为是多余的或是细枝末节的问题。

(二)回归"生活世界":人性中心课程与体验学习说

学问中心课程重视认知侧面,缺乏对儿童情意侧面的考虑,陷入了主知主义。儿童不领会学科学习的意义,丧失了学习动机、兴趣和自信。学校对于儿童来说缺乏人情味。于是,重视人性的课程思潮应运而生。人性中心课程不仅重视"智慧的卓越",而且重视儿童的动机、兴趣、共鸣等情意侧面的发展,旨在培育完整的人。这种课程的基本原则是"认知与情意的统整"。它不是一意孤行地强调情意侧面,也传承了学问中心课程主张的通过基本概念与探究过程习得思考方式的观点。而且强调要通过儿童的惊异与感悟,保障学生学会基本知识,发展动机、态度和自信。它构想并展开了真正的智育——儿童对于自然的、社会的现象感兴趣,领悟问题,为确立自己的假设而兴奋,倾听伙伴的思考,畅谈针锋相对的见解,求得共识——这样一种智慧的、情感的、集体式的学科学习。借助这种学科学习,儿童把握基本概念的相互关系,同时,形成自己对于自然现象、社会现象及自我生活的因果法则的态度,以及认识学科学习本身的意义。

为了弥补传统学科教学过分抽象的弊端,就得设计"另类"的学习活动:从生活、实践、问题出发来组织的活动。同儿童的生活关联的、现实的、切身的问题才会使他们感到有意义,才能确保以儿童感兴趣的题材为中心来组织探究性、集体性、体验性的学习活动。通过这种体验性学习活动,儿童才能真情实感地把握习得的知识的意义。体验学习是学科学习的基础。因此,学科学习与体验学习各有其独特的作用,两者相辅相成,相得益彰。这就是人性中心课程的基本课题。

重视儿童活动与体验的课程思潮与实践,在历史上构成了一大潮流。特别是 19 世纪后半叶,杜威(J. Dewey)的"经验主义教育理论"可谓是集大成者,对于整个 20 世纪的学校教育产生了巨大的影响。从"儿童中心课程"、"问题解决学习"、"设计教学"直至今日的"课题学习"、"服务学习"、"投入学习"、"综合学习"等,仍然在生机勃勃地发展着。体验学习的具体形态包括观察、调查、栽培、饲养、扮角色、设计学习、模拟游戏、即兴表演、志愿服务体验,等等。直接性的体验和活动,是学习者全身心一体化地起作用的,可以说是影响人格成长的。体验学习不同于学科中心的教学和仅仅局限于学习者头脑之中的信息处理理论,它体现了如下的学习论的特质和意义:

1. 体验学习由于直接诉诸儿童之感性,可以引发儿童按照自身的意愿兴致勃勃地展开尝试错误的活动,体悟"发现"的乐趣,重构每一个儿童的学习经验,培育儿童运用与发展既有学科知识与以往学习经验的整合能力和实践态度。

2. 体验学习由于调动五官的认知活动,为儿童提供了丰富自身的感想、疑问、课题、梦想和希望,激发进一步探究的空间,促进儿童的"默会知识"的形成。体验学习并不停留于体验与活动,而且还借助"反思",发展问题解决学习与课题追踪研究。

3. 体验学习由于积极的人际互动,为儿童提供了在集体中发挥自己的作用、丰富人际合作的感性与德性的机会。体验学习使得儿童通过与自然、社会及人们的具体关系和"交互作用",培育自己的沟通能力、合作能力。体验学习使得学校向社区开放,促进教师、家长与社区人士的交流合作,大大开拓了儿童学习、成长的天地。

人是借助体验而成长的。以上探讨了直接体验的价值,但我们不能只强调直接体验而排斥其他体验,从一个极端走向另一个极端。儿童的体验、人类的体验是形形色色的,其中有的未必有教育价值,这就得选择有教育价值的体验。这里所说的体验当然是作为教育内容的体验,它包括学科中的学习体验和学科外的生活体验,两者作为体验既有融合的部分,也有差异的部分。不过,两者存在一个共同点,即它们都是必须在学校教育中创造的体验——"文化生活体验"。[6]倘若从这个视点看,可以区分如下几组重要的体验。[7]

1. 直接体验与间接体验。体验大体可以分为两种。一是体验性活动或是生活体验之类的直接体验,诸如游戏、工作;二是可以谓之代理体验的间接体验,诸如观看电视之类的视听活动、阅读活动。人原本就是通过直接体验成长的,但人生有限,不可能习得太多的信息,作为弥补,需要间接体验。

2. 个体体验、小集体体验、大集体体验。各种体验各有其重要的教育价值。例如,作为个体体验的教育价值,可以强化儿童的自信,可以改变儿童对于事物的看法,可以对其他儿童产生巨大影响,可以给予儿童全身心的震撼,可以引出新的问题。作为小集体体验的价值,可以增强集体的凝聚力,可以促进小组活动的积极性,可以发挥每一个参与者的独特性,可以促进小组个性的形成,等等。作为大集体体验的价值,可以实现个体与小组难以达到的体验水准,更大限度地发挥每一个参与者的特长,等等。

3. 水平体验(伙伴之间)与垂直体验(先辈与后辈,教师与学生之间)。

4. 被动体验与能动体验。前者是以接受与理解为中心的习得性体验,后者是以表达与探究为中心的创造性体验。"尽管客观科学的逻辑超越了直观的主观生活世界,但它却只有在回溯到生活世界的明证时,才具有它的真实性。"[8] 如何组织这些体验,构成有效的学习活动方式,这正是课程开发的主题。

(三) 建构主义：二元论的超越

建构主义是对传统的学习观、知识观、课程观的一种挑战和超越。多尔(W. Doll)强调："学习不是行为变化,而是基于人的反省性思维的人的成长。""学习"不是"本本主义"的概念——学习≠读书≠背书,也不是"活动主义"的概念——学习≠唱唱跳跳。"学习"不仅仅是记忆和训练的过程,更是理解与创造的过程。学生的"发展"既不是"自然发展",也不是"纯粹塑造",而是在具体情境脉络的条件下,一种心理内与心理间的相互作用过程中的社会建构。建构主义关注知识的主观与客观、知识的接受与发现、知识的明确与默会等关系的辩证统一,主张建构一种开放的、丰富的教育关系,展开基于真实的问题情境的种种课程设计,诸如案例学习、项目学习、服务学习、投入学习等。建构主义关注知识与经验、过程与结果、生成与预设、主动与互动、自立与合作的内在统一,主张打破传统的"传递中心的教学",建构一种体现人类学习的传统——"修炼"与"对话"——的"对话中心的教学"。[9]

三、从"线性模式"向"非线性模式"的转向：课程模式说

奥恩斯坦(A. C. Ornstein)说,"课程"可以定义为一种"行动计

划",或是"儿童在教师指导下所获取的所有经验",介乎这两者之间还可以将其定义为"系统"、"研究领域"或是"学科内容"。倘若把课程视为一种"系统",那么,该系统可能是线性的,也可能是非线性的。事实上,我们正在从强调技术性、精确性和确定性的课程发展的线性模式,转向注重非技术性、形成性和不确定性的课程发展的非线性模式。[10]

如果说,"泰勒原理"是课程发展的线性模式的理论基础,那么,"多尔原理"则是课程发展的非线性模式的理论基础。所谓"泰勒原理",是指基于泰勒(R. W. Tyler)的业绩而构筑的 20 世纪美国课程研究(发展)的一大范式。"泰勒原理"倡导经过教育哲学与发展心理学两个筛子的筛选,选择教育目的,并把选择出来的教育目的转译为行动的形式;然后将教育目标用来作为课程编制与教学法设计的基准,进而作为实践这种目标之结果评价的基准。最后,用来作为修订课程与教学法乃至目标本身的评价信息。这是一种基于行为科学的课程理论,它把课程与学习的关系当作开发与应用、实施的过程来抓。这个过程如下:(1)目标分析——调查能够应对社会变化的学校的作用与功能,决定教育目标。(2)开发研究——具体地分解不同学校阶段、不同种类学校及不同学科的目标,决定内容。(3)推广研究——把具体化的课程在学校教育中加以实施。(4)评价研究——根据课程实施效果的评价,提出推广策略。

后现代课程论者严厉抨击泰勒等人提出的"目标模式"是高度行为目标导向,其实是一种误导。阿特金(J. M. Atkin)批判说,这种基于行为科学的"泰勒原理"实际上是一种生产模式在学校教育中的应用。他提出了从"教学分析"出发开发课程的提案。艾斯纳(E. Eisner)批判"行为目标论",展开了基于艺术评论的质性评价研究和课程教学艺术。[11]多尔则认为,课程编制的要件是构筑丰富的人际关系,这就要把重点置于反省性思维基础之上的人格成长,而不是行为变化。多尔说,"3R"(读、写、算)是 19 世纪末 20 世纪初的创造,旨在适应发展中的工业化社会的需要。乍一看,我们无法看出"泰勒原理"与"3R"之间的联系。但是,预设性的功能主义是两者的基础,它们同样体现了工具理性。长期以来,人们执著地膜拜科学的祭坛。多尔呼吁,我们也应该尊重故事与精神。他说,我相信,我们正不可改变、无可逆转地步入一个新的时代,一个后现代的时代。这一时代尚且过新,无法界定自身,或者说,界定的概念过于狭窄,无以表达后现代性。当我们向这一时代前行之时,我们需要将"科学"(science)的理性与逻辑、"故事"(story)的想象力,以及"精神"(spirit)的感觉与创造性结合起来,这就是"3S"。[12]多尔描述道,课程是生成的,而非预先界定的;是不确定的,但却是有界限的。多尔设定了如下四个替代"泰勒原理"的基本标准或原理。[13]

1. 丰富性原理。指课程的深度、意义的层次、多种可能性或多重解释。课程应具有"适量"的不确定性、异常性、无效性、模糊性、失衡性、耗散性与生动的经验。这种"适量"不能预先决定,需要在教师、学生和文本之间不断协调。学校的各门学科都有其自身的教育背景、基本概念和终极术语。因此,各门学科应以自身的方式解释"丰富性"。

2. 回归性原理。指一个人通过与环境、他人、文化的反思性相互作用形成自我感的方式。"泰勒原理"强调"重复",而"多尔原理"强调"回归"。"重复"旨在促进预定的表现,它的架构是封闭的。而"回归"则在于发展能力——组织、组合、探究、启发性地运用某种事物的能力。它的架构是开放的。两者在功能上的差异在于"反思"所扮演的角色。在"重复"中,反思起消极作用,它切断重复的过程。在"回归"中,反思起积极作用,它不断从原初经验中反省而得到次级经验。在"回归"的课程中,没有固定的起点与终点,每个终点都是一个新的起点,每个起点都是从先前的终点中浮现出来的。这种回归性反思是课程的核心,而"对话"则是回归的绝对必要的条件。

3. 关联性原理。"关联"的概念对课程具有教育与文化双重的重要意义。前者称为"教育关联",指由课程中的文本、教师、学生、媒体等诸多因素互动而组成的庞大的网络。后者称为"文化关联",指在课程之外形成的课程的母体在文化上的各种联接。文化的诠释使得局部的文化相互关联,整合成一个扩展到全生态、全宇宙的模型。诠释的主要工具是描述和对话。描述提供了历史、语言和场所的概念,对话将这三者联系起来,为我们提供一种本源上是局部的,但经由相互联接而形成的有意义的、互动的和参与的对话。这种文化关系的拓展超越了个人的自我,到达了生态与宇宙系统,发展成一种全宇宙的各种关系的意识。

4. 严密性原理。"泰勒原理"强调的严密性是学术逻辑、科学观察和数学的精密性。而"多尔原理"的"严密性"则是不确定的和诠释的:一是指有意义地寻求不同的变通方案、关系和联接;二是指有意识地寻求我们或是他人潜藏的固有假设,并在这些假设中展开磋商和对话。这样,"多尔原理"的"严密性"把"确定性"与"不确定性"统一了起来:"不确定性"意味着选择的多样性与系统的开放性;"确定性"意味着每一种观点都有特定的假设和背景。

可以说,现代课程论的特质是线性的,根植于经验主义、科技主义与实证主义,它的宗旨在于预测与控制。而后现代课程论则企图解构"行为目标"、"标准化测验"、"量化研究"及一切科技主义。其特质是循环的,它寻求解释、表现与理解,崇尚非线性、模糊性、不确定性。这是两种不同的思维方式和课程发展模式。多尔的"后现代课程观"表明了"一种课程理论的崛起",它"对线性时代、对作为最终可以表述的实在、对现代主义、对技术理性的批判都是非常明显的。我们也可以看到后现代强调流动性、随机性、多角度解释性、变化性、不确定性以及不确定关系"[14]。尽管如此,我们恐怕也不能一概地否定运用线性模式的技术指导课程编制的价值。"课程是非常复杂的对话。"[15]课程不能仅仅归结为"制度文本",它"不只是由专家或教科书作者所编写的材料,教科书只是起点"[16]。要进一步理解"课程",就得"抓住其内部的动态过程,即教育经验的运动"[17]。这是一个需要我们的行动、对话和合作,回荡着多元声音的生机勃勃的领域。我们需要打破分科主义的封地,来促进跨越学科边界的对话,共同求得课程领域的整体发展。

"课程不是自然的事物而是文化性的。"[18]派纳(W. F. Pinar)的这句话，或许可以翻译成这样一个论断："课程"原本就是基于教育过程的一种"文化创造"。确实，"课程"是教育者与受教育者之间所生成的有意识的文化活动。在这种文化活动过程中，一方面，作为学习者的个体，无论在精神上、人格上、文化上，都通过经验的积累而获得身心的发展；另一方面，"文化"(包括知识体系、表达方式体系、价值体系和世界观体系)也借助每一个人类共同体成员而得到接纳、传递和创造。在每一个个体充实新的生命活力的同时，人类社会的财产也得以保存、改造和发展。

参考文献

[1] 奥田真丈,河野重男. 现代学校教育大事典[M]. 东京：行政出版公司,1993：487.

[2][4][5] 布鲁纳. 教育过程[M]. 邵瑞珍,译. 上海：上海人民出版社,1973：12,9,16.

[3] 佐藤三郎. 教育方法[M]. 东京：有斐阁,1979：131,133—136,135—137.

[6] 庄明贞. 课程改革——反省与前瞻[M]. 台北：高等教育文化事业有限公司,2003：100.

[7] 安彦忠彦. 学校的课程编制与评价[M]. 东京：明治图书,1976：123—130.

[8] 倪良康. 现象学及其效应[M]. 北京：生活·读书·新知三联书店,1994：135.

[9] 佐藤学. 课程与教师[M]. 钟启泉,译. 北京：教育科学出版社,2003：27—29.

[10] 奥恩斯坦,等. 课程：基础、原理和问题[M]. 柯森,主译. 南京：江苏教育出版社,2002：12—13,210.

[11][14][15][16][17][18] 派纳,等. 理解课程[M]. 张华,等,译. 北京：教育科学出版社,2003：603—604,523,868,877,872,885.

[12][13] 小威廉姆·E·多尔. 后现代课程观[M]. 王红宇,译. 北京：教育科学出版社,2000：中文版序、原编者序(英文版)Ⅳ,248—261.

4

"学校知识"与课程标准

近年来,国际教育社会学界围绕"学校知识"的"合法性"论题展开了研究,开辟了教育社会学研究的新领域,拓展了课程研究的视野。本文试从这种研究视角出发,重新审视学校教育所传授的知识及其价值的本质特征。同时,从素质教育的高度,探讨课程标准编制的若干视点。

一、从课程社会学看"学校知识"

课程社会学把学校中所传递的知识,视为课程如何加以组织、分配知识结构与过程的问题。就是说,"学校知识"(school knowledge)的问题,与其说是应当探讨是什么知识,不如说更应探讨学校知识和课程的构成原理本身存在的基础。课程社会学研究的一个焦点是,阐明课程组织的结构性分配原理,诸如学校知识选择之际的权力介入,课程编制中组织知识时的"分类"与"分层"之类的分配。早在 20世纪 60 年代末至 70 年代初,英国的"新教育社会学派"就主张,必须立足于社会观点去理解课程,把学校中所教学的知识内容作为教育社会学的中心课题来研究。这是因为,课程不是天经地义的存在,而是在同政治、经济、文化的相互作用之中形成的"社会构成物"。韦伯(M. Weber)的"支配社会学"和舒茨(A. Schutz)的"现象社会学"从"不平等的视点"出发,把社会不平等同学校知识联系起来,揭示了课程是在一定的社会背景之中形成的,同权力与财富的分配密切相关;对于政治经济结构的维系起着重要的作用。[1]阿普尔(M. W. Apple)

则从体制、意识形态批判的角度,揭示了支撑现行体制的意识形态是构成课程内容与形式的关键因素。

课程社会学的另一个焦点是,揭示"学校知识"的本质。学校所处置的信息、知识仅限于社会文化与信息的极小部分,这种在学校里所授受的信息与知识谓之"学校知识"(school knowledge)。[2] 20 世纪 70 年代以来,"新教育社会学派"以知识社会学为背景,以知识概念为基础,分析、考察课程,并抓住学校知识的问题展开了批判。在他们看来,"学校知识"即使是通过正式课程加以授受,也存在着教学过程中借助师生之间的交往和相互解释而加以再定义、再建构的一面。就是说,他们注重通过"隐蔽课程"所授受的学校知识。他们强调,我们不仅应当认识到学生不仅从每日每时的课堂教学与顺应制度要求中接受一定的规范、价值的隐蔽灌输,而且应当认识到教育体制之外的职业、权力、意识形态、文化知识等的分配与控制同学校生活的各个阶段紧密结合在一起的事实。

"学校知识"批判就是在这种问题意识的背景之下展开的。日本课程学者长尾彰夫说:"学校是通过传递人类文化遗产——科学知识,去谋求儿童成长与发展的机构与组织。不过,现实的学校果真如此吗?学校难道不是在发挥着管理、支配、控制儿童的功能吗!——可以说,对于'学校知识'的批判就是从怀疑'至善的学校'开始的。"[3]学校所选择、组织、评价的知识被认为是重要的知识——"优先知识"(high status knowledge)。英国教育社会学家杨(M. F. D. Young)指出,这种知识具有如下特征:强调同口头表达相对立的、借助书面文字的"文字文化性";在学习过程与学习成果的评价中回避合作的"个人主义";学习者的知识是零碎知识之堆积的知识的"抽象";因而,知识具有同日常生活和经验脱节这一"无关联性"。[4]杨所指出的这些弊端尽管有些抽象,却是不难理解的。纳入学校课程并被认为是重要的,就是借助文字以教科书形式所传递的那些学术性的、理论性的知识。这种知识的掌握过程与评价是以每个儿童为基础的,成败得失的原因终究归结为儿童个人。倘若这种知识的掌握失败了,也不完全归因于知识方面。长尾还引述了日本驹林邦男教授对日本教育现实的抨击,指出"学校知识"的特点是"迂回性"、"交换性"、"片断性"。[5]所谓"迂回性"就是指学生在学校里的大部分学习,不是在他们生活的日常生活世界中,而是通过语言化了的以他人经验为中介的、在"教室"这一专门学习的制度性的空间里,间接地学习客观现实;所谓"交换性"是指对于初、高中学生来说,学习"学校知识"乃出于"交换"的动机,能够直接地、确凿地起作用的是升学考试时派上用场的知识;所谓"片断性"是指学校里所教学的知识在一门门"学科"和课时表的框架中被分割成支离破碎的知识。在应试教育的体制下,"知识的掌握"成了求得应试成功的手段。学生在学校里专注于积累知识,而积累的知识就像商品那样,用来换取应试的成功。这是不折不扣的"学校知识"商品化。在"学校知识"商品化的背景下,学校所教学的知识不管如何陈腐过时、脱离现实,也无须过问,只要有助于应试。而且,积累商品化知识的过程和作业终究是依靠孤独的个人来承担的。在以选拔和分等为前提的应试教育体制下,掌握知识的过程与作业始终处于彼此以他人为敌的竞争之中。

我国 20 世纪 80 年代以来对于"应试教育"、"应试学力"的批判实质上就是一种对"学校知识"的批判。自斯宾塞(H. Spencer)提出"什么知识最有价值"以来,揭示知识的价值一直是课程研究关注的重要课题,各种各样的课程编制也同这个问题密切相关。不过,这个问题从某种意义上说总是围绕着"使用价值"——"什么知识对于学习者的现实生活和人格建构最具重要的价值"提出的。然而,商品化了的"学校知识"已经丧失了这种"使用价值",唯有用于应试的"交换价值"了。而这种丧失了"使用价值"、唯有"交换价值"的商品生产所导致的必然结果是,一味适应消费者的需求,无休止地扩大"应试学力"的生产。这样,课程内容庞杂、课业负担过重,也就是势所必然了。近年来我国地区之间、学校之间的"教育落差"、"学力落差"愈益加剧,从而加剧了"应试竞争"。只要现行的学校教育政策和教育舆论依然维护甚至人为地加剧这种落差,只要唯"交换价值"的知识观依然横行,学生过重的负担就不会有所改观。

"应试竞争"扼杀了青少年的健康成长,面对"高分低能"甚至"泯灭人性"的现象,我们应当痛定思痛。联合国教科文组织强调现代教育的"四根支柱"——"学会认知、学会做事、学会共生、学会生存",我们不妨围绕这个"生存能力"的思路来界定理想的"学校知识"。[6]我们可以考虑如下三个层次:社会生活和学校学习所必需的知识、技能,诸如"读、写、算"技能和各门学科的基础知识;渗透于各学科和学科之间的科学思考方式;作为社会生活所必需的价值观、态度。换言之,作为素质教育的"学校知识"大体应当包括三个方面:一是作为认识事物与现象之结果的"实质性知识",一般称为知识技能;二是掌握信息与知识的"方法论知识",即学习方法;三是为什么而学习的"价值性知识",这是同克服知识的非人性化、同知识的活用相关的。"素质教育"区别于"应试教育"的一个标尺就是关注"方法论知识"和"价值性知识"。这是一种从"实质性知识"向"方法论知识"的重心转移,是一种广义的"学校知识"的概念。

二、"素质价值"与课程标准

"新教育社会学派"从知识社会学的知识概念出发来把握课程,把"课程"视为"旨在充分地满足他人的期待所要求的知识的社会处方"。确实,在实证地分析作为"社会构成物"的课程的场合,运用狭义的知识概念是便于操作的。不过,仅限于从狭义的知识概念上来把握课程的内容是有问题的。不错,价值观(世界观、人生观、价值观)和态度(包括情感)、技能是伴随知识的习得而形成的,但这意味着事物与现象之认知内容和判断标准的知识同价值观、态度、技能在性质上是不同的,无论是无视后者或是把后者囊括在前者之内都不妥当。如何整合这些要素,并且使其成为课程研究的有效概念呢?为了得出适当的回答,首先必须注意的一点是,教育内容是从一定的历史背景的文化体系中,根据某种价值判断作出选择并赋予其教育价值的。构成教育内容的学术知识、政治价值观、道德态度、艺术作品、工艺制作、演奏技巧等都是旨在教育的、经由社会性过程而选择出来的价值。这些是文化价值中特别用于教育而选择出来的，可以作为"教育价值"的概念来理解。这样，课程可以界定为"教育价值的组织"。对构成教育内容的这些基本要素，我们借助"教育价值"的概念就容易把握了。不过，我们还必须注意到，价值观、态度、技能、知识等这些教育价值在社会中占有一定的地位，起着一定的作用，维持着一定的社会关系。个人作为社会的成员要承担一定的地位、角色，就得学习一定的价值观、态度、技能和知识，并加以内化。社会成员是否掌握这些教育价值，无论对于个人还是社会都是生死存亡的重大课题。构成课程内容的价值观、态度、技能和知识是社会行为得以实现，地位、角色的体制和文化体系得以维护的宝贵的社会价值；是形成人们作为社会一员所具备的必要素质的教育价值。从构成社会生活所必需的"素质"这一价值的意义上来看，日本学者用"素质价值"的概念加以囊括，[7] 我想还是比较妥帖的。个体要在发展过程中接受、内化一定的"素质价值"，并根据需要外化为行动。否则，便不可能获得维持地位、实现角色的社会作用。从社会角度看，"素质价值"倘若不被每一个社会成员适当地接受和内化，复杂的社会交互作用便不能展开，社会关系及政治经济结构便不能维持。事实上，在近代以来分工进步的业绩主义社会里，使新生代适当地内化"素质价值"以维护一定的经济水准及社会文化政治制度，满足种种社会需求的必要性提高了。而"学校"就是选择社会所必要的、适当的"素质价值"（教育内容），使新生代有组织、有计划地加以学习和内化的机构。所谓"课程"，无非就是从教育的角度把"素质价值"加以适当分配和分层，使学生得以学习和内化的计划和装置。

作为"素质价值"之分配计划的课程的重要性随着社会的进步而提高。分工的进展、职业专门性的提高、资格的重视和业绩主义的渗透等，要求更适当、更有效、更有意识地分配"素质价值"。这种要求大体可以分为如下两种：一是对应于社会分工的要求——职业性、专业性的"素质价值"（用于分工的"素质价值"）的分配;二是对应于社会统整的要求——公民教养的"素质价值"（用于统整的"素质价值"）的分配。中小学的课程必须根据上述两种分配要求加以设计。没有分工和整合这两种"素质价值"的有效分配,社会的形成和维系就会发生障碍。事实上,近代以来各国为了保障有效的"素质价值"的分配,在公共权力的支配之下,借助学校和课程表现出权威性、制约性的倾向。这就是说,学校中的"素质价值"的分配是借助课程——以正统性的标准限定学习的目标、内容、教育对象和课时,通过拥有权威性的教师来实施的。赋予正统性的课程标准往往是由公共权力机构制定的,学校里的师生都受制于这种分配过程。正因为这种权威性、制约性,学校的"素质价值"分配才被赋予了社会正统性,才能发挥强有力的效能。这样,作为"素质价值"之分配的课程标准,集中地反映了公共权力行使者的要求与价值观。尤其是在国家权力机构行使"素质价值"的管理与控制的场合,更是反映了国家利益甚至民族主义的意识形态。"素质价值"与社会发展的关系,从分化功能与整合功能的视点看,就容易明白了。就分化功能来说,社会在地位、角色、职业阶层（收入、财富）这一点上是分化的、成层的。"素质价值"体系也是适应了这种分化和成层,而分成了多种类、多阶段。不同种类、不同阶段的学校课程所处置的知识内容不同,就很好地说明了这一点。借助内化"素质价值",形成社会成员所必需的"素质资本",从而维持一定的地位、角色体系,形成具有一定文化水准的社会。再从整合功能看"素质价值"与社会的关系,某种"素质价值"即形成公民道德素质的价值,是求得社会和谐与稳定的基本条件。诸如,法律面前人人平等,社会主义、集体主义、爱国主义的信念与情怀,保护生态环境等的公民价值;尊重人格、尊重生命、关怀体谅、社会服务等的道德价值,所有这些价值应当是我国超越地位、角色的体系或是职业体系中的分化、分层,以及解决人们的共同问题、优化人际关系、谋求社会进步所不可缺少的。这也可以说是公共的"素质资本",无论是对于社会还是个人来说,都是必要的。

这样看来,研究"素质价值"的分配是制定课程标准的必要步骤。以往我国课程计划的制定往往满足于教育方针层面的表述,着力于知识点的安排——"知识价值"的分配与落实。所谓"研究",充其量不过是拘泥于现有学科内部的局部知识点的调整增删而已。反映在课程实施中,崇尚"知识价值"(分数价值)达到了"一分抵万金"的地步,却忽略了健全人格的"素质价值"。然而,"分数价值"与"素质价值"的关系毕竟是局部与全局的关系。这样,探讨"素质价值"的问题就凸显出来了。

三、编制课程标准的视点

教育部正在策划新一轮国家规模的课程改革,以"教育要面向现代化、面向世界、面向未来"为指针,构建一个开放的、充满生机的、有中国特色的社会主义基础教育(涵盖学前教育、小学教育、初中教育、普通高中教育)课程体系。当然,这种改革需要"理论先行",需要种种层面(课程政策、课程理论、课程实践)的研究积累。编制课程标准的视点与架构,就是其中一个紧迫的研究课题。

编制课程标准的认识前提是,从知识论、社会文化论、学习论等角度作出理论思考,明确课程的构成要素——课程目标、课程内容、课程实施、课程评价——的基本内涵,及这些要素之间的相互关系。这里,试从课程设计的基础理论出发,探讨编制课程标准的若干基本视点。

(一)课程目标的分解与落实

课程编制的第一个实践课题就是设定"课程目标"——教育目的与目标的明确化、具体化,而课程目标往往表现为"学力目标"。所谓"基础学力"(或"基本能力")就是预期大多数学生能够达到的最低限度的国民素质要求。一般作为课程标准编制的前提,是首先界定各学年阶段应当达到的"基础学力"或是"基本能力",然后再设定学科或"学习领域"。例如美国大学入学考试协议会(CEEB)自 1983 年以来推出一系列研究报告,界定了美国普通高中生必须习得的"基本能力"——阅读能力、写作能力、说听能力、数学思维能力、推理能力、探究能力、观察能力、使用电脑能力,并且描述了落实这些"基本能力"的六门"基础学科"——英语、艺术、数学、理科、社会科、外语。[8]

不同时代、不同学者持有不同内涵的学力观,这是自然的、必然的现象。在学力论争中,偏于科学知识之类的客观侧面的学力论和偏于态度、兴趣、动机之类的主观侧面的学力论,长期形成了对立,各有其合理的内核。联合国教科文组织提出的"学会生存"的命题,作为新时代学力概念的核心受到了国际教育界的关注。"生存能力"所强调的不是纸上谈兵的知识,而是活生生的生存智慧。这意味着学生应当形成"能动的学力",而不是"被动的学力";"充实的学力"而不是"贫弱的学力"。"学力"原本有两层含义,一是指业已习得的现实的学习能力;二是指潜在的未来的学习能力。两者是不可分割的统一体。所谓"基础性学力"与"发展性学力"也不是两个不同的概念范畴,只是旨在便于分析而作出的同一概念范畴的两个侧面。最近,我国教育界有人把完整的学力概念分割成"三种学力"——"基础性学力、探究性学力、发展性学力",并试图"建构"对应于上述三种学力的"三种课程"——"基础性课程、探究性课程、研究性课程",这种分类缺乏理论与实践的依据,我以为是不可取的。[9]作为课程实施之成果的"基础学力"同"课程目标"处于表里一体的关系。布卢姆(B. S. Bloom)倡导的"教育目标分类学"使得学力问题的抽象论争宣告终结,表明了分析性、实证性研究学力的取向。这是值得我们效法的。

(二) 课程内容的精选与组织

体现出基础教育课程内容的基础性、发展性的有效策略就是界定"核心知识"。所谓"核心知识"是指"所有的人拥有的普遍经验和赋予我们生活以意义的人类存在所不可或缺的条件"。波依尔（E. L. Boyer）认为,基础学校提供的"核心知识"应当包括"生命周期"、"符号使用"、"集体一员"、"时空意识"、"审美反应"、"天人相依"、"生产消费"、"高尚生存",等等。[10]这八种"核心知识"实际上反映了它们在人生旅程中的顺序。首先,生命周期始于诞生之日,接着是语言。然后,小孩从家庭开始认识自己是种种集体（家庭、社区、学校、国家、地球社会）的一员。他们很快会有时空意识,会对美好的事物作出反应,逐步地学习食物从哪里来,认识人类与自然界的关联,进一步成熟之后会制作并使用工具,自然也会思考人生的意义与目的。这些"核心知识"基于人类的共同经验,有助于整合传统的科目;有助于学生理解种种学科知识所拥有的关联性;有助于学生把书本知识同实际生活联系起来。他认为,基础学校应当围绕"核心知识"设计"学科"或"学习领域",使其渐次复杂地螺旋式展开,形成一贯统整的课程。

"学科"是学生学习的装置,其中心任务是使学生习得基本的科学、艺术、技术,并借以形成认识能力。它们在课程中存在的根据是各自不同的认识方法和认识对象。就认识对象而言,可以分为以自然认识为对象的理科和以社会认识为对象的社会科;就认识方法而言,可以分为以文字和数字为中介的认识（主要是读、写、算）和通过色、形、音等表象认识客观实在的艺术性认识（音乐、美术、舞蹈、戏剧）。这样就形成了一些"学科群"[11]:牵涉读、写、算的称为"工具学科"（tool subjects）,牵涉自然认识与社会认识的称为"内容学科"（contents subjects）,牵涉技能习得的称为"技能学科"（technical subjects）,等等。这种区分当然是相对的,不过是根据认识对象的主要侧面、认识方法的主要特征来作出的区分。社会信息化带来的知识更新和繁杂化,愈益要求学科知识的关联和整合。这样,学科的边界愈益"软化",以合科教学、自主合作的综合实践学习或课题研究为代表的课程设计愈益受到关注,甚至出现了以跨学科的"学习领域"代替分科主义"学科"的趋势,终究形成分科与综合学科并存的格局。

（三）教学环境的设计与优化

这个视点是作为文件的课程付诸实施时的方略：根据学生的实际，教师能够发挥何种程度的创意，如何尊重学生的人格、把握学生的实际，如何根据学习理论组织课堂教学及其他具体的学习活动，等等。就是说，教学环境原本是"人工环境"。教学环境的设计不是简单的"物的教学情境"的设定，而是包括了教师的自我变革在内的"人的教学情境"——"对话场"或"关系场"的设计。在这里，"学"是学生借助能动地形成经验而发现意义的过程；"教"则是教师帮助学生发现、理解教材的意义并付诸行动的技术过程。就是说，"学"与"教"彼此不可分割，是相辅相成的。教学环境的优化需要教师关注相辅相成的两个方面：一是"信息化"。信息化教学媒体的运用和"信息教育课程"的开发，使得教学突破了传统的"教师中心、教科书中心、教室中心"的局限，不仅有助于学生理解各门学科的内容，而且有助于培养学生的"信息能力"，即有助于提高学生理解信息技术知识、操作信息技术以及程序设计和评价的能力。二是"生活化"。教学不能满足于间接的经验和虚拟的沟通。现代学生拥有的虚拟体验、间接体验很多，却少有自主的"生存"体验。现代的教学如何"回归生活"、"贴近生活"，在各门"学科"或"学习领域"中引导学生积极地汲取"生活体验"、"自然体验"、"劳动体验"、"参与社会的体验"等直接性的体验，显得越发重要。直接性的体验活动将会激发学生的学习动机，使学生习得自主的学习方式，同时也有助于学生领悟学习的快乐和体验成功感。

（四）评价指标的拓宽与分层

课程评价突出两个方面的要求：学生评价和课程实效评价。现代兴起的智能理论都否定单一智力的看法，主张人类的心智能力（智能）是多元的，包括了语言智能、逻辑数学智能、空间智能、身体运动智能、音乐智能、人际关系智能及反思智能、博物（自然理解）智能等，因此，"评价指标"也应当是多元的，而不能仅限于传统的教学评价所偏重的对智育或学科知识的评价，还应包括学生的道德品行、人际关系、学习态度、兴趣特长、方法和习惯等方面，旨在发现和发展学生的潜能。"课程实效评价"可以通过"学生评价"进行，也可以借助"教学分析"进行。这种评价牵涉学校整体规划（学校的年度计划、年级班级计划）层面、教材层面、教学过程层面的评价。

　　本文只是列述了我国课程标准编制中本人认为需要关注的若干基本视点而已，随着课程改革实践的进展，我们对于课程标准的问题一定会有更新的认识。这里我想强调的一点是，我国基础教育的使命就在于为每一个学生奠定扎实的"学力成长"和"人格成长"的基础。基础教育的课程目标需要准确定位，不能任意拔高。目前一些普通高中，特别是重点寄宿制高中在规划课程目标时，甚至标榜"造就占领科技制高点的一流人才"，这背离了基础教育的基本性质和任务。种种事实说明，课程改革的实践不能随心所欲，需要有课程理论的支撑。其实，大凡课程改革总要经历"标准编制—教材编写—教学实施"等的环节，而且在这些环节之间总会存在某种"落差"，这是不可避免的。关键在于我们一定要正视这种"落差"。我以为，克服"标准编制"与"教材编写"之间"落差"的唯一策略是"学术讨论"，而克服"教材编写"与"教学实施"之间"落差"的唯一策略是"教师研修"。只有在这种"学术讨论"和"教师研修"的过程中，我们的课程观念才会得到变革，新的"课程文化"才有可能被创造。

参考文献

［1］熊谷乘一. 教育中的知识控制与权力［J］. 创价大学教育学部论集（14 号），
　　　1983：23—32.

［2］阿普尔. 学校文化的挑战［M］. 东京：东信堂，1993：201.

［3］［4］［5］长尾彰夫. 学校文化批判与课程改革［M］. 东京：明治图书，1996：
　　　55—56，56—57，53.

［6］联合国教科文组织. 学习——内在的财富［M］. 联合国教科文组织总部中

文科,译.北京：教育科学出版社,1998：76—88.

[7] 木原孝博,等.学校文化社会学[M].东京：福村出版,1993：61.

[8] 美国大学入学考试协议会.提高学力的目标与对策[M].中岛直忠,编译.
东京：教育开发研究所,1989：11—38.

[9] 钟启泉.学力·创造性·自我教育力——若干教育术语辨正[J],教育参
考,1999(2)：24—25.

[10] 波依尔.基础学校[M].中岛章夫,主译.东京：玉川大学出版社,1997：
107—131.

[11] 广冈亮藏.授业研究事典[M].东京：明治图书,1976：201—202.

5

概念重建与我国课程创新
——与《认真对待"轻视知识"的教育思潮》作者商榷

王策三先生近期发表了《认真对待"轻视知识"的教育思潮——再评由"应试教育"向素质教育转轨提法的讨论》一文,批评我国的课程创新是"轻视知识"的教育思潮的反映,并且为我们介绍了其描述的"重视知识"的教育世界:"课程的本质是知识";"知识好比一个百宝箱,里面藏了大量珍宝","教学的主要工作就是将知识打开,内化,外化";"中小学整体上要以讲授教学模式为主","由教师教学生现成的知识","教师传授知识、学生承受知识";"'为考试而教,为考试而学',也不能笼统说是弊端","应试教育有什么不好","它是我国特殊历史条件下,全面发展教育的一种具体形式,也就是学生个人全面发展的一种具体形式。"(均引自"王文",下同)①如此等等。本文谨对此提出若干供讨论商榷的看法。

不错,"知识"是人格的重要构成要素,让学生"习得知识"乃是课程教学的基本课题,学校中的课程教学就是使学生习得知识的重大场所。问题在于,对于学生来说,什么是真正的"知识",什么是有价值的"学习",什么才是实现每一位学生"全面发展"的教育。下面,我们将主要围绕"知识"、"学习"、"课堂文化"的概念作一辨析,借以明确课程创新的概念重建基础。

---

① 王策三《认真对待"轻视知识"的教育思潮——再评由"应试教育"向素质教育转轨提法的讨论》载《北京大学教育评论》2004 年第 3 期。笔者曾与有宝华联名发表《发霉的奶酪——〈认真对待"轻视知识"的教育思潮〉读后感》(载《全球教育展望》2004 年第 10 期)作了首次回应。本文侧重对"王文"中提及的若干概念作一辨析。

一、"知识"概念的重建与课程创新

一部人类理智的发展史在某种意义上就是不断探究世界本质和知识本质的历史。时至今日,尽管依然存在对知识的不同理解,但已经达成共识的是:知识不是游离于认识主体之外的纯粹客观的东西;学习过程也不是打开"知识百宝箱"向学生移植信息那么简单机械。学习乃是学生建构他们自身对于客体的理解,即知识是由学习者主动建构的。倘若学生没有积极参与他们的知识表达,学习也就不存在。从知识社会学的观点看,知识是由认知主体与外在世界进行社会互动,即个体与社会文化价值互动的结果。特别是就"学校知识"的建构(知识习得)而言,乃是课堂情境的教学过程中师生互动的历程与结果。教师的知识无法硬生生地"灌输"给学生,必须靠学生自己建构知识。换言之,知识兼具主观性与客观性。特别是非语言化的感受作为知识的主观成分,是构成知识之意义的要素,缺乏这些主观的成分则无法形成知识的意义。这种能动地形成或者整合经验的力量,波兰尼(M. Polanyi)谓之"默会知识"(tacit knowledge)。[1]他认为,这是形成知识所不可或缺的力量,具有重要的价值。"默会知识"不同于"明确知识",它不假言说,不可言喻,无法客观地编码或表征出来,却如影随形地跟着每一个人,成为形成个体知识意义的基础。这里需要特别指出的是,建构主义特别是社会建构主义的知识观着眼于认识活动的"建构性契机",并不意味着轻视或是排斥"反映性契机"。[2]事实上,即便是建构主义的代表人物之一皮亚杰(J. Piaget),也是把认识过程视为"反映性契机"(同化)与"建构性契机"(调节)这两种契机的辩证发展过程。因此可以说,建构主义并不仅仅强调"建构性契机",而是从强调"反映性契机"的角度来维护"建构性契机",从而阐明两种契机的辩证法。然而,旧有的传统课程信奉客观主义知识观,把知识视为普遍的、外在于人的、供人汲取的真理。这样,基于主客观分离的课程理所当然地成为了唯一的知识的载体。

这就是王先生说的"课程的本质是知识"的含义。这种知识游离于丰富的现实生活之外,以其所代表的知识的权威性、绝对性成为每一个学生顶礼膜拜的对象。课堂教学的过程就是把这种个体的人性成分从知识范畴中清除殆尽。这种知识的客观化追求是以牺牲个体知识因素为代价,违背知识建构的两种契机——"建构性契机"与"反映性契机"的辩证法的。

从历史发展看,国际心理学对于知识习得的研究大体经历了三个里程碑。这就是行为主义、认知主义、建构主义。

1. 第一里程碑——行为主义。在行为主义研究中,知识是行为的单位,作为系统化的刺激反应连接的集合为其特征。所谓知识的习得,就是基于经验而形成的刺激反应的连接。在行为主义心理学看来,课程编制的本质就是如何使得具体的刺激反应的连接得以强化、调节,并且借助赏罚的外在动机作用,使学生的知识习得得以强化。在行为主义心理学中,教师是借助赏罚来控制学生行为的管理者,学生是接受赏罚的被动学习者。教师单向地传授知识,学生仅仅是接受现成的知识而已。

2. 第二里程碑——认知主义。认知心理学的信息处理研究认为,所谓知识习得,一般指旨在为掌握理解概念、掌握推理与问题解决的能力,而构成信息的意义网络结构的过程。信息的意义网络结构被称为"图式",由基于命题的心理表象和心智处理构成。因此,主张在信息处理过程中,来构成旨在形成理解概念、掌握推理与问题解决能力的课程。并且强调,学生的智力好奇心与兴趣之类的内发性动机有助于知识的意义网络结构的形成。在信息处理过程中,教师承担传递信息的角色,但有必要讲究信息提示的技艺,以便引发学生的好奇心。从这个意义上说,教师是信息处理的向导,而学生则是所提示的信息的积极处理者、知识的建构者。对于学生来说,同伙伴一道从事推理与问题解决具有其意义,但伙伴的作用未必那么重要。

3. 第三里程碑——建构主义。在情境认知心理学研究中,知识是在每一个人同周围世界的交往之中加以把握的。因此,知识习得是一种"参与沟通"与"文化实践"的过程,是形成个体同周围世界互动能力的过程。建构主义一方面强调个体知识是个人经由主体经验来建构外在世界的知识的,知识只是个体对其经验的理解与意义化;另一方面,强调社会文化是人类心智发展建构的主要动力,强调社会文化的内化与语言符号的影响对建构能力的重要性。知识乃是经由个体与社会的互动,及个人通过适应与发展而逐渐建构起来的。学校教育的环境对于学生的知识本体的展开具有独特的作用。情境认知研究强调学校教育需要编制有助于促进学生参与基于实践的沟通的课程。在这种知识习得的概念之下,学生是借助每一个人所参与的沟通实践来促进学习的。可以说,学生通过沟通活动而沉浸于该活动之中。在情境认知中,教师是向导、是沟通实践的参与者;而学生也是沟通实践的参与者、积极的知识建构者。另外,在情境认知中,伙伴的作用十分重要,学生的伙伴是知识习得的重要的共同建构者。三个里程碑表明,我们对于知识的理解有一个认识发展的过程,我们在一步一步地逼近人类真实的知识。课程创新面临着重建"知识"概念的课题,在这个过程中,当代认知科学研究的诸多成果是值得我们好好汲取的。

认知科学的知识习得研究表明了知识在个体之中是如何建构的。多数认知科学家相信:学习者必须在脉络情境下与问题互动中才能对课题有清楚的理解。学习者必须积极地建构意义,通过对话及思考过程或与他人互动,来理解脉络情境中的活动与解决问题。认知科学及其在学习上的研究还显示,反复、机械性的背诵对于应付那些例行任务及测验,就短期而言,或许可以发挥效用,但对于深度理解及复杂信息的记忆、复杂问题的解决,并无效果。所以,学生也许拥有一些不知如何运用的知识——"无用知识"(inert knowledge),它对于学生的成长来说毫无用处。在应试主义教育体制下,这种"无用知识"的掌握成为求得应试成功的手段。学生在学校里专注于积累"无用知识",而积累起来的"无用知识"就像商品那样,用来换取应试的成功。不仅如此,应试主义教育采用的种种教学方法无法使学生主动地投入学习,愈演愈烈的应试主义教育的风潮在严重地摧残着学生的身心发展。面对严酷的现实,我们怎能无动于衷呢?! 在举国上下声讨应试主义教育的大背景下,公然举起"为考试而教,为考试而学"的旗帜,甚至宣扬"应试教育是全面发展教育的一种具体形式,也就是学生个人全面发展的一种具体形式",更是令人匪夷所思! 这里倒是用得着王先生自己的话语:"这实在有悖于事实、情理、逻辑,太讲不通了。"

那么,基于新"知识观"的课程创新,其"知识习得"究竟有哪些特性?

第一,强调知识的经验基础。知识的主体在于知识的意义,而不是无意义的符号的堆积。知识的意义由经验所构成。某种概念的确立必须建筑在具体的经验之上,否则,其意义是空洞的。例如,"动物"的概念是由许多有关动物的具体经验形成其意义范畴的,而不是停留于动物抽象符号的集结。如果仅仅记住"牛"、"羊"、"马"这些符号,并把它们称为"动物",是无法形成"动物"的概念的。康德(I. Kant)论述人类的经验有"先天经验"与"后天经验"之分。这里的"后天经验"又称"经验知识"(empirical knowledge),指直接建筑在人类的感官经验之上的知识。这些经验知识经过不断类化、归纳、集结而建构了各种知识,就其外在表征而言,则成为分门别类的科学知识。这些知识是人类文明的指标,也是人类重要的资产。同样,学习者的知识习得,归根结底依附于学习者自身的感官经验与生活方式,这就是所谓的经验主义知识观。知识习得受已有知识的影响。知识习得不仅受内外因素的制约,而且也受到学习者个人业已构筑的知识的影响。学习者所拥有的已有知识一般称为图式,当他们习得新知识时,通常联系这种知识,即通过发动图式,容易习得知识。这样,新的知识纳入已有知识之中,重新构成了该知识的更丰富的图式。

第二,强调知识的建构过程。经验虽然有助于知识的形成,但知识不等于经验累积。建构主义兼顾了经验主义与理性主义,前者强调以经验为形成知识的素材,而后者则强调与生俱来的理性作用。

通过理性作用才能使经验转化为知识,而这种理性作用即知识的建构活动。因此,理性与经验不是对立的,而是互补的,两者不可偏废。在建构主义看来,知识建构并非由外界原封不动地将经验灌输到一个人的头脑之中,而是由个人不断地组织其经验而得。知识是学习者主动建构的。就是说,学习者主体式的知识习得不是以原封不动的形式储存所应习得的知识的。学习者需要把所应习得的知识跟已有知识关联起来,整合起来。因此,要使这种知识的习得成为可能,就不应当互不关联地教与学,新的知识群必须同已有的知识相结合,就得组织主体式的能动的学习活动,让学习者必须处于需要调动业已习得的知识,并将其与新知识关联起来加以学习的情境中。

第三,强调知识的协同本质。人类的知识不是绝对的客观知识,也不是绝对的主观知识,而是"协同的知识",这里的"协同"意味着人际之间的多向的、持续的沟通过程。人类的知识是人类通过世世代代的相互协作共同建构的,个体知识的发展也是在众多人的贡献与协作之下促成的。个体的知识发展与人类的知识发展必须依赖"人类的大对话"(conversation of mankind)[3]来进行。这种大对话以人类所发明的语言符号为媒介,世世代代地传递下去。学习者的知识习得受内外因素制约。所谓"内在制约"就是指先天性的制约,例如,在语言与数学领域与生俱来的制约是众所周知的;所谓"外在制约"是指基于他人与行为的制约。一般谓之社会文化性知识习得的制约。按照情境认知理论,知识总隐含在一定的物理的、文化性的语境之中。如果说,信息处理理论把知识视为个人心中的符号操作,那么,情境认知理论则关注在个人心中作为存在的知识与知识所获得、所利用的情境之间的关系。知识的习得由于是习得隐含在物理性、文化性的语境中的知识,所以是一种参与文化情境的实践活动。

何谓"真正的知识"是一个跟"如何习得知识"密切相关的问题。客观的学科知识不等于学习者主观的知识,这里面有一个如何把客观的学科知识内化为学生内在知识的过程。让学习者"打开百宝箱"提取"现成知识"并不是真正习得了知识。这是因为,即便给出了个别的、具体的知识，但它并不能自动地纳入学习者现存的知识体系之中。在课堂教学中，教师与学生、学生与学生之间以教材文本和生活体验为媒介展开相互沟通，学生唯有通过这种沟通，才能习得种种的知识。学生不是单纯的"知识接受者"，而是"活动式探究者"、"意义与知识的建构者"。正如卡西尔(E. Cassirer)指出的，"往一个人的灵魂中灌输真理，就像给一个天生的瞎子以视力一样是不可能的……如果人们不通过相互的提问与回答来不断地合作，真理就不可能获得。"[4]仅仅靠"教师讲授"是难以习得知识的。

上面揭示的知识习得的特性为我们的课程创新提供了理论基础。它强调了"知识习得"的三层含义：知识习得是学习者的经验的合理化或实用化，不是记忆事实；知识(意义)习得不是被动灌输，而是学习者主动建构的；知识习得是学习者与他人互动与磋商而形成共识。简(S. J. Jang)比较了传统教学与建构主义教学的差异，指出传统教学采用的"客观主义"理论所恪守的三个基本原理都是跟建构主义背道而驰的：[5]第一，传统教学认为学生犹如一张白纸，教学以教师讲解为中心，学生被动地汲取知识，所以，学生需要教师不断地灌输知识。然而，教学是引导学生主动建构知识，而不是灌输现成知识给学生。因为教师与学生的经验毕竟不同，教师的认知不等于学生的认知。第二，传统教学认为知识是客观存在的，如书本知识是绝对不变的真理，所以，学习的目的在于熟记这些真理。然而，知识不是客观存在的真理，而是建构于个人头脑之中的主观经验。第三，传统教学认为知识的意义客观地存在于书本文字与教师语言之中，学生只需要安静聆听，接受教师灌输的现成知识。然而，文字与语言本身只是"有形无质"的无意义符号，其意义是说的人或听的人所赋予的。知识是经由学习者与他人磋商互动的社会建构。上述两种主张体现了两种"知识"概念的分野，如果仅仅从旧的知识观出发，必将导致"传统教学"状态的回归。这是不符合客观规律与历史发展的要求的。

二、"学习"概念的重建与课程创新

卢梭(J. J. Rousseau)在《爱弥儿》中传达了这样一个信念:"人在降生的瞬间就开始学习了。"广义的"学习"是指通过同环境的交互作用而掌握新的行为方式的过程。不过,单纯基于生活经验的学习存在两个问题:一是靠有限的生活经验来掌握日后社会生活所必要的知识技能是困难的;二是靠生活经验所获得的知识、观念往往是错误的,要学会如何加以琢磨和修正。解决这双重难点的机构就是作为制度化的学习场所——学校,这就是学校教育存在的意义。然而,现行的学校教育扭曲了学生学习的本来面貌,使学生的发展走向了反面。因此,重新求证学习的本来意义,重建学习的概念,不能不成为当代教育研究的重大主题。

其实,上文阐述的"知识习得"的特性,已经触及何谓"学习"的问题了。"学习"是怎样的一种活动呢? 一般认为,"学习"(learning)是通过经验,在行为、技能、能力、态度、性格、兴趣、知识、理解等方面产生持续变化的过程。学习的基本内涵与特性可概括如下。

(一) 学习即行为的变化

传统心理学常常把"学习"界定为"行为的变化",从行为主义到认知主义再到建构主义的学习探究史,体现了变化的基本趋势:由关注外部行为("皮肤之外的事件")到关注内部心理("皮肤之内的事件"),再到关注人的心理与环境的交互作用,即由关注行为的外部条件,到关注行为的内部条件,再到关注行为的内部条件与外部条件之间的连接与互动。作为建构主义心理学的代表,情境认知理论认为,认知行为不是基于个人头脑中某种目标、计划、知识的作为,而是适应所处情境的行为的集合——情境认知。这乍看类似于行为主义,但它认为的认知,不是单纯地靠赏罚形成反应,而是在包含了人际关系和种种工具的社会、文化影响之中形成的。此外，不同于"认知论"重视人的头脑中的信息处理（即表象、概念、知识）——以为学习就是在头脑中形成知识体系，"情境认知论"认为，学习者所获得的不是关于环境的认知结构，而是环境之中的活动方式（情境学习）。

（二）学习即意义的形成

人本主义心理学的"学习观"重视学习主体的经验，认为学习的本质在于"意义"。因此，"学习"被定义为个人意义的发现或是在主体中意义的形成。"意义"分社会意义与个人意义两种。社会意义是已经确立的、个人不能随意解说的。在历来的教育中，学习就是指"正确地"获得这种社会意义。不过，在新的教育中，个人意义得到了重视。所谓"个人意义"，就是对于种种体现事物与观念的自身特色的关系的发现。意义不是由书籍、教师等外部"权威"赋予的，而是借助学习者自身引出的。在这种解说中，个人的"现象场域"受到重视。在"现象场域"中，意义就是学习者此时此地所能经验到的包括自身在内的整个世界。从教师和他人来看，儿童的"现象场域"也许充满了"错误"、"错觉"和"事实的不完全的解说"。但对于儿童来说，当时的现象场，就是他能够知道的唯一的"现实"。局外人难以观察到儿童究竟发现了什么意义，因为行为的变化是学习的外显结果，对学习过程本身无从把握。不过，这并不是说，儿童的意义形成完全不可理解。由于一切的行为都是学习者"自己"的独特表现，倘若能够跟踪儿童的"现象场域"，了解客观世界是如何被经验的，那么，学习者的行为就可能得到理解。由于"现象场域"往往是在跟自己的关系之中形成的，学习总是跟自己相关的，因此学习者对于自己的认识（自我概念）制约着学习者的经验的意义。

（三）学习即生存的感悟（洞察）

一般认为，心智以两种方式起作用。一是通过实质性思考，即运用语言文字、图像等理解世界；二是通过外在的行为，在运算、书写之中把握世界。有计划的学校教育就是建筑在这个基础上的。不过，"觉醒说"认为，在实质性思考和外在的行为之间，还有一个领域——感悟（洞察）。感悟是基于高度的注意力带来的同客观世界直接接触时的感觉，是指在概念化、解说、评价之类的"思考"渗透之前，直接体验客观世界的现实。感悟意味着原先的解说图式被打破了，"我"与客观世界的关系发生了根本性的变化。因此，感悟不能用因果关系来说明，它是一种伴随飞跃的主体的"事件"，是在无意识之中"我"所理解的经验。教育的活动一方面牵涉现成信息的获得与变换，另一方面同"创造"这一活生生的世界相连。就是因为，感悟乃是容纳了人的生物学的自然侧面在内的、作为整体的人在客观世界之内而且伴随客观世界的一种"觉醒"。这是其一。其二，"默会知识"说。上文已经提及"默会知识"的特质。学生之所以发现知识并且认识到所发现的知识是真实的，是由于其能动地形成或者整合了经验。每当产生了问题，学生就得凭借自己的思考逐一地加以解决。"我们能够知道的，比能够说的更多。"学生也许难以用语言来表达，但是，在他们的经验中存在着极大的学习潜能：他能够知道的，远比能够说的更多、更深。其三，知识条件说。所谓"知识"，总是包含了实践知识与理论知识两个方面，即谢夫勒（I. Scheffler）说的"知道是什么"（knowing what）和"知道如何做"（knowing how）[6]两个方面。知识的这两个方面拥有类似的结构，缺少了一方，另一方也就不存在了。因此，所谓能够理解信息，就是指能够正确地使用信息。然而，"知"未必能够保证"行"。即便明确概念，但倘若不明确概念与学生自身的关系，概念就不会影响到该学生的行为。由"知"化为"行"是极其繁难的。

（四）学习即智慧的对话

学习的实践是复杂的对话实践。课堂教学不是"教师的独白"，而应当是"智慧的对话"。"没有了对话(dialogue),就没有了交流;没有了交流,也就没有真正的教育。"[7]"在对话中,我们不是相互对抗,而是共同合作。"[8]"对话仿佛是一种流淌于人们之间的意义溪流,它使所有对话者都能够参与与分享这一意义之溪,并因此能够在群体中萌生新的理解与共识。"[9]课堂教学活动的舞台——课堂情境是极其复杂的。课堂通常有一名教师和几十名同学,每一个人都有各自不同的背景,采用不同的行为方式,形成各自不同的认识与情感。尽管教学一般是根据教师的意图、以教师设计的计划为中心展开的,但是,没有哪一个资深教师会按照预设的教案来展开教学。教师要时时刻刻根据学生的反应及时修正计划。教与学,没有意图与计划便不能实现,但这种意图与计划是依据教师的决策而不断变化的。在教学中,重要的不是结果,而是过程。每一个学生的活动极其复杂,因为,每一个学生都是有个性的存在。对于教师的一言一行,学生会抱有种种不同的表象与情绪,表达不同的反应,形成不同的认识。当然,一名教师不可能全盘掌握课堂中的这一切复杂事件,但倘若教师不认识课堂中发生的事件的含义和师生直面的困境,便无法展开教学。课堂中发生的一切事件,都是在复杂的关系网络之中产生的。课堂中的事件统统是偶发的事件,却又是在必然的关系之中发生的。认识课堂教学中的事件,意味着洞察这种关系之中的每一个对话与行为。

(五) 学习即文化性实践

心理学研究的一个传统结论是把人类的心智活动、知识习得活动仅仅归结为个人的认知变化的结果。20世纪90年代出现了修正这种单纯重视个人的解说原理的强劲势头,尝试从社会、文化变量的语境中把握人类的学习活动。美国教育学者托马塞洛(M. Tomasello)就是一个典型。他认为,大凡学习都是"文化性学习"(cultural learning),应当作为一种"文化实践"(cultural practice)来研究。[10]日本教育学家佐藤学教授从"文化实践"的角度研究了课堂教学,把学习的实践从个人主义的框束中解放出来,重新将学习实践界定为借助同他人的合作所实现的"合作性实践"(collaborative practice)。课堂教学的实践活动是拥有复杂要素的实践,并不是王先生所界定的以机械灌输为主要特征的、凯洛夫式"教学认识论"所能涵盖的。课堂教学旨在体验文化共同体的创造。文化传递与文化创造不是一个孤立的事件,正如文化社会里实现人们理想的人类活动的集体实践过程那样,教育(课堂教学)也是集体文化的传递与创造的过程。就是说,以科学、艺术之类的人类文化为媒介,创造自己的意义,然后,学生与学生、教师与学生相互交换自己的意义。从这个意义上说,教师与学生从事着"文化实践的参与"。王先生一方面指责人家一味否定"认识",把课堂教学看得太简单了;另一方面却宣称:"什么是教学认识论? 简单说,由教师教学生主要学习现成知识以认识世界和发展自身,这种认识就是教学认识。"不仅如此,王先生对于"课堂教学的本质是沟通与合作"这段文字的解读也未免太简单了。其实,这段文字针对传统课堂教学的弊端,倡导一种新型的课堂文化,丝毫没有否定学习存在认识的侧面,然而学习不仅仅局限于认知侧面,更不仅仅局限于在课堂教学中以教师的讲解为主的、灌输现成知识的认知侧面。

具体地说,我们倡导课堂教学要形成三个维度的意义与关系的对话实践的过程。第一维度是学生同教材与客体的对话,形成认知性(文化性)实践。第二维度是学生同他人的对话,形成人际性(社会性)实践。第三维度是学生同自己的对话,形成存在性(伦理性)实践。这三种维度的对话性实践是相互关联的。[11]关于第一维度是无须多说的。一切的教学都是针对特定的内容与对象进行的。分数教学是以分数这一数学世界作为对象的教学。文艺复兴的教学是以文艺复兴这一历史作为对象的教学。教分数的教师在跟分数这一数学世界对话的过程之中,帮助学生形成关于分数这一数学世界的意义,形成跟分数这一数学世界的关系。学习分数的学生以教师的解说和帮助作为线索,构成对于分数这一对象的意义,形成数学世界与自己的关系。教学首先就是这样一种认知性的实践。第二维度的社会性实践,表现了第一维度的认知性(文化性)实践的社会性质。课堂中师生的活动不是单独一人的活动。教育的实践不是个人的活动,而是以人际沟通为媒介的人际性、社会性的实践。在课堂教学之中,也编织着同他人的关系。课堂中的每一个学生都在这种社会参与课堂的过程之中,构筑或是切断人际关系。课堂,是拥有不同情感与思维的学生们合作学习的场所。同样是理解分数,课堂里会形成种种不同的理解,借助交流,可以经验到一个人不能认识到的世界。反之,由于某种原由不能适应课堂的学生和不能出色地参与课堂的学生,即便充分理解了教材,在教学中也会不断地品尝到疏远感。第三维度的伦理性实践,意味着围绕身份(证明自我存在)的实践。课堂,是不断地表现与确认自己身份的场所。赶不上教学进度的学生,既困惑于教材内容的难度,也会困惑于课堂中的疏远感和劣等感。学生在教学中往往同自己对话:自己想的究竟是什么,自己的思考如何,自己在课堂里扮演怎样一种角色,什么是好的学习,等等,这些扎根于学生自身的"自我探究"的需求,是作为存在性、伦理性的对话展开的。

上述从心理学、社会学、文化学角度的研究内容为我们勾勒了"学习"是如何产生的问题,并且引出了不同层次、不同形态的学习活动的特质。换言之,它告诉我们,学生直面的学习并不是单独一种,而是复杂多样的。某种简单的技能性学习目标也许可以按照行为主义原理实现,但更复杂的高级思维的学习目标的实现就需要采取探究方法和建构主义的方法了。这是建构新的学习概念和课程概念所需要的,是课程创新所需要的。可以肯定的一点是,适用于一切情境的单纯的学习理论是不存在的。一个好的课程,一定由适于学习的理论所指引,而且能够根据情境选择不同的教学方法。因为,"学习"不是单纯的现成知识的积累,而是"从已知世界之旅到未知世界之旅",是经验重建和意义生成的过程。因此,好的课程不应当是预设好的、死板的框架,而是随机生成的动态发展的过程。需要特别留意的是,人类学习的一个重要特质就是无时无刻不在形成意义、寻求意义或是创造意义。我们不能无视国际教育界的这些学习科学和课程理论的建树。倘若再把这些成果同我国古代的"学习观"进行比较,尽管有明显差异,但亦有相通之处。诸如,"学即觉悟"说[①]、"教即学"说[②]等,都是适例。打破行为主义观点的局限,"古今中外熔为一炉",可以为我们揭示学生的学习本质、建构科学的教学认识论提供基本的视野。

三、"课堂文化"的重建与课程创新

在课堂教学中,教师向学生传递的"教学内容"——概念、法则之类的"知识",一方面,它是先人发现和认识的,对于教师来说是已知的,但对于学生来说是未知的,学生需要加以认识、发现、建构和习得。另一方面,这种知识的建构与习得不是单靠教师从外部以语言加以传递就能实现的,必须要以学生已经建构与习得的知识、经验的认识活动作为媒介。这样,在知识的媒介与习得之间就蕴含着矛盾关系。这种矛盾关系其实就是造成种种课堂教学错误主张的根源,其中最大的一种错误就是"灌输式教学"。它不是以学生的基于其经验的认识活动为媒介,而是教师片面地注入知识。以为教师只要照本宣科地让学生被动地接受教科书中的"系统知识",学生就能系统地习得这些现成的知识。这种灌输式的教学排斥了学生应当把握的现象、过程与学生的表象和经验之间的关系,无视新知的生成与发展乃是这两者之间交互作用的结果。

---

① 试考察汉语中的"学习",其本义除"习"和"学"字有"仿效"含义——诸如《广雅·释诂三》:学,效也。《说文》:习,数飞也。徐灏《说文解字注笺》:鸟肄飞也。《广韵》:习,因也。《说文·习段注》:引申之义,为习熟——之外,"学"的本意还有"觉悟"之意。据《广韵》:学,觉悟也。《广雅·释诂二》:学,识也。《白虎通·辟雍》:学之为言,觉也。以觉悟所不知也。

② 何谓"教"? 据《广韵》:教,教训也。《字汇》:教,迪也。《集韵》:教,说文,上所施、下所效也。或作学。

"世界教学的历史，可以说就是使儿童成为学习主体的一部运动与斗争的历史。"[12]"传统的教学是教师中心，而且是无视儿童个别差异的同步教学。在这种条件下不可能期待儿童能动的活动，也不能培育他们的能动性与创造性。"[13]批判灌输式教学乃是包括我国在内的国际教育界的共同追求。"以教师讲解为主"、"打开知识百宝箱"之类的灌输式教学，绝不是保障学生习得基础知识的法宝。听一听数学菲尔兹奖获得者丘成桐教授的忠告吧："那些认为中国学生的数理化成绩要比同龄的美国孩子好，中学学生的基础知识要比美国中学生的基础扎实得多，只是创新能力差一些的看法，都是多年来可怕的自我麻痹！"[14]再读一读新教育的先驱蒙田在他的《随感录》中的一段话，这段话该是对于"知识百宝箱"之类陈词滥调的极其有力的贬斥："人们对着我们的耳朵，就像往漏斗里灌注什么似的，无休止地声嘶力竭地叫喊，我们的职责只是翻来覆去地唠叨人云亦云的陈词滥调。请教师改一改这样的恶习吧。还是让他们从一开始就凭着自身的力量去品评，自己去辨别、选择和试验！时而给学生开辟道路，时而让学生去开辟道路。不能尽由教师想、教师讲，他应当听听学生的话语……要和着学生幼稚的步伐，一步步地引导开去，才能造就出高水平的、真正有灵魂的强者。"[15]

　　王先生在文中问道："各国的课程改革重视'基础学力'、重视'知识'是很突出的。为什么我们的课程改革不与国际共同趋势相一致，相反却要知识降位、要从知识教育'转轨'呢？"这里有一个对"知识"、"基础学力"存在不同理解的问题。

　　正如布卢姆（B. S. Bloom）的"教育目标分类学"、斯蒂金斯（R. Stiggins）的"学力目标"（achievement targets）分类所表明的，这里所谓的"知识"，包含了"知识"、"理解"、"推理"、"技能"、"完成作品"、"态度倾向"等要素。[16]无论是日本的《指导要录》采取的四分类——"知识与理解"、"思考与判断"、"技能与表达"、"兴趣、动机、态度"，还是我国新课程方案采取的"知识与能力"、"过程与方法"、"情感态度与价值观"三维目标，都表达了同样的知识观。所谓"知识"，大体囊括了"事实、概念、关系、原理的习得"和"根据需要引出这些事实、概念、关系、原理"两个方面。而且这种知识观，强调具体的知识不是七零八落的，而是结构化地习得的；强调结构性地把握经过层层的梳理——"理论—原理—概念—主题—具体事实"——的结构性"理解"；强调运用知识来洞察事物之本质、解决问题的"推理"；强调兴趣、态度、价值观和自我形象的"态度倾向"，等等。这种知识观确实跟王先生的知识观格格不入。应当说，把情感、意志、价值观等一并纳入知识习得的目标，是对现行应试主义教育的"无用知识"的批判与否定，恰恰不是"知识降位"而是"知识升位"，而且恰恰是同国际趋势相一致的。

什么叫"学力"(academic achievement)呢？[①] 一般视为学生在学校教育过程中"借助学习所掌握的智慧能力"。在国际教育界，对于"基础学力"(fundamental academic achievement)的界定大体分为两个侧面。一是"实体性侧面"，这是通过考试之类的手段容易测定的"显性学力"的侧面；另一个侧面是"功能性侧面"，这是思考能力、学习动机之类的学力的智慧运作侧面，或者说是"隐性学力"的侧面。两者相互联系，而且前者是受后者的支撑而作为一种智慧能力发挥作用的。我们不能只知其一，不知其二，更不能无视两者之间的关系。"实体性学力"是一种借助考试手段可以直接加以确认的"显性学力"，传统教育关注的就是这种"显性学力"。在这里，学生应当学会的知识是通过教科书预设好的，教学就是传递这种知识的场所。教师只需要把教科书中的知识点传授给学生就万事大吉了。然而，在信息化社会时代，掌握创造文化的态度与能力(可以谓之"功能性学力")比掌握多少现成的知识更加重要。因此，"实体性学力"教育

---

① 何谓"学力"？有"学问之力、治学之功"等意涵。据[宋]范成大《送刘唐卿户曹擢第西归(六首诗)》学力根深方蒂固，功名水到渠自成。[宋]王令《寄洪与权诗》贫知身重要，病觉学力怠。"学力"一词原本是我国固有的名词，但在苏俄凯洛夫教育学席卷我国教育学术界以来，几乎成为死语。20世纪80年代开始，重新作为一个重要的教育术语获得了其地位。笔者曾经撰文指出，日本学者把"学力"说成是日本固有的名词，是错误的。

的比重相对下降，提高"功能性学力"教育的比重，乃是理所当然的。重视"功能性学力"的课堂教学，是一种重视促进、验证批判性思维的集体实践，即"文化性实践"经验的场所。每一个学生在这种实践情境中形成自己的意义。这里的"思维"就是知性的"学习方法"本身。学习的过程受到重视，运用哪些智慧技能、习得哪些新的技能、对于知识技能形成了哪些态度也受到重视。就是说，过程本身成为学习的"内容"。然而，在现行学校教育体制中蔓延的应试主义，关注的仅仅是纸笔测验能够测定的一些教科书中的"知识点"罢了。应试主义教育所反映出来的"学力剥落现象"的弊端是不可否认的事实！"为考试而死记硬背，考试完毕，忘得干干净净"。——这就是学生普遍的经验，这也就是日本学者批判的"学力剥落现象"——"这种知识终究如同镀金那样被剥落了"。一味地张扬"学力剥落现象"的合理性，将会贻害无穷！

　　回顾课程教学论的发展史，在如何看待"基础学力"，如何把握"学力结构"的问题上，大体出现过三种立场。第一种立场，把学校里传授的知识技能的内容视为学力的内容。基于这种立场，如何尽可能准确地再现知识技能，成为关注的课题。因此，这种立场关注考试，并把考分等同于学力。但这种立场犯下了忽略思考力和人格建构以及单凭考分来判定学力的错误。尽管这种错误是显而易见的，但这种观点在应试教育体制下依然极其嚣张。第二种立场，重视问题解决能力和态度、价值观甚于知识技能。它不同于第一种立场，并不仅仅把知识技能之类外显的学力视为学力。不过，其缺陷是，由于过分推崇了习得并运用知识技能的态度，片面强调抽象的心智作用，而在一定程度上忽略了对教科书和教材内容的钻研。第三种立场，并不将学力归结为知识技能，也不轻视态度、价值观，而是力求整体地把握学力的结构。就是说，一方面，重视学科知识内容的重建；另一方面，通过习得这些内容，发展学生的认识能力。因此，这种立场致力于探讨知识技能的习得是如何促进学生身心发展的；探讨这些认识能力同动机、情感、态度、价值观等人格的发展又是如何相关的。

新课程方案所秉持的，正是这种立场。因此，新课程方案目标突出"情感、态度、价值观"乃是理所当然的。

　　课程创新的根本出发点是要求得每一位学生的发展，而不是简单化的知识灌输。基础教育课程没有必要也不可能让学生掌握未来工作所需要的全部知识，重要的是让他们"学会学习"，"发展智慧"。新课程标准规定了各个教育阶段里学生应当达到的内容标准、成就标准和机会标准，在这些标准中无不渗透了新课程的教育目标，而这些目标大致可以区分为三类。一是"达成目标"——是从应当扎实地习得什么知识的视点出发来制定的目标，诸如九九乘法口诀。一般这种目标多以"能够……"来表述。二是"方向目标"——是指示总体成长方向的目标，诸如锲而不舍的钻研精神。一般说来，知识、技能之类的实体性学力，容易用"达成目标"来表述，而思考力、判断力或是动机、态度之类的功能性学力，容易用"方向目标"来表述。三是"体验目标"——指并不直接标示学生的变化，而是以经历某种体验并以体验本身作为目的的目标，诸如参与社会服务劳动。从长期视点看，借助体验的情感积累对于学生的人格成长至关重要。新课程方案不仅抓住了第一种目标，而且充分关注了其余两种目标，关注了构成活生生的动态知识的动力源。这明明是课程理论的进步，明明是"知识升位"，却被王先生视为"知识降位"！这里牵涉到如何认识学校教育的"主战场"——课堂教学的本质问题。

　　所谓的"课堂教学"，是怎样一种活动呢？它是由种种要素构成的复杂过程。而且，教学不仅是单纯的种种要素的复合体，也是种种过程的复合体，是依其内在逻辑而发展的动态结构。因此，历史上出现过"三角形模型"、"四角形模型"、"动态模型"等一个比一个更为辩证地把握教学结构的分析框架。[17]学生成长的课题、课堂教学的课题，单靠"认识机制"是囊括不了的。以为凭借凯洛夫的"教学认识论"就能破解学生发展的"认识机制"，任何问题都能迎刃而解吗？谁也没有否定课堂教学的过程是一种认识过程。不过，我们所主张的教学认识论，确实不是凯洛夫的"教学认识论"。"课堂教学的实践可以理解为由三个范畴构成的复杂的活动。第一范畴,构成教与学这一文化实践之中心的认识形成与发展的活动范畴。第二范畴,构筑介于教与学的认识活动之间并促进该活动的人际关系的活动,形成人际关系的社会实践这一范畴。第三范畴,是在该活动主体——教师与学生的自身关系中构成的活动范畴。在教与学中,教师与学生不仅构成同客体世界的关系,维护人际关系,而且生活在自身的世界中,展开着探索自身存在的证明、改造同自身的关系的实践。"[18]正如佐藤学教授指出的,"传统的教学论仅限于第一范畴(认知过程),而失落了第二范畴(社会过程)与第三范畴(内省过程)。"[19]这种批判不正击中了凯洛夫"教学认识论"的要害吗? 在课堂教学中,教师与学生的关系是"交互主体"关系,而不是什么"主导主体"关系。[20]教师的责任就是为学生创设能够使其成为学习活动主体的应答性的"互动型学习环境",而不是让学生单向地聆听教师的讲解,背诵教师讲解的内容。这意味着,信息社会时代的课堂教学模式突破了"三角形模型",即所谓的"教师、学生、教材"的"三体结构"论。归根结底,课堂教学将从"人(教师)—人(学生)系统"转变为"人(学生)—应答性环境系统"。就是说,前一种系统是以课堂、教师、课本的"三中心"为特征的系统。在这种系统里,学生仅仅是接受知识的"容器",而不是自主的知识习得者。在后一种系统里,学生作为学习的主体,直接作用于应答性的"互动型学习环境"。可以说,这是一种尊重学生个性、学生主动参与的"互动型学习环境"。教师的作用就在于组织这种"互动型学习环境"。这里的"学习环境"是指必须保障学习课题之解决的活动,它包括以教师为主的"人际学习环境"和"物质性学习环境"。[21]这也就是我们强调的从"灌输中心教学"转型为"对话中心教学"的基本含义。

倘若再从教学哲学的角度审视一下课堂教学的本质,那么,可以认为,课堂教学归根结底乃是人格成长的场所。教育不是单纯的习得知识的过程,教育的本质是人格的成长。教育是人格陶冶的过程。"成长"是借助经验的重建,进一步丰富教育的意义,从而为此后的经验提供指引的。在这种经验的重建中，"知识"作为知性反思的产物而被习得。知识是探究过程的副产品，成长的主旨终究在于优质的、充实的经验重建。在这里，感性经验对于经验的重建具有巨大意义。因为，任何的思考都是人与环境的交互作用，学生在直面具体的情境时，就得观察、倾听、感悟、沟通、合作……这就是"开放经验"。而"开放经验"要求"开放学科"、"开放课堂"、"开放学校"，要求学生与现实的社会生活打成一片。这种"开放"其实就是一种"精神解放"和"文化再造"。课程创新背景下课堂教学改革的核心课题，是把学生个人主义的学习转换为共同体的学习。因为，"学校不是知识的配给所。学校的首要课题是学生的发展。学生的知识不是赐予的，而是学生自己掌握的……促进发展的教学不是教授现成真理的教学，而是探究真理的教学。"[22]"学校的公共使命就在于，将每一个学生作为自立的、活动的、合作的学习者加以培育；在学校内外，应构筑起由'知识'这一公共的情结所合成的文化共同体。"[23]

任何改革事业，包括基础教育课程改革在内，必然会遭遇到旧有观念与旧有制度的束缚和抵抗，这是不足为怪的。我们确实面临着理论建设与学风建设的严峻课题。事实上，几年来，在教育部基础教育司和师范教育司的组织与领导下，全国十几所教育部基础教育课程改革研究中心以及北京大学、南京大学、浙江大学的教育研究人员，特别是一批年富力强的教育学博士们，积极地参与课程创新，和广大一线教师一起，本着"全球视野，本土行动"的准则，致力于一系列课程教学概念的重建，卓有成效地介入到我国的基础教育课程改革实践，并从实践层面不断汲取鲜活的经验。短短三年来，我国一系列的教育、教学的概念正在得到重建。比如说，我国教育界的"课程"概念已经从"课程即计划"的静态课程观走向"课程即体验"的动态课程观，一线教师的认识明显地经历了四个关键词的演进过程："预设→生成→预设和生成→预设为了生成"。显然，这种课程概念的进步已经远远超越了灌输"现成知识"的"预设论"，即所谓的"知识百宝箱"论。我国的课程创新正在一步一个脚印地推进：由"改革纲要"

生成了"课程标准";由"课程标准"生成了多版本的中小学教科书;由多版本的教科书生成了有声有色的新课程实施,开创了我国课程创新的崭新局面。这种大好局面不仅受到了全国教育界内外的欢迎,而且得到了国际课程学界的高度评价。它表明,这几年来课程教学转型开始"从理论走向实践",我国的基础教育课程改革正在大步前进。

对此,我们不妨引出三个结论:第一,我国基础教育的唯一出路就是实现从精英主义教育向大众主义教育的转型,或者说,从应试主义教育向素质教育的转型。这个大方向,既是世界课程教学改革的共同追求,也是我国本土教育改革实践经验的当然结论。第二,我国的教育科学研究需要"破旧有之陋习,求知识于世界",直面现实,与时俱进。贴近学术前沿,与国际接轨;贴近改革前沿,与实践接轨。这才是繁荣我国教育科学特别是课程教学理论的康庄大道。第三,无论课程改革纲要还是纲要解读,都是围绕着新的时代所需要的新人的成长为主题展开的,这个主题自然离不开"提升知识"的话题。我国的课程创新宣告了"凯洛夫教育学"时代的终结。

课程创新的前提条件是"概念重建"。这就需要我们"建立一个学术流派的'联合国'来促进跨越话语边界的对话"。[24] 说到底,需要我们不断地挑战自我、更新自我、超越自我。"对于我们来说,以往的课程灵魂必须被摆渡到永不回归的彼岸安息,而在此岸的我们,则需获取新的灵魂。"[25]

参考文献

[1] Polanyi, M. (1996). The tacit Dimension [M]. London: Routledge & Kegan Paul. 转引自钟启泉. 论中国大陆基础教育课程改革的价值转型[J]. 台北:教育研究,2003:大陆版创刊号.

[2] 田中根治. 新教育评价的理论与方法[M]. 东京:日本标准出版股份公司,2002:22.

[3] Bruffee, K. A. Collaborative Learning and the conversation of mankind [J]. College English, November, 635–652.

[4] 恩斯特·卡西尔. 人论[M]. 甘阳,译. 北京:西苑出版社,2003:10.

［5］张世忠.建构教学——理论与应用［M］.台北：五南图书出版公司，
　　2001：16.

［6］佐伯胖,等.学习共同体［M］.东京：东京大学出版社,1999：92—93.

［7］保罗·弗莱雷.被压迫者教育学［M］.顾建新,等,译.上海：华东师范大学
　　出版社,2001：93.

［8］［9］戴维·伯姆.论对话［M］.王松涛,译.北京：教育科学出版社,2004：
　　7,6.

［10］佐伯胖."学习"的含义［M］.东京：岩波书店,1995：85—86.

［11］［23］佐藤学.学习的快乐——走向对话［M］.横滨：世织书房,1999：59—
　　68,155—156.

［12］［13］佐藤正夫.教学原理［M］.钟启泉,译.北京：教育科学出版社,2001：
　　Ⅰ,Ⅳ.

［14］袁小明.呼唤教育制度的创新［N］.上海：文汇报,2004.8.24(9).

［15］筑波大学教育学研究会.现代教育学基础［M］.钟启泉,译.上海：上海教育
　　出版社,2003：41.

［16］Stiggins, R., Student-InvolvedClassroomAssessment, Merrill Prentice
　　Hall, 2001.转引自田中根治.新教育评价的理论与方法［M］.东京：日本标
　　准株式会社,2002：40.

［17］吉本均.现代教学研究大事典［M］.东京：明治图书,1987：55—57.

［18］［19］佐藤学.课程与教师［M］.钟启泉,译.北京：教育科学出版社,2003：
　　153—154,154.

［20］张华.课程与教学论［M］.上海：上海教育出版社,2000：358—361.

［21］钟启泉,崔允漷,张华.为了中华民族的复兴,为了每位学生的发展——《基
　　础教育课程改革纲要(试行)》解读［M］.上海：华东师范大学出版社,2002：
　　215—216.

［22］钟启泉.现代课程论［M］.上海：上海教育出版社,2003：452,535.

［24］派纳,等.理解课程［M］.张华,等,译.北京：教育科学出版社,2003：875.

［25］多尔,高夫.课程愿景［M］.张文军,等,译.北京：教育科学出版社,
　　2004：31.

6

新世纪学校课程的创造

为了落实"核心素养"的养成,使学习者能够凭借自身的力量去创造新的知识框架,教师就得展开课程研究,建构新的学科框架。学校的课程作为发展每一个儿童的素质与能力的框架,不能抱残守缺,需要与时俱进。我国新世纪的学校课程需要检视应试教育课程的弊端,实施全方位的改造,借以求得学生脑力与体力的均衡发展;认知能力与非认知能力的发展;学科素养与跨学科素养的发展。本章通过阐述"学科统整"的发展趋势,探讨 21 世纪学科课程改革的基本理念与策略。

一、"学科"与"学科统整"

(一) 学科与科学

所谓"学科"(subject)是旨在实现学校教育的目的,从科学、技术、艺术的人类文化遗产中选择儿童应当学习的内容,再从教学论的角度加以区分,并系统地组织起来的课程的主要构成要素。[1] 近现代学校教授的"学科"决不是"科学"本身,它是重新概念化、体系化了的教育内容的单位。学科的起源可以追溯到古希腊的七艺(文法、修辞、辩证法、算术、音乐、几何、天文)。我国的六艺(礼、乐、射、御、书、数)则可以视为我国最早的学科划分的典范。学科的分化与综合反映了各自国家学校的社会历史与文化条件。关于"学科"的起源与发展问题,佐藤正夫在他的《教学原理》中设专节《学科的确立》作了详细阐述,这里无须赘述。[2] 历史上围绕学科的论题存在着诸多争论,比如,传递伴随历史的发展而发展的科学文化基础,同吸纳社会所需要的内容展开社会课题的探讨之间如何结合;侧重认识能力的形成还是侧重实践能力的形成;如何根据学年的递升加以区分和组织必修学科与选修学科;学科之间的相互关联,学科教学与课外活动之间的关联等课程编制的问题;课程编制权的问题,等等。

这里需要讨论的是"学科"与"科学"的关系问题,即"学科"的逻辑(体系)与"科学"的逻辑(体系)处于何种关系。

首先,"学科"必须在一定程度上反映"科学"的结构。"学科"的内容不是片段的、枝节的知识集合体。"学科"不能没有逻辑,而且,"学科"的逻辑要依存于"科学"的逻辑。科学的逻辑框架在相当长的时期内是相对稳定的,"学科"的内容应当依据这一框架加以厘定。不过,由于科学知识每十年成倍增长,需要不断"吐故纳新"。至于科学方法之类,不仅是学习的目的,也是学习的手段,应当成为知识授受的方法。在"学科结构"的讨论中,斯卡特金(М・Н・Скаткин)对学科内容应当涵盖的要素作了精要的概括:(1)科学的最重要的事实、概念、法则、理论。(2)以该学科的教材为基础所形成的世界观、伦理审美规范、理想。(3)探究与科学思想的方法。(4)科学史上的若干问题。(5)包括知识的运用在内的能力、技能。(6)认知活动的方法、逻辑操作、思维方式。(7)才能与情感发展的某些指标。可以说,这一认识同布鲁纳(J. S. Bruner)的"学科结构说"如出一辙。

其次,"学科"的课题毕竟不同于"科学"的课题,"学科"的内容不等于"科学"的内容。这是因为,"科学"的逻辑(体系)并不是一义的,具有极大的多义性。无论哪一门科学都可以显示出不违背科学逻辑的、若干迥异的、各自不同的逻辑性陈述顺序。因此,必须从种种可能的体系中选取最适于教育目的的一种。这不是从某种现成的体系中作出选择,宁可说是一种创造;此外,"科学"的理论内容必须以适于充分发展的形成中的儿童的智能方式加以授受。从"信息传递"的视点看,要传输全然不含受信者(学生)活动的、处于纯粹状态的信息,实际上是困难的,甚至是不可能的。这是因为:其一,学习者要获得某种信息就得读书访友,从受信者(学生)身上总可以看到某种活动。其二,信息即便简单粗拙,也得由受信者(学生)消化。受信者倘若不具备接受信息的适当能力,信息对他而言则是毫无意义的。其三,任何信息的被接受程度会因受信者的能力与情绪因素的制约而有所不同。信息倘能同每个受信者的需求与兴趣相呼应,则多少会增大信息的接受程度。

不过,尽管学科与科学有所不同,但在学科教学中,学习者的认识形成过程却类似于科学的形成阶段。这就是从体验到理论的过程:

体验——所谓"体验","无非就是意义关联"。[3] 通过五官(视、听、嗅、味、触)认识自然与社会。在教育上,通过观察、调查、参观、栽培、饲养及其他劳动活动,把握事实与法则。

经验——经过梳理的体验。学习者学会思考,潜心使用观察、测量、分类等方法,或直面客体、操作客体,或动手制作物品,或栽培和饲养,或作用于其他事物,领悟事物与人际的关系。

实验——有意识地设定目的、条件。反复分析综合,以揭示事物的真理。

逻辑——梳理、归纳、表达事物的方法,借助归纳与演绎揭示事物的关系,形成思考的框架。

理论——确立客观的自然法则的最终阶段。整合种种法则,形成囊括性的法则体系。

这样看来,我们的教师必须关注学生的直接体验与间接体验(书本知识)的均衡,实现学科教学从"知识传递型"向"问题解决型"的转变。

(二) 学科论的对立与"学科统整"

在学科发展史上历来存在两种根本对立的对待学科的态度。要素主义学科论持"教育的含义原本就在于传递传统文化的本质"的立场,认为"学科"展望文化遗产是先于接受的客体——儿童的。活动主义学科论则持"教育的含义在于引出儿童的自发性活动"的观点,强调"学科"是由引发自发活动的主体——儿童的兴趣爱好的种种素材组织而成的。前者是赫尔巴特(J. F. Herbart)等人倡导的教育观,后者是卢梭(J. J. Rousseau)、裴斯泰洛齐(J. H. Pestalozzi)、杜威(J. Dewey)等人发展的教育观。这种教育思想的对立至今依然未变。20世纪60年代以来的学问中心主义与人性中心主义的对立,可以说就是上述两种教育思潮在当今时代的翻版。

在要素主义者看来,应当施教的"学科"是"主要"的,此外的教育活动都是"副次"的,处于"学科外"的地位。学科外教学是有了学科教学之后才存在的。在活动主义者看来,促进儿童活动的素材是先存在于"学科"领域之外,随着其重要程度的增加而被"学科化"的。关于这一点,可举"戏剧"这一活动加以说明。

"戏剧"作为高尚的文化活动原本存在于学校之外,但由于其高度的文化价值而被纳入学校的教育活动之中:(1)作为学生自发的、自由参加的课外活动被纳入学校教育活动。(2)逐渐认识到"戏剧"的教育价值,以全校学生为对象展开戏剧活动,诸如文艺会演、文化节的戏剧表演,这可以说是"课程化"的阶段。(3)进一步认识到"戏剧"的教育意义,在各门学科中纳入戏剧。诸如在语文教材中选取戏剧文本,在音乐教材中选取歌剧、歌舞剧的剧目,在体育课上创作现代舞蹈。这是"教材化"的阶段。(4)最后,"戏剧"本身作为独立的学科,成为一门有共同的教学内容、教学方法,由专业教师执教的科目。这样,从活动主义者的观点看来,学校的教育内容起源于学校之外的生活。

学科课程的特质在于:第一,它反映现代文化的下位文化,反映人类智慧活动的整体。通过学科教学,学生参与人类所创造的文化,与之对话,从而为日后成为未来文化的创造者奠定基础。第二,在学科中,有学科固有的知识、技能、认识、表达、探究方法和价值观。学生沿着学科的逻辑展开学习,可以从学科的视角观察世界。从而使得学生能够从狭隘的经验世界中解放出来,并且透过科学、技术、艺术的视野,很好地把握现实世界。学科,给学生创造了认识的框架。第三,学科的内容与方法倘若能够被出色地组织,就能够在有限的时间里实现上述目标。"然而,在现实的条件下,学科的这些特质不过是停留于潜在的可能性。学科教学往往陷入了灌输知识、'敷衍学习'的境地。"[4]

回顾近现代学校的历史,任何国家的学校课程都是一部学科课程自身的分化和扩充"学科外"教学领域的历史。伴随人类文化的发展,教育内容的复杂化与分化是显而易见的。学科可分类为"工具学科"(习得认识之工具的学科——语文与数学)、"实质学科"(加深对生活环境之认识的学科——理科与社会科)、"表达学科"(音乐、美术、体育)、"生活学科"或"技术学科"(习得生活技术的学科——家政、技术、保健)。这些学科群大体是沿着上述顺序扩建起来,并形成当今学校课程扩充的基本面貌的。

然而,这种学校课程都是以"学科课程"(subject curriculum)为中心分化成各门学科为基本特征的。这种分化并列主义课程在内容与方法上以各自专业领域的科学为背景,以"专业分化"为特征,并不考虑彼此之间的关联性。因此,学科课程的原点在于"分成众多的科目、各自独立授受"的分化课程。这种课程的弊端是"经验片断化"与"知识割裂化"。况且,要把无限发展的人类知识的所有领域均纳入学校的课程原本是不可能的。于是,"课程统整"(integration)便是势所必然了。

(三)"学科统整"的源与流

所谓"统整",是分割与分解的反面,是使事物处于一体化的完整状态。事实上,大凡居于思想几乎没有不谈"统整"问题的。夸美纽斯(J. A. Comenius)的一贯统整的"国民教育体系"、卢梭的"自然中心教育"、裴斯泰洛齐的"3H（头、心、手）和谐发展教育"、德国改革教育学派的"儿童中心主义教育"、杜威的"经验中心教育"，等等，这些教育先驱的教育思想都更有意识地突出了"统整"的问题。不过，在教育（当然也是课程）上直面"统整"问题，始于德国赫尔巴特主义的"统合说"。戚勒（T. Ziller）倡导学科的中心统合，他构想了世纪版的核心课程，即以情操教材——同道德、宗教的人格形成直接相关——为中心，围绕它配置三种学科群——历史与理科、语言与数学、地理与技术。而处于中心地位的情操教材，汲取生物学上的缩影原理，根据文化阶段安排年级教材。这就是所谓的"中心统合法"的改革。[5]它是旨在避免大量学科并列，造成学生意识中产生彼此矛盾对立的观念，扰乱意识的统整性而在学校课程中设一门学科，其余学科围绕这个中心有机地关联起来的方案。基于戚勒的"文化史阶段说"的学科论，对于之后的课程研究产生了巨大的影响。

赫尔巴特学派的相关统合说主张在儿童的生命之外，以过去与成人作为标准，统一教材，把这种预先准备好的知识提供给儿童。所以这种统合是以客观知识为中心的统合，是从外部的统合出发引向内部的统合。与此相反，第一次世界大战后，德国的合科教学运动和在20世纪二三十年代成为巅峰的美国经验课程、活动课程，则是以儿童的主观生命为核心的统合，是从内部的统合引向外部的统合。如果说，赫尔巴特学派的统合是主知性、客观主义式的，那么，合科教学的统合则是主意性、主观主义式的；如果说，赫尔巴特学派的基本方向是从知到意，从教材的统合到人格的统合，那么，合科教学的基本方向则是从意到知，从人格统合到教材统合。美国的儿童中心经验综合课程是以儿童自身的需求为中心，从其直接的生活经验出发的。然而生活经验非常复杂，完全冲破了传统学科的界限。因此，这里的统合不是赫尔巴特学派所主张的教师授予儿童现成的知识，而是儿童自身去确立适于自己的知识逻辑。换言之，不是预先计划好的统合，而是儿童在学习过程中引导自己，以自己为基准作出的统合。

美国在 20 世纪三四十年代展开了声势浩大的经验主义"综合课程运动",该运动的理论指导者之一霍普金斯(Hopkins)认为,要改变传统教育的弊端就得寻找一条使分科课程一步一步迈向综合课程的道路。在他看来,从分科课程到综合课程存在四个阶梯:(1)相关课程,实质上是分科,但将彼此有关联的学科加以沟通,局部综合。这是初级的综合。(2)广域课程,由相近的学科群组成一大学科。(3)核心课程,由核心学科和外围学科组成。(4)经验课程,主张完全依据学生的经验与活动加以统合。然而,无论相关课程、广域课程、核心课程还是经验课程,都未能实现课程的真正统合。赫尔巴特的"相关统合"是基于教材自身性质的课程的"逻辑统一",杜威的"经验统合"是基于儿童需求的课程的"心理统合"。课程的真正统合唯有彻底通过"相关统合"与"经验统合"的有机结合才能实现。

　　在当今时代,地球不过是一艘"地球飞船"。历来扎根于分科主义的学校课程正在面临来自"全球问题"与"现代儿童问题"的挑战。学校课程必须"信息化"与"国际化",以儿童的生活、经验为基础,致力于全球问题的解决。把全球问题与儿童的生活经验整合起来,构筑"跨学科课程"(inter-disciplinary curriculum)或"学科交叉课程"(cross-disciplinary curriculum)的研究,为学校课程的设计开拓崭新的视野。

　　"学科统整"不仅仅是一种课程的设计方式,也涉及知识论与课程观的差异。正如前文说过的,分科课程强调学科分野,学科的系统知识是构成课程的主要内涵。这种课程形态属于本质主义式的思维方式。在这里,教师和学科专家是界定课程内容的"权力中心",学生居于学科社群金字塔的底层,并无课程决定权。而学科统整的形态则软化了学科之间的界限,整个课程的目标在于探讨中心主题,在这里,主题就是真实的生活脉络。所有概念的学习旨在理解真实生活的问题。所以,由主题的形成到概念的分析,整个学习活动的安排都由师生共同参与,重视学生的主动建构。"学科统整"的研究特色就在于寻求学科内容的相关性,以求得课程的精要化;同时强调学生主动活泼的学习,而不是教师强加的被动学习。正如日本"合科学习"的倡导者木下竹次所说的,"合科学习"的根本任务在于变传统教育的"他律学习"为"自律学习"。这种课程的重要意义是使每一个儿童构筑起"知识的网络"。这种"知识的网络"不仅是记忆现成的知识、概念,还是基于每一个人的主体性学习所构筑的能动的"人类知性"。因此,"学科统整"决不是反知性行为,过良好生活也并非过知性生活。20世纪七八十年代,美国在课程与教学方面出现强调情意、价值、态度、社会参与这一类人性要素的新的"市民素质"论,盛行"人性中心"课程思潮:在课程上加深对于人的普遍本性的理解,培育基于文化与民族的多元主义的全球视野。到了20世纪90年代,作为立足于这些教育的人性化运动成果,关注新的课程开发的思潮急剧高涨起来,产生了"跨学科课程模式"(环境教育、能源教育、国际研究)和"一体化课程模式"(STS)等。英国的"交叉课程"、德国的"合科教学"、加拿大的"综合学科群"、日本的"综合学习"、我国台湾地区的"学习领域",都体现了"学科统整"的大势。以加拿大不列颠哥伦比亚省的"综合学科群"为例,从1992年度开始,学科课程进行了大幅度的统整。一年级至十年级的学科被整合成如下四个综合学科群:(1)人文——英语、外语、生活科、社会科。(2)科学——算术或数学、科学。(3)艺术——舞蹈、戏剧、音乐、美术。(4)技术——商业、家政、体育、工业技术。[6]20世纪90年代以来,主要发达国家普通高中课程改革的一个共同趋势是,追求基础性与多样性的统一,即关注共同文化素养、关注学生个别差异,借此使学生在共同文化起点上得以发展自我,确立正确的世界观、人生观和价值观。其主要策略是:突出"共同核心课程"或是"共同文化课程"的设计;突出学习领域和模块设计;突出特色化专业学科群或选修学科群的设计。[7]这种学科统整是基于如下问题意识或取向:克服"分科主义"这一传统的课程制度的取向;探究现代社会问题的取向;培育复杂社会里生存能力的取向;在儿童生活中组织生动活泼的学习活动的取向。综合学习也是德国课程改革的重要课题,其中最引人注目的实践就是克拉夫基

(W. Klafki)教授基于"时代的典型关键性问题"的"跨学科教学"的实践。[8]诸如 ABC 兵器、国籍主义、环境问题、人口问题、社会不平等、信息媒体的危险与可能性等关键性问题,不仅成为综合学习的核心内容,也成为现在及未来学校课程编制上的重要视点。

在"学科统整"的学习中,学习的课题大体是由教师设定的,在该课题下学生自己去发现探讨的课题,并以个人或小组的形式展开探究。这种探究学习的特点是:第一,在于问题的质。学科教学的场合、学习的内容是业已结构化了的,结论也是明确的。但在这种探究学习中,课题是真正现实的课题,有一定难度,不是轻而易举就能解决的。第二,在于探究的过程。没有现成的答案,课题的答案是随着探究过程的展开逐渐浮出水面的。第三,在于需要持续地探究。这样,教师就能在认真教授学习方法的同时,培养学生探究的态度和熟练的技能。

纽曼(F. M. Newman)指出,"所谓'真正的学力'(authentic academic achievement)应当具备三个要素:知识的建构;训练有素的探究;超越学校的学习价值。"[9]倡导"学科统整"不是全盘否定"分科课程",两种课程各具优势。分科课程强调知识的系统性,综合课程强调知识的动态性。后者在理论知识同学生实际生活及社会联系方面有其优势,比较容易找到切入点,而这恰恰是分科课程的难点所在。不过,对于一些学科来说,比如"读、写、算"这些基础教育中的最基本的学程,其分科形式的独特价值是毋庸置疑的。

(四)"学科统整"的新高度

进入 21 世纪,指向"核心素养"的教育改革成为世界性潮流。这意味着学校教育目标的刷新——从"知道什么"到运用知识"能够做什么"的教育范式的转型,这种潮流大体表现为"关键能力"与"21世纪型能力"。新型能力的概念涵盖了基本的认知能力、高阶认知能力,而且强调人际关系能力、人格特质与态度等核心素养,不仅强调

"学科素养"，而且强调"跨学科素养"，表现出"学科统整"的新高度。

　　1.从STEM到STEAM。2006年，全美学术会议（National Research Council，简称NRC）倡导"科学、技术、设计、数学"（STEM，Science，Technology，Engineering，Mathematics）的理论框架，这是一个旨在改进美国中小学科学教育的薄弱环节的课程设计方案。[10]NRC的框架由三个维度构成：(1)科学工程的学习；(2)跨学科概念；(3)学科的核心观念。在STEM的实践过程中人们发现，倘若纳入"艺术"（Arts）课程而形成STEAM，会更有助于儿童获得认知性、情感性、具身性的能力。儿童从事钢琴演奏、诗歌创作、角色扮演与舞蹈活动，或是绘画创作，有助于锻炼其敏锐的观察力，培养精益求精的精神，发展编织现象脉络的能力。艺术的学习不仅可以发展改进生活品位的技能，也可以形成科技工作者那样的寻求未来的革新与跃进的创造性基础。美国学者的研究也印证了如下的判断："艺术促进认知的成长与社会性的成长。因为，艺术集中了超越人类参与的一切领域的技能与思维过程"，"发展艺术的技能意味着创造性、批判性思维、沟通技能、个人的自立与自发性、协同精神的培育"。[11]斯坦福大学的艾斯纳（E. Eisner）归纳了艺术教育可以养成如下八种素养（能力）：[12](1)关系性认识。在音乐、语言或其他艺术领域中创作作品，有助于让人们认识到一件作品的构成要素在很大程度上是相互影响、相互作用的。这种技能也有助于生物学家认识到，一部分生态形态中的一部分变化是怎样影响到其他部分与其他系统的。(2)发掘微妙性差异。艺术有助于让儿童学会发现微妙性差异。大量的视觉推论，介入微妙的意义差别、形状、色彩，能在不同程度上满足艺术作品。写作也是一样，关注语词运用的细微差别，理解和运用暗示、讽刺、比喻是必要的。这种技能有助于科学家对非科学家做出高难度的抽象概念的解释。(3)有助于获取课题的多元解决与疑问的多样答案。问题的解决可以用不同的方法。学校过分强调了聚焦一个标准答案的教学，然而在实际的工作和生活上，最困难的课题聚焦需要的是考察优越性不同的多样的解决选项，衡量各种解决方案的利弊得失。(4)应变能力。艺术活动有助于儿童认识并且追求当初未曾思考到的目的。学校教育把目的与手段之间的关系过分简单化了。艺术有助于发展儿童适时改变目的的智慧。(5)容许不合规则的决断。运算中有规则与可测的结果,但在许多场合存在着不受规则支配的例外。在没有规则可循的状况中,什么是正确的、如何出色地工作,取决于个人的判断。(6)凭借信息源发挥想象力。艺术有助于提升儿童的情境视觉化能力与度量计划性行为的适切性。(7)允许抑制性活动。不存在单纯以语言的、数学的、视觉的目的作为唯一手段的构造。艺术为儿童提供了抑制某种手段、发明活用这种抑制的方法。(8)从审美的角度编织世界的能力。艺术有助于儿童设计崭新的方法,以诗意的角度编织世界。当然,这里的 STEAM,也有称之为 TEAMS 或者 STEMA 的。这就是说,除了把"艺术"视为 Arts 之外,也有被界定为"应用数学"(Applied Mathematics)、"人文教养"(Liberal Arts)和"艺术与人性"(Arts and Humanity)的。

2. 强调学科"核心知识"(core of knowledge)与"关键能力"(key competencies)的"21 世纪型能力"。所谓"21 世纪型能力"是怎样一种概念呢? 从 21 世纪型学习的框架来看,[13] 大体由"彩虹"与"水池"两个部分组成:"彩虹"的部分是核心学科与跨学科课题以及三种核心技能,这就是:(1)学习与革新;(2)信息、媒体与技术能力;(3)生活与生涯技能。"水池"部分是学习支援系统,包括标准与评价、课程与教学、专门研修、学习环境。"21 世纪型能力"非常重视"核心学科"。[14] 在所谓的"核心学科"中设定了母语、外语、艺术、数学、经济、科学、地理、历史、政治、公民等学科。21 世纪的教育必须立足于扎实的学科素养的基础之上,其要点是,不在于让学生记住大量的事实性知识,而在于让学生参与获得知识的过程,达到对知识的深度理解。在这些核心学科之上,再加上跨学科的专题。这些专题包括"全球化的意义、金融·经济·商务与创业的素养、公民素养与健康素养"。要解决当今时代直面的课题,就需要有综合运用多学科领域知识的能力,设立跨学科专题的目的就在于让学生把握不同知识领域之间的关系,更好地统整不同学科领域的知识。旨在让学生把学科知识同实际生活与现实社会关联起来,培育他们明智而有效地思考的能力。

二、从高中新课标看新世纪学校课程的创造

普通高中新课程方案和课程标准的实施,标志着我国学校课程改革的又一个里程碑式的发展。新课程标准的最大亮点表现在:求应变,求平衡。真正有应变力的课程绝不是封闭地自我完善的:一方面,人类的知识基础在持续地成长与变化,课程必须与时俱进,适时进行修订与更新,以适应时代的变化;另一方面,儿童是多元智慧的存在,每一个儿童不同的智慧是等价、等值的。

学校教育的主要目标之一是提升儿童的学力,支撑学力的能力是智能。这种智能是"学习新事物、适应新环境的能力",或者"认知功能的总称"。不过智能测验能够测定的主要是语言智能、逻辑数学智能、空间智能。认知心理学家加德纳(H. Gardner)倡导"多元智能理论"(Muliple Inteligences;MI)。这种理论主张人类拥有多样的智能,不仅是借助 IQ 能够界定的智能,亦即语言智能、逻辑数学智能、空间智能,而且涵盖了音乐智能、身体运动智能、人际关系智能、反思智能及博物(自然理解)智能。多元智力是协同起作用的——八种智力各自具有独特性,但在日常生活中是相互影响发生作用的。确实,从学习的观点来看,语言才能好的人运动能力未必好,运动能力好的人艺术才能未必优秀。语言能力和逻辑数学能力是符号操作所必须的,数学能力需要在符号操作能力之上加上空间操作能力。所谓"学习"并不是死记硬背教学的内容,也绝不是教会儿童成人所教授的知识内容。"学习"的作用必须是通过儿童自己的学习,发现并发展作为学习者自身原本拥有的潜能。立足于多元智力理论,学习的路径自然也是多元的。在教养与教育的场所,发现并培育每一个儿童的禀赋才能,实际上是极其艰难的一项工作,立足于才能绝不是唯一的

视点来贴近儿童、理解儿童。

　　学校课程应当旨在因应每一个儿童的需求、兴趣与个人成长而准备。有效的课程在强调有关种种知识体系的关键概念与过程、结构与工具的同时，也能够扎扎实实地引导每一个儿童选择自己应当学习的领域，求得实用的、认知的、情意的侧面的发展，以便终身能够持续地做出更好的职业选择。因此，对于学校课程中直面的一连串复杂的要求与问题，不宜采取二元对立的立场。为了公平而有质量的教育，普通高中课程标准的设定必须是兼容并包的，那种"主科"与"副科"、"数理化高贵，音体美低贱"之类的认知与做法，是有悖于多元智能理论的。

　　在普通高中新课程方案和课程标准出台的背景下，普通高中学校既不能"不作为"，故步自封于应试教育的一套经验，"以不变应万变"自欺欺人；也不能"乱作为"，抛开国家课标，另起炉灶。基于"国家课标"是每一所普通高中学校的责任所在。其实，"核心素养—课程标准（学科素养与跨学科素养）—单元设计—课时计划"是学校课程发展与教学实施环环相扣的四个链环。能否健全与链接这些链环，正是衡量处于改革前线的校长与教师的专业素养的标尺。我国普通高中教育面临着严峻的时代挑战。

　　第一个挑战，把握基于"核心素养"的课程标准。

　　课程标准的编制应当回答实现"核心素养"的具体路径的问题，即如何落实和平衡"学科素养"与"跨学科素养"，如何才能使每一个儿童适应新世纪的需求。按照美国"课程再设计中心"（CCR）的说法，课程标准作为一种优先顺序的"框架"，将有助于学校课程的再设计。[15]因此，一线教师或许可以从四个维度来加以思考和把握。

　　其一，知识的维度。求得传统知识与现代知识的交融。无论传统知识还是现代知识大体都是按照以下的逻辑表现的（只不过现代知识更加跨学科化而已）：元概念与概念；过程、方法、工具；领域、课题、话题。往往涵盖了跨学科的知识，而且各个学科领域都涵盖了三个价值侧面——实用价值、认知价值、情绪价值。这些传统学科包括语文、数学、科学、史地、政经和艺术（舞蹈、戏剧、媒体艺术、音乐、视觉艺术等），以及各种形式的主题，如全球素养、环境素养、信息素养、数字素养、系统思维、设计思维等。

其二，技能的维度：4C。长期以来，教育界一直在争论知识优先还是技能优先的问题，其实两者不是对立的。根据先行研究，倘若以无关系的方式学习知识与技能，那就只能停留于表层学习——不是基于理解的，而是死记硬背的、难以运用的短命的知识，难以在新的情境中运用。唯有在知识与技能的相互促进中，才能深化知识的理解与在现实世界中的运用。所以，所谓技能的维度是指"如何运用知道的知识"，是超越了学校学科的、跨学科的通用技能。其代表就是"4C"——批判性思维（critical thinking）、沟通（communication）、协同（collaboration）、创造性（creativity）。

其三，人格的维度：德性与价值观。核心素养的核心在于"人格"的培育。所谓"人格"涵盖了主体性、态度、行为、心性、心态、品格、气质、价值、信念、社会沟通与情感技能、非认知性技能。人格教育的目的在于因丰富的人生与社会的繁荣而掌握并发展明智的德性与价值观（信念与理念）以及关键能力；奠定终身学习的基础，培育参与可持续发展的世界的价值观与德性。美国"课程再设计中心"在此基础上提炼了主要的人格特征——灵性、好奇心、勇气、应变力、伦理、表率性。

其四，元认知维度：学习目标、方略与成果的反思。发现成长的机会的关键是元认知。元认知可以分为关于认知的知识——"元认知知识"与监控元认知过程的"元认知活动"。在两种元认知之中，着眼于"元认知知识"可以进一步做出分类。从产生怎样的影响作用看，可以把"元认知知识"分为方略知识、任务知识、自我知识。所谓"方略知识"是指顺利地进行学习、思维、问题解决活动而使用的一般方略的知识；所谓"任务知识"是指关于课题难易度的知识；而所谓"自我知识"是关于自己的强项与弱项的知识。

"核心素养"不是片断要素的罗列与相加，而是作为一体化的"整体模型"来看待的。基于核心素养的课程标准不仅强调语文与数学的硬性能力——一种知道了哪些事实之类的硬性知识，而且关注软性能力，两者不是对立的。真正的学习一定是扎根于这样一种过程，即通过知识建构的过程，提升学生的革新能力，形成有益于他者的公共意识，并且拥有知识发展的集体责任的过程。无论哪个国家的课程目标，不仅关注少数英才学生，而且瞄准全体学生。以往的学校往往重视少数英才学生的卓越性，这同时也就意味着排斥大多数学生。教育核心素养的教育发展趋势是，旨在开辟直面所有学生的卓越教育模式，注重所有的人，注重主体的人，寻求"公平"与"优质"的兼得。

第二个挑战，倡导基于课程标准的单元设计。

学校教学中的"单元"是基于一定的目标与主题所构成的教材与经验的模块或单位。从单元设计的历史发展看，可以大体分为基于学术与艺术等人类文化遗产的、以系统化的学科为基础所构成的"教材单元"（学科单元），与以学习者的生活经验作为基础所构成的"经验单元"（生活单元）。回顾单元的历史变迁，可以发现两种思考方式。其一，重视应当理解、习得的知识模块的"教材单元"；其二，基于儿童生活经验的活动模块优先的"经验单元"。"教材单元"与"经验单元"的构成方法自然有所不同：在"教材单元"的场合，是作为学科架内的模块式的学习内容来组织的。相反，在"经验单元"的场合，是借助师生的合作或者学习者的双手，打破学科的框架，作为学习者自身的经验活动的模块来计划与组织的。在日本学者佐藤学看来，可以把"单元设计"概括为两种不同的单元编制："计划型课程"的单元编制是以"目标—达成—评价"方式来设计的；"项目型课程"的单元编制是以"主题—探究—表达"的方式来设计的。在传统上，"单元"是作为"目标—达成—评价"的单位来组织的，但在活动课程中是以"主题—探究—表达"的方式，把"活动性、协同性、反思性学习"作为一个单元来组织。确实，前者能够有效地让儿童习得知识，求得达成度。但是，不能让学习者共同地探究课题，进而展开协同性、活动性学习，难以保障每一个学习者表现并反思学习成果的经验。后者的单元设计将成为世界课程发展的主流。从这个意义上说,抓住了单元设计,就抓住了撬动整个课堂转型的一个支点。

多年来,我国一线教师大多满足于"课时主义",并不理会"单元设计"。事实上,单元设计在课程开发与教学实践中起着举足轻重的作用:离开了单元设计的课程开发,不过是停留于碎片化知识技能的训练而已。"主题—探究—表达"的单元设计着力于组织"探究"(explore)、"表现"(express)、"交流"(exchange)的活动,这就是所谓的"3E活动构成"。这种单元设计的设计与实践在国外积累了丰富的经验。作为跨学科学习的单元学习具有如下特征:(1)以作业与制作活动为中心展开学习。(2)主动地展开项目的规划、运作与评价。(3)基于"问题意识"与"目的意识",实现自身的想法。(4)展开"社会参与"与作品创作的实践活动。(5)通过体验,掌握综合的知识、技能与态度。整个单元学习的每一步活动系列,都体现了学生作为学习的主体,通过丰富的资料与体验,致力于实践课题的探究。在这里,"社会参与"与"实践活动"成为设计的关键词。

既然学习不是"知识传递",而是"知识建构",那么,教师的教学就必须提供支撑的功能——帮助学习者发现意义、建构知识。建构主义的学习设计由六个要素——情境、协同、架桥、任务、展示、分享——构成。这六个要素作为有影响力的手段是重要的,当然,其顺序是动态的。课时计划需要在单元设计的基础上展开。"给我一个支点,我就能撬起整个地球"——套用阿基米德的这句名言,可以说,单元设计是撬动课堂转型的一个支点。当下一些地区的中小学热衷于炫耀所谓的"翻转课堂"的业绩,无异于在炮制"翻转课堂"的神话。"翻转课堂"是值得推崇的,因为它指向的是每一个学生成为"学习的主体",不仅形成"低阶认知能力",而且形成"高阶认知能力";不仅养成"学科素养",而且养成"跨学科素养"。不过,其实施是有前提条件的——倘若缺乏教学观念的根本转型,缺乏基于儿童认知研究的信息技术的支撑,并且执迷于"为考分而教,为考分而学",那只能是南辕北辙而已。当务之急是回归常识、回归正轨,克服急功近利、急于求成的狂躁心理，从学会"单元设计"做起。

第三个挑战，打磨基于单元设计背景下的课时计划。

杜威（J. Dewey）说，"如果我们沿用过去的方法教育今天的学生，那么我们就是在剥夺他们的未来"。[16]在我国，自2001年教育部发动"新课程改革"以来，基础教育界的教学观念在不断更新。所谓"学习"，不是教师单向的"知识灌输"，而是学习者基于体验的"知识建构"。因此，"学习"意味着"带来体验的结果与神经机能的变化"，强调"习得知识、技能的认知过程"，或是在大脑（知识体系）中增加大量的概念与反应的方式，等等，意味着每一个学生真正成为"学习的主体"。借用"责任让渡"教学模型的观点来说，课堂教学本质上是"责任的分阶段过渡"——"从教师有意识地减轻认知负荷而做出示范，逐渐过渡到师生共负责任，再到学生的个别学习与应用的阶段"。有效教学是分阶段地减少教师的作用，转向学生更多地负起责任。这与叶圣陶先生倡导的"教是为了不教"的教学哲学有异曲同工之处。通过学生逐渐更多地承担责任的过程，使其成为有能力的、自立的学习者。我国应试教育背景下的"教师灌输中心"教学崇尚一切由教师大包大揽，教师讲，学生听，学生成为被动地接受信息与知识的容器而已。这是十足的"被动学习"。这种教学只能培育单纯的"记忆者"，而不可能培育新时代要求的"思考者"与"探究者"。

从"被动学习"转向"能动学习"，正是课堂转型的诉求。从一线教师课时设计的角度来说，"能动学习"的教学过程涵盖了四个阶段或要素：第一，凝练讲授。教师不是单纯的知识传递者，而是认知策略的解读者。这个阶段包括设定明晰的目的，就内容、方法与技能提供样本与示范，听取不同的见解。亦即教师基于"最近发展区"的理念为学生提供最优的学习环境。第二，周密引领。成功引领的关键在于精心准备。教师主要以小组为对象，针对学生的需求，通过提问、提示、指示，做出相应的点拨，使学生得以充分理解知识内容，消解迷思。这其中，重点在于提供有助于学生形成知识与技能的脚手架。第三，协同学习。人的学习本质上是一种"互惠学习"。这个阶段主要是通过"互惠的协同关系"、"面对面的交互作用"、"个人与集体的双重责任"、"社会沟通的技能"以及"反思能力",给学生提供共同建构知识,并在新情境中运用业已习得的知识、技能的机会。第四,自主学习。教师相信每一个学生都拥有学习的潜能,通过反复式练习、螺旋式练习、应用性练习、拓展性练习,以及借助教师对学生做出具体的、易懂的、能够付诸行为的反馈,使得每一个学生成为"自主学习者"。当然,这种教学模型不是一蹴而就的,但只要假以时日,是一定可以获得成功的。

参考文献

[1] 奥田真丈,河野重男. 现代学校教育大事典(第 2 卷)[M]. 东京:行政出版公司,1993:316.

[2][5] 佐藤正夫. 教学原理[M]. 钟启泉,译. 北京:教育科学出版社,2001:62—162.

[3] 新田义弘. 现象学与解释学[M]. 东京:筑摩书房,2006:17.

[4][9] 中野和光. 充实学科,发展学力[M]. 东京:行政出版公司,2004:133—134,9.

[6][8] 柴田义松. 教育课程[M]. 东京:有斐阁,2001:220,221.

[7] 钟启泉. 国际普通高中基础学科解析[M]. 上海:华东师范大学出版社,2003:4—5.

[10][11][12] D. A. Sousa, T. Munegumi. STEAM 教育[M],胸组虎胤,译. 东京:幻冬舍股份公司. 2017:11—32,16—18,18—19.

[13] B. Trilling, C. Fadel, 21st Century Skills: Learning for Life in Our Times[M]. 119. Jossey-Bass, 2009:119

[14] 松尾知明. 何谓 21 世纪型能力:基于核心素养的教育改革国际比较[M],东京:明石书店. 2015:27.

[15][16] C. Fadel,等. 21 世纪的学习者与教育的四个维度[M],岸学,主译. 京都:北大路书房. 2016:40—42,39—40.

7

探究学习与理科教学

　　所谓"学习"，终究是探究的过程。"探究学习"作为美国在 20 世纪 50 年代末至 60 年代初掀起的"教育现代化运动"，特别是理科教学的现代化运动中产生的学习理论，至今仍然显示出其无穷的魅力。本文旨在探讨"探究学习"的来龙去脉，梳理"探究学习"理论的发展背景、主要内涵及其教育价值。

一、探究学习产生的背景与特点

　　"探究"的概念，是教育学自古就有的研究课题。[①] 不过，"探究学习"的概念却是在美国的新课程运动中产生的。20 世纪 50 年代末60 年代初，爆发了一场世界性的以理科教学改革为中心的课程改造运动。这场改革的动因是：第一，现代社会的高速度、加速度和连锁式的变化，要求一代新人具有新的"基础学力"，尤其要求有应付变化

---

① 回顾广义的教育史，着眼于"科学方法"、强调教育价值的是英国的赫胥黎（T. H. Huxley）。1854 年，在他教授生物学的时候，寻求教授生物学的教育价值，主张各门学科共同的方法要拥有作为精神陶冶之手段的价值。在他看来，由如下四个阶段形成的过程，可以视为一般科学的方法：(1)观察——这里包括了实验在内的人为的观察。(2)比较——根据类似性归纳观察所得之事实的过程，并由此获得一般命题。(3)演绎——从一般命题回归事实的阶段，期待一般命题的适用范围。(4)验证——对照事实检验期待是否正确的过程。这四个阶段的过程，不仅是自然科学的方法，也是人文社会科学的方法。作为自然科学家的赫胥黎的"科学方法"在半个世纪中对美国的杜威（J. Dewey）产生了巨大影响。他从思维作用的视点把握赫胥黎的"科学方法"，经过精致的教育学分析，归纳成"反省性思维"的五阶段论：暗示、问题的意识化、假设的设定、推论、验证。可以说，五阶段论从逻辑思维过程的角度描述了问题解决的行为（参见 Winick, C. ed.：Scienceand Educationby Thomas Huxley, 1964：51 - 52.）。

的适应能力,知变、处变、制变、创变。处于科学第一线的专家学者抨击传统的中小学数理学科的教学内容陈腐落后,同现代科技发展的潮流格格不入。第二,随着 20 世纪 60 年代科学认识的质的变化,加上苏联人造卫星上天的冲击,激起了世界性的科学竞争的浪潮。振兴科学技术,培养科学技术工作者,成为了各国共同关注的课题。要求改革中小学课程的呼声发源于美国,继而响遍世界。

1964 年,芝加哥大学的教育学教授施瓦布(J. J. Sohwab)与纽约市立大学的教育心理学家奥苏贝尔(D. P. Ausubel)在讨论中率先采用了"探究学习"(enquiry learning)的术语。尽管当时并没有对其作出严格的界定,但从上下文看,"探究学习"相当于"发现学习"(discovery learning)的含义。在这个时期,美国着手改革高中物理课程(PSSC),接着,一系列新学科——CBA、高中化学(CHEMS)、高中生物(BSCS)、高中(初中)地学(ESCP)等课程相继产生。布鲁纳(J. S. Bruner)的《教育过程》高度评价了这些研究成果,强调新的学校课程注重"结构"与"直觉",并且要有不断更新的"机制"。几乎在同一时期,施瓦布则试图以"科学的结构"和"科学的结构是不断变化的"为前提,揭示探究过程的本质及其特征;并力图在教学中引进现代科学的成果,使学生把握学科的结构,进行"探究"(enquiry)学习。他同布鲁纳一样,要求把学习者当作"小科学家"来看待,这样,教学过程便成了一种在教师指导下展开的、具有严密的学术性的创造性活动。如果说布鲁纳是从教育内容的侧面展开他的"发现学习"理论的,那么,施瓦布则是从教学方法的侧面展开他的"探究学习"理论的。两者的共同点是,都强调学习者通过主动地参与科学探究的过程,掌握基本概念和探究方法,形成科学态度的学习方法,强调创造性教育的必要性与可能性。

"探究学习"是遵循科学家运用的方法和精神,教师和儿童一起研究科学现象的教育。在这里,强调的是科学方法与科学精神。

探究学习的第一个特点,是让儿童自主地抓住自然的事物、现象,通过探究自然的过程获得科学知识。它不同于传统的理科教学。

传统教学往往离开了对自然事物、现象的探究，仅仅热衷于给儿童灌输现成的结论性知识。这种理科教学，即使让学生掌握了一大堆的知识，也不过停留于死记硬背的地步。

探究学习的第二个特点，是旨在培养儿童从事研究的必要的探究能力。不培养儿童最大限度地调动五官的观察能力，是不可能抓住自然的事物、现象的。在同样的事物面前，一个具有优秀观察能力的人，同缺乏观察能力的人，他们能够从事物中获取的信息，无论是量或质，都有很大的差距。要自主地抓住自然的事物和现象，加深对自然的认识，就要有计划地培养探究能力。

探究学习的第三个特点，是旨在让儿童有效形成认识自然之基础——科学概念。在注重认识获得过程的探究学习中，首要的方法就是培养儿童的探究能力，使其运用这种能力去形成科学概念。

探究学习的第四个特点，是培养儿童探究未知世界的积极态度。一个人即使掌握了一定的能力和知识，但如果缺乏积极的态度和探究精神，他的能力就会不足，知识面就会狭窄，可如果有了旺盛的探究态度和热情，那么，他的能力很快就会提高，知识面很快就会拓宽和深化。

因此可以说，探究学习是这样一种过程：在研究客观世界的过程中，通过儿童的主动参与，发展其探究能力，使其获得理解客观世界的基础——科学概念；进而以此为武器，培养儿童探究未知世界的积极态度。这是现代理科教学应有的模式。

当然，强调探究知识的过程并不意味着儿童能够自然而然地掌握科学方法或方法论。科学方法是拥有高度抽象性的系统的智力操作，是在探讨复杂问题、拟定研究计划、揭示数据与理论的关联、琢磨结论的可靠度或客观性之际所运用的策略。因此，"探究学习"的目标，包括了基本的探究能力的形成，广泛的科学知识的建构，直觉性、创造性思维及逻辑思维的发展。

二、探究学习理论的主要内涵

20世纪60年代,伊利诺大学探究训练研究所所长萨奇曼(J. R. Suchman)从事旨在培养探究能力的小学理科课程的研究。他经过三年研究,在1960年提出了"探究训练模式"[1]的主张:"对于探究自然现象的因果性的儿童来说,所谓科学,意味着发现新的关系。这里面,也许有儿童做出的偶然的发现,也会有在教师的悉心指导下做出的发现。无论哪一种发现,由于是突如其来的新的洞察,儿童会体会到理智的惊险和喜悦,学习会富有成效。但是,如果想要通过儿童自主的、一贯的做法,去教给他发现有某种意义的范式或规则的话,那么就必须教给他们积极地、有计划地、有目的地验证的方法,和从获得的数据中推论出结论的方法。总之,必须培养'探究能力'(skills of enquiry)。为此,不是要靠教师的讲解,而是要教给他们自己去发现的方法。"这就是要让学生学习树立假设的方法,通过实验验证假设的方法,解释结果的方法。萨奇曼注重实践,主张"通过儿童的自主活动去发现自然界变化的种种因素,给儿童提供一种得以主动地、系统地、经验性地、归纳性地展开科学探究的教育计划"。[2]探究训练的目标由三方面组成:(1)使儿童发展探索材料、处理材料的认知技能,和每个儿童能够自发地、有效地探索的逻辑与因果性概念。(2)通过具体情节的分析,形成概念,发现变量之间的关系,使儿童开展迄今从未有过的新型的学习。(3)利用发现的喜悦和自觉探究与处理材料时所伴有的智力兴奋这两种内发性动机的作用。

"探究学习"理论的核心人物施瓦布则从"现代科学的本质"的高度,主要从理论方面阐述了探究学习的必要性。施瓦布在《探究学习》(1962)中说,科学知识是不断得到修正的。在科学研究中存在着两种不同的探究方法:一种是不变动科学体系的探究,谓之"固定性探究"(stable enquiry)。另一种是,从根本上变革科学体系本身的探究,谓之"流动性探究"(fluid enquiry)。[3]探究的固定侧面与流动侧面的相互交替是科学研究过程的特征,施瓦布把这种"探究的永恒的更新",谓之"科学知识所拥有的修正性格"。[4]这意味着,科学的教学必须反映并且必须理解这种知识的修正性格。教育的活动——教学过程,也应是一种探究过程。就是说,儿童自主地掌握他所探讨的事物的过程,就是教学过程。通过探究得到的知识,不是单纯事实性的知识,而是被解释的知识。正是在探究的过程中蕴含着教育的本质。这就是施瓦布主张理科教学必须是探究式的理由之一。施瓦布倡导科学的方法分如下七个阶段:(1)形成问题。(2)搜集可能有助于问题解决的数据。(3)再形成问题。(4)决定问题解决所必要的数据。(5)计划旨在获得数据的实验。(6)通过实验获得数据。(7)解释数据。施瓦布主张,课堂是从事"探究之探究"(enquiry into enquiry)的场所。[5]探究的课堂需要新的教学技术,其目的不仅是一组知识的明确与教示,而且是激励和指引学生的发现。从儿童侧面说,这意味着摆脱被动的习惯、顺从的学习、依赖于教师和教科书的旧习,敢于挑战教师的讲义和教科书,能动地展开学习。"讲义和教科书不是权威的信息源泉,而是被解体的教材。因为,这种课堂用的教材,不管采用何种形态,都不是真理的叙述,而是探究的报告。"[6]在探究的课堂里,学生应当做的,是分析教科书,挑战教科书。施瓦布认为,此前的教育犯过两大错误:一是用机械的方法代替了智力活动;二是陷入了单纯地传授知识的倾向。这两种倾向在今天有重演的征兆。

"探究学习"理论的另一个代表人物加涅(R. M. Gagne)为探究学习的实践研究奠定了理论基础。加涅认为传统的理科教学的特点是,大量地给学生灌输权威性的事实或有关科学原则的教条,教科书只是记载一系列的科学结论,而学生学习理科就是了解这些科学的事实与结论。这是传统教学的中心工作。然而,这些科学事实与结论是怎样产生的?这类问题往往被忽视。传统的理科教学几乎不考虑如何使儿童掌握探究的态度和探究的方法。加涅在"探究理论"的基础上,研究了构成学习的前提条件。他认为,学习的一个前提条件是学习所必需的"能力"(capability)。没有这种能力,就不可能有任何学习。某一年级、某一阶段的教学,总是在培养起来的能力的基础上,才有可能展开。学习时,"初始能力"(initial capability)是必不可少的。其次,学习终结时的能力,将会比早期能力更高一层。这正是学习的成效,是新的学习的形成。如果学生在学习终结时未表现出更高的能力,那么,该学习便是无意义的。他把经过一定时间学习,终结时表现出来的新的学习能力,谓之"终结能力"(terminal capability)。加涅说,这个终结能力,又在下一步学习中起作用。这样,学习便构成一个连续而分阶段进行的过程了。把学习过程视为连续又分阶段的这种认识,有助于教学计划的修订和单元结构、教学的设计。学习所必需的另一个前提条件,就是知识。不赋予某种知识的学习是不能成立的。即使是小学一年级的学生,也已经从生活经验中积累了不少朴素的知识,使新的学习有了可能。随着教学的展开,他所获得的知识的量也增长了。因此,加涅把知识摆在了重要的地位。不过,加涅的教学论思想的精神是把重点放在能力上,知识是广义的能力的一个因素。由此看来,探究学习并不轻视知识。

加涅还进一步阐述了"学习的条件"。他认为,"所谓'发展'是学习的结果,学习是'发展'必须依存的前提条件;而学习不能归结为单纯的成长过程那样的人的内部倾向与能力的变化。教学,是学习的必要条件。"[7]教学设计的课题区分了八种类型的学习,它们构成了一个序列:信号学习、刺激—反应学习、连锁形成、语言联结、辨别学习、概念学习、规则学习、问题解决。在这些学习之中,低级层次的学习是高级层次学习的必要条件。从这个意义上说,低级层次学习和高级层次学习构成了学习的层级结构。这就是他的"累积式学习理论"(cumulative learning theory)。根据加涅的见解,"高级能力"指的是"抽象化、概念化能力"、"概念的形式操作、逻辑操作的能力"、"发现、解决新问题的思考能力"。在学校教育中,"高级能力"的学习主要跟三种类型的学习有关系:[8]

1. "概念学习"(concept learning)。指在小学低年级阶段的关于事物属性的学习,使用观察、比较、分类测量等比较低层次的探究能力形成"类概念"（class concept）的活动。

2．"规则学习"（rule learning）。指在中年级阶段从事物与事物的关系中获得的"关系概念"（relational concept）和在发现现象中的"规则"（rule）、"规则性"（regularity）、"法则"（law）等的学习中，运用检验假设、统一条件、预测、数据解释等这一类比较高层次的探究能力所构成的活动。

3．"问题解决"（problem solving）。指在概念学习和规则学习的基础上展开的学习活动，处于三类学习中最高的一个层次，是适于小学高年级至初中阶段推行的学习活动。

加涅的"探究学习"为课程设计的"层级化"[9]提供了思路，其要点可以归结如下：

第一，学习是分阶段进行的。学习某一课题时，必须决定其前提条件——初始能力，进而设计学习活动的全部结构。学习者要接受根据设计好的学习过程作出的分阶段的指导。这样，有计划的教学才能收到成效。这一点同布鲁纳主张的自由度高的发现学习不同。

第二，某一种学习是否成立，可以从学习者的初始能力与终结能力之间的差异加以判断。因此，在制订教学计划时，不仅要揭示学习者的初始能力，还要揭示可以预期的终结能力。一切学习活动都以"终结行为"（terminal behavior）为目标展开。这就是教学中的行为目标。所期望的能力和行为愈是具体的描述，就是愈佳的行为目标。

第三，要有效地实现学习的最高层级——问题解决，就必须掌握大量的系统知识和能力。就是说，作为问题解决的条件，必须系统地学习基础知识，培养基本的智力。在加涅看来，知识和能力密切相关，而知识是在能力的培养过程中加以掌握的。

第四，不排除在教师的适当的指导的前提下保障儿童自由活动的教学设计，是"探究学习"的最大课题。下面具体考察一下这个问题。

三、探究过程的要素分析及其教育价值

所谓"理科课程",不仅要反映科学知识的本质,而且也要反映学者探究科学知识的特性和知识建构过程的特性。因此,优质的课程是不可能把教材与教学方法绝对对立起来的。所谓"知识体系",是先行的诸多知识活动的产物。借助教材教育儿童,不是向儿童灌输知识的结果,而是引导儿童参与建构知识的过程。"探究学习"的特征就在于重视探究过程,强调科学态度、科学方法和科学精神。将"探究学习"的思想贯穿于整个中小学教育时,必须从总体上作出构想,即借助比较低层次探究能力的作用,形成初步的科学概念;由此,逐渐地培养高层次的探究能力,获得抽象性程度更高的科学概念;借助这种探究能力和科学概念的培养,扎实地掌握探究未知世界所必须的科学方法。日本教育学者降旗胜信提出了如下的理科数学的总体构想:在小学阶段,把重点放在获得概念和知识所必须的探究能力和态度上。随着年级的递升,将重点转移到科学概念的形成上。这样,能力与态度的培养必须先行。在高中阶段,用小学、初中阶段培养起来的探究能力、态度和基本的科学概念,获得更高级的科学概念,从而更广泛、深刻地认识客观世界。这就是现代理科教学的模式。

科学的基本概念倘若离开了探究过程就不能被建构。这也就是布鲁纳所说的"所谓认识,是过程而不是结果"[10]的含义。在理科课程的编制中,倘若把构成科学的探究活动的要素性过程加以析取,那么,着眼于科学家探究活动的探究方法就可以被揭示出来。实际上,加涅就是基于这种想法,析取了探究过程的要素,搭建了新的(幼儿园—小学六年级用)初等理科——S-APA(Science-AProcess Approach)的基本框架。降旗胜信分析了理科探究学习过程的构成要素,主张这些构成要素可分为三个范畴:(1)观察过程——通过人的感官获得有关现象的信息的过程。这里所谓的观察是广义的。这

个范畴囊括如下过程：观察、比较、分类、序列化、测定、发现变量、条件统一、实验，等等。（2）信息处理与表达过程——处理所获得的信息，并用适当的符号表达该信息的过程，如下的指向一般原理的阶段是必要的过程：图表化、符号化、数据解释、预测、传递、操作性定义、问题的发现，等等。（3）理论化过程——超越假设的推论、模型化、理论等所掌握的信息，求得具有普遍性的法则的过程。这个过程囊括了条件控制、设立假设、推理、模型化、抽象化。[11]森川久雄教授析取的探究过程的构成要素[12]则是：

1. 观察——感觉的扩大、观察与传递、观察与解释等。

2. 分类——分类的标准、分类的体系。

3. 测定与数据的运用——定量观察、感觉与测定工具、测定单位、误差与测值的处理。

4. 传递与记录——传递的方法、记录(图表化)。

5. 时空关系的把握——空间概念的要素、坐标系、时间。

6. 推论与预测——推论、预测。

7. 假设的设定——探究中假设的意义、假设的妥当性、基于假设的预测。

8. 操作性定义——定义的意义、操作性定义及其妥当性。

9. 条件的控制——探究与条件的控制、对照组。

10. 实验——验证假设的实验、实验的构成。

11. 数据的解释——数据的种类、图表的解释、讨论与结论。

12. 模型的建构——模型的种类、模型的功能。

或许有人担心，在强调探究过程的学习中，相对说来，知识的地位会不会受到轻视。其实，这种场合牵涉到如何把握知识本身的问题。倘若以为，在探究学习中教材是无足轻重的，只要儿童能够从事探究的过程就能培养其探究能力，那么，这种认识是错误的。奥苏贝尔强调，对于"有意义的学习"来说，学习者的认知结构是重要的；教材的逻辑结构必须符合学习者的认知结构而加以调节；教授囊括性的概念可以提高学习者学习的效果；作为探究学习之前提条件的基础知识的习得是不可缺少的,等等。[13]①应当说,"发现学习"、"探究学习"、"积累式学习"、"有意义接受学习"等学习理论的主张,并不是完全对立的。[14]问题的关键在于,当我们制定理科教学计划的时候,如何摆正影响学习的种种要素之间的关系。诸如,如何根据儿童的智力发展阶段设计教学计划;如何明确教材内容的逻辑结构;如何谋求逻辑结构与心理结构之间的关系;如何在选择和排列教材内容之际重视知识(概念)的建构过程,等等。重视探究过程的学习未必意味着轻视教材,轻视知识。

　　"探究学习"论与"发现学习"说一样,为讨伐传统教育,开拓"创造教育"吹起了号角。在现代科学技术的发展潮流面前,理科教学正

---

① 奥苏贝尔对"探究学习"的如下批判性见解,值得我们倾听:

　　第一,我们必须认识知识的逻辑结构与知识的心理结构之间的关系。教材的知识内容的组织同这种知识在儿童记忆结构中的内化,并不是一回事,应当区别开来。教材内容所拥有的意义纯粹是逻辑的意义,是受教材特性所制约的。教材内容的这种逻辑意义并不是划一地被学习者内化的,而是具有多种可能性。对于学习者来说,教材的意义是不同的。从这个意义上说,教材内容的逻辑意义具有潜在可能性的意义。教材内容的逻辑意义或潜在意义,当借助有意义的学习活动使得命题与知识嵌入学习者的认知结构之中的时候,便转换为心理意义或是实际的意义。相对于教材内容的逻辑意义所拥有的一般性质来说,心理学意义则体现了每一个学习者独特的认知经验。因此,某种逻辑命题一旦被学习,其一般性质便自动丧失。这样,心理意义始终是每一个学习者身上发生的特异的现象。然而,这种特异性并不妨碍人际沟通。奥苏贝尔关于知识与教材的逻辑结构(逻辑意义)与心理结构(心理意义)的关系的对比及其关系的研究,进一步深化了皮亚杰(J. Piaget)和布鲁纳的认知理论。事实上,奥苏贝尔主张,单纯地从知识的本质来把握认识的问题是片面的,还必须关注探究者的认知特性。就是说,不仅要考虑皮亚杰的发生认识论中的认知成熟度,而且也同概念化、信息处理、问题解决等能力的发展与知识掌握的程度密切相关,尤其是学习者对探究的对象——教材——的理解程度,极大地左右着学习的效果。

　　第二,我们必须懂得教育心理学的一个基本原理:"影响学习的一个最重要的因素,就是学习者已经知道了什么。"正如加涅重视学习的前提条件——学习者的"初始能力"一样,奥苏贝尔重视学习者的已有知识。在这里,奥苏贝尔提出了有助于理解学习者扩充知识的心理过程的关键概念——"包摄"(subsumption)。"包摄原理"的含义是指,人类处理并积累新的信息的神经机制是极其巧妙的,只有当学习者的认知结构中已有的囊括性概念能够发挥"包摄作用"时,新的概念和信息才能以有意义的方式保存下来。就是说,当被输入的"知识片"(knowledgebits)同学习者的认知结构中的囊括性概念具有适当的关系时,就可以顺利地被纳入认知结构。否则,就会受到抵制,不能形成学习。奥苏贝尔关注的是从旧知到新知的关系,从而倡导有别于死记硬背的"机械性接受学习"(rote reception learning)的"有意义接受学习"(meaningful reception learning)。

在发生着革命性的变革。指导这种变革的基本观念,可以说就是"探究学习"。"探究学习"论认为:(1)理科教学包含了科学概念(知识)、科学方法与科学态度三个方面。这是因为,现代科学的观点认为,科学是知识的实体和建构知识的过程。科学是涵盖了科学知识与科学过程的,而科学知识则是科学过程的产物。在科学的探究过程中,科学家必须具备科学态度与科学方法。(2)课程结构注重科学概念及概念系统。科学知识的爆炸造成理科教学的矛盾是:如何把大量的科学知识传授给学习;如何解决新旧知识之间的矛盾——知识"新陈代谢"的问题。全面革新课程的内容与结构,是势在必行的。这就是:精选基本教材,注重科学概念的授受。(3)教学方法强调"探究过程"。现代的理科教育,不是让学生去"读"科学,而是动手"做"科学。这样,传统教学的"教材中心"将让位于"方法中心"(过程),"教师主体"将让位于"学生主体"。

"探究学习"论推动了理科课程、教材、教法的根本改造。探究学习的课程要求教材尽量采用探究性的叙述代替结论性的解释;要求提供实施小型的却是范例性的探究过程——实验的机会;要求打破课堂与实验室的区别、动脑与动手的人为区别。这样,让学生领悟科学知识是经由探究过程——借助实验设计,收集数据,以及解释数据而形成基本的科学概念而获得的。在大量引进的探究方式的实验中,儿童自己动手,获得第一手资料,这是"新知",是有血有肉的知识。而且,在教师指导下分工合作地从事观察、操作实验、讨论、整理,最后得出共同的结果或结论,有利于培养儿童合作共事的态度和良好的人际关系。

"探究学习"论推动了对"教育目标论"的分析研究。"探究学习"强调:知识的获得固然重要,知识如何获得的过程更为重要。正如科学家从事科学的探究必须具备科学方法和科学态度一样,学生必须在学习中掌握探究方法,形成基本的科学概念和科学态度。降旗胜信教授探讨了应当培育的探究学习的态度包括:对自然现象具有兴趣、热爱的态度;根据事实,批判性地思考的态度;主动收集情报的态度;创新的态度;尊重生命、爱护自然的态度;探索未知世界的态度。[15]把理科教学的目标仅仅归结为知识的授受是片面的。正如费尼克斯(P. H. Phenix)所说:"课程,是由从学术引申出来的知识组成的。所谓教育,就是在探究过程引领之下这些知识的再生。儿童通过探究学习的过程,生成确凿的源于学术的有组织的知识体。"[16]"探究学习"课程突出了基本的科学概念和科学态度,有利于教师全面地把握"教育目标",并且明确教学评价的领域。这就为提高教学的效率提供了前提条件。

索耶(R. K. Sawyer)在其主编的《学习科学指南》中重点讨论了"探究学习"。索耶指出:"学校教育中的'教授主义'(instructionism)是为学生面向20世纪初的工业化经济准备的,但在技术愈益复杂、经济竞争愈益激化的今日世界,'教授主义'要把学生培育成新社会的参与者,势必走向失败"。"在从产业经济社会向知识经济社会过渡的时代,'教授主义'不能不说是一个时代的错误"[17]。"探究学习"论有它的合理内核和积极的作用,这是肯定无疑的。"探究学习"值得我们探究。

参考文献

[1][3][4][5][6] 施瓦布.探究学习[M].佑藤三郎,译.东京:明治图书,
　　　　1970:177—180,19,18,65,65—66.
[2][10][11][13][14] 降旗胜信.探究学习的理论与方法[M].东京:明治图书,
　　　　1978:15—16,115,120,86,94—100.
[7] 中岛章夫,梶田叡一.教学改革事典(第1卷)[M].东京:第一法规出版公司,1982:300.
[8][9][16] 中岛章夫,梶田叡一.教学改革事典(第2卷)[M].东京:第一法规出版公司,1982:242—243,274,276.
[12] 森川久雄.行为目标的设定与评价[M].东京:明治图书,1972:60—62.
[15] 钟启泉.现代教学论发展[M].北京:教育科学出版社,1992:365.
[17] R. K. Sawyer.学习科学指南(第二版,第2卷)[M].大岛纯,等.主译.京都:北大路书房,2016:2.

8

研究性学习:"课程文化"的革命

　　一部教学发展史说到底无非是"系统学习"与"问题解决学习"此消彼长的历史。其实,这两种学习方式各有其价值,对于基础教育的学生来说都是必不可少的。新课程倡导"研究性学习",就是旨在打破分科主义课程的束缚,促进中小学课堂教学从"灌输中心"转型为"对话中心"的一种课程创新。

一、改造学生的学习方式:当代课程改革的焦点

　　现行的学校课程存在三个"断层":现行课程与社会、经济、文化的断层;现行课程与学生身心发展的断层;现行课程与现代学科发展的断层。因此,几乎所有国家都在寻求教育制度和课程范式的变革,以适应新世纪的挑战;而且几乎所有国家都在借助不同层次(国家层次、地方层次、学校层次)的课程标准的驱动,把改革的焦点放在"改造学生的学习方式"上面。这是因为,支持教育和教学活动的"学习观"发生了根本的变革。传统的学习观是"输入—产出",即单纯追求"知识传递",追求教师如何把现成的知识输入到学生的头脑之中,以求得高效的产出。恰恰相反,建构主义的学习观是"知识建构",即主动的问题解决。所谓"学习",是学习者通过与客观世界对话、与他人对话、与自身对话,从而形成"认知性实践"、"社会性实践"、"伦理性实践"的"三位一体"的过程。[1]在这个过程中,每个学习者都有一套对信息世界的解读。教学的目标不再是教师知识独白的传递信息过程,而是创造情境,让学生以自己的理解方式去解释信息,师生共同

参与知识创生的过程。教师不再仅仅是"教教材",而是与学生一起探索学生所正在经历的一切。学习作为建构知识的活动,一方面成为学生不断质疑、不断探索、不断表达个人见解的历程;另一方面还超越原有的个人化行为,成为群体合作的行为,成为团队精神和群体意识发展的契机。支撑这种学习观转型的理论基础形形色色。举其要者,起码可以列举如下几种:

1. "整体教育"理论——"整体教育"关注学生作为"整体的人"的发展,它是一种把焦点置于"关联"的教育:逻辑思维与直觉思维的"关联"、身与心的"关联"、种种学科知识领域的"关联"、个人与社区的"关联"以及左脑与右脑的"关联",等等。[2]人的大脑左半球主要处理语言、逻辑、数学和因果等功能,即所谓学术方面的能力;而右半球则是处理节奏、旋律、音乐、图片和做白日梦等功能。在"神经语言程式学"看来,Q脑波提供的功能可激发学习潜能,让左右脑同时相互运作。席尔威斯特(R. Sylwester)的"全脑学习理论"强调课堂教学的原则应该是:(1)着重引导学生的知识技能,而非精确地计算强加在学生身上的知识技能。(2)鼓励学生建构自己的知识体系,而非强制把学生束缚在现成的分类系统之中。(3)重视叙述式的信息内容,而非解说性的文本。"加速学习"(Accelerated Learning)的倡导者科林·罗斯(ColinRose)举例说:"当你正在听一首歌时,左脑的工作是处理听到的歌词,而右脑则是处理歌曲的旋律。"由于左右脑共同运作,使我们在情绪高亢时,容易记忆所有的信息。一个好的学习系统有一个共同点,即能够借助音乐、节奏、诗词、照片、感觉、动作等方式,激励左右脑所有的智慧和感觉,使学习更加快速。[3]

2. "多元智能"理论——加德纳(H. Gardner)在他的《心智结构》(1993)中提出"多元智能理论",强调人类的心理能力至少应当包括如下几种智力:语言智能、逻辑数学智能、空间智能、身体运动智能、音乐智能、人际关系智能、反思智能、博物(自然理解)智能、存在智能以及道德智能,等等,这就打破了对传统"智商"的迷信,使人们从"智力是与生俱来的,难以改变"的智力一元论中解放出来。多元智能理论的主要观点包括：每个人都具备所有智能元素；大多数人的智能可以发展到充分胜任的水准；智能通常以复杂的方式统合运作；每一项智能都有多种表现的方法。事实上，早在1912年，美国就有14位专家聚会，讨论什么是"智能"，并给出了五项定义：第一，抽象思考的能力；第二，适应环境的能力；第三，适应生命新情境的能力；第四，获得知识的能力；第五，从既有的知识和经济中获取教训的能力。最后，"智力"的定义被精简为"一个基本的能适应生命中新问题和新情境的能力"。传统上根据智力测验所界定的智力，只是在概念上窄化到适于书本知识的学习能力，这是无法适应生命中的新问题和新情境的。

3. "全语言"理论——"全语言"（whole language）的"全"是"完整性"、"统整性"之意，是对教育教学中的"孤立"、"片断"的一种反对。古德曼（K. S. Goodman）说："全语言是一套完整的读与写的课程，它运用真实的、可信的文学及书本，让学习者能掌握自己的读与写。全语言也同时提供教师和学习者一个新的角色，以及教与学关系的新观点。全语言重申在课程中结合自然与社会科学问题解决的重要性，让学生发掘他们自己的问题并合作解决。全语言课堂是一个民主学习的社区，在这个社区里，教师与学生一起学习，一起和谐地生活。"[4]这样看来，全语言的"全"的含义包括：（1）在完整的语言和社会情境中，尊重学习者，将其视为一个完整个体，去学习整体的语言。（2）全语言秉持对语言本身、学习者和教师的尊重。（3）全语言学习的焦点是真实语言事件中所包含的意义，而不是语言本身。（4）全语言鼓励学习者冒险，并依照个人目的、用不同形式运用语言。（5）在全语言课堂中，允许并且鼓励学习者运用各种不同形式的口头语言或书面语言。

4. "建构主义"理论——学生必须主动"投入学习"。死记硬背的知识是"无用知识"。学生必须在情境脉络下与问题互动中才能真正理解知识。学生必须积极建构意义，通过内在对话与思考过程，与他人互动，来理解脉络与解决问题。布鲁克斯（J. G. Brooks，M. G.

Brooks)提出的建构主义课堂教学原则是：（1）课程应当采取整体到部分的转化，即着重核心的概念，并且使用第一手资料与亲手处理之材料。（2）学生角色转变为思考者。（3）教师角色是学习环境的营造者、学生的问题及见解的传递者与调停者。（4）评价是基于教师对于学习者学习状况的观察与学生作品的展现。[5]

新课程中倡导的研究性学习作为一个崭新的课程领域，担负着改造学生"学习方式"的重任。它同世界各国倡导的研究性学习的理论与实践，诸如"项目学习"、"主题学习"、"体验学习"、"投入学习"、"示范学习"、"服务学习"、"综合学习"、"真实学习"，等等，有异曲同工之妙。它们之间有着大致相同的课程目标、理论基础和改革策略。那么，这种"研究性学习"同我们司空见惯的传统的"系统学习"有哪些差异呢？这就牵涉到"研究性学习"的课程定位问题了。

二、研究性学习的课程定位

一部教学发展史说到底无非是"系统学习"与"问题解决学习"此消彼长的历史。其实，这两种学习方式各有其价值，对于基础教育的学生来说都是必不可少的。问题在于，在我国中小学课堂教学中，"系统学习"占据了垄断地位，"系统学习"往往把学生置于一种知识分割、机械练习、教材内容与社会实际严重脱节的教育体制之中，不利于学生的创造精神与实践能力的培养。我国新课程倡导的研究性学习，就是旨在打破分科主义课程的束缚，促进中小学课堂教学从"灌输中心"转型为"对话中心"的一种课程创新。那么，这种研究性学习究竟是怎样一种课程呢？

研究性学习是一种"问题解决学习"。所谓"研究性学习"就是通过问题解决的方法发展问题解决能力的一种学习形态。这种问题解决学习的特质是：（1）开放式问题。这里的问题没有单一的答案或所谓的标准答案，它不是四则运算题那样可以套用现成规则而且只有唯一解的问题。由于问题本身存在某种程度的模糊性，因此，解决方法也存在某种程度的模糊性,解决者可以从不同的观点与角度来解析问题,发展多元的复杂的原理。(2)真实性情境。这是"研究性学习"的生命线。所谓"真实性情境"是指学习内容、学习方式和学习结果具有现实意义。倘若选题来自真实生活中所遭遇到的问题,探究方式类似于专业人员的研究,探究结果具有现实意义,那么,这种学习就是一种回归"生活世界"的"真实性学习"。这种课程就不再是单一的、理论化的书本知识,而是向学生呈现人类群体的生活经验,并把它们纳入到学生"生活世界"中加以组织,使文化进入学生的"生活经验"和"履历情境"。(3)渐进式解决。师生以渐进式的步骤共同介入问题解决。问题解决的过程大体囊括了问题设定、问题探究、问题的解决与表达三个阶段。按照宝瑞特(C. Bereiter)的学习概念,渐进式问题解决存在如下循环往复的四个"学习环":理解与计划;行动与分享;反思;再思考与修正。[6](4)发展性评价。这是一种尊重个别差异、基于学生实际表现的评价方式。在强调真实性与探索性的问题解决学习中,必然采取以学生的实际表现为基础的、注重学生个性化反应的质性评价方式。学生的真实性表现是无法单凭传统的纸笔测验来说明的,况且评价本身便是课程与教学的一部分。这种评价不仅弥补了传统学业成就测验的不足,还能提供更多的反馈信息,提升评价对个人发展的价值。

研究性学习是一种跨学科的综合实践活动,其最大的特质是"跨学科性"。"研究性学习"是一种超越传统课堂、传统学科、传统评价制度,牵涉自然、社会、文化及人类自身的崭新的课程领域。日本教育学者加藤幸次作出了"综合学习"课程的类型学分析,[7]倘若参照他的理论框架,以"分科—综合"为纵轴和"教师—学生"为横轴,或许可以作如下的梳理:"研究性学习"区分为四个区间。第一(左上)区间——"学科型"、"合科型"、"科际型"研究性学习;第二(左下)区间——"课外型"研究性学习;第三(右上)区间——"合作型"研究性学习;第四(右下)区间——"兴趣爱好型"研究性学习(图略)。例如,以环境为主题的"研究性学习"需要经历一系列的步骤:调查河水的污染—使用教材包展开实验—采访环保部门—创办主题墙报—举办专题讨论,等等。这些活动大多是综合性、跨学科的。"研究性学习"的另一特质是"实践性"。日本以能力发展为本的"综合学习"就是适例。日本的"综合学习"大体包括五种类型:(1)调查研究型,是指通过调查文献、访谈、问卷等多种方法就环境问题、福利问题、和平问题等,发表成果的方式。(2)综合表达型,是指以戏剧、音乐及多媒体作品的上演作为最终目标的学习。(3)社会参与型,是指志愿服务活动、岗位体验活动、关于环境问题和人权问题的启蒙活动等在社区实践的活动。(4)策划实践型,是指学生主动展开的从策划到运作的种种活动,包括环境博览会、国际交流节、儿童商店街、乡土艺能会等集会活动。(5)合作交流型,是指通过因特网、录像及电视会议系统进行信息交换,借助校际合作学习、合办运动会等展开的校际交流学习活动。研究性学习通过探究活动、表达活动、交流活动,增长学生的实践技能,即探究、表达、交流的技能。日本"综合学习"的实践技能目标,分"认识能力、创造能力、表达能力、关联能力、自律能力"五个领域,总计包括观察能力、理解能力、思考能力、调查研究能力、多媒体制作与媒体发表能力、沟通能力以及学习评价能力等在内的 30 个技能项目,[8]多样的"实践技能"构成了 21 世纪社会"生存能力"的主要部分。研究性学习的第二个鲜明特质是"体验性"。人是通过体验而成长的。马克斯·范梅南(MaxvanManen)说:"教育需要转向体验世界。体验可以开启我们的理解力,恢复一种具体化的认知感。"[9]这里的"体验"显然指的是"体验性活动"或是"生活体验"的"直接体验"。现代青少年缺乏直接体验,"研究性学习"正是提供这种直接体验的一种"体验性学习"。

研究性学习是一种基于学习资源的开放式学习。研究性学习可以为学生开拓具有丰富资源的环境,如社区环境资源、人力资源等都可以成为学生的学习资源。在这种学习环境下,具有不同智慧特质的学生可以有较多的机会运用其智慧的优势,也有机会均衡其不同智慧的发展。上海一群中学生通过上海大剧院的舞台艺术感受到

"东巴文化"的魅力,于是相约展开了以"东巴文化"为主题的研究性学习。通过家长与社区的参与,在与相关资料、相关媒体的对话过程中,这些拥有不同智慧能力的学生各展其长,相得益彰。借助生动活泼的展示活动,即便在传统分科主义课程教学中被视为"差生"的学生,也发挥了潜藏的艺术才华,重新认识了自我。"研究性学习"也可以说是一种基于学生的兴趣爱好、发挥社区和学校特色的综合实践活动。

研究性学习的实施是"课程文化"的一场革命,难免会出现某些误解与误区。从当前我国中小学"研究性学习"的实践看来,需要特别强调如下三点:第一点,"研究性学习"与"探究性学习"是同义词,热衷于"低年级探究性学习、高年级研究性学习","课内探究性学习、课外研究性学习"之类的概念炒作,只是混淆视听。第二点,研究性学习问题(课题)的形成取决于问题的内在价值、学生的内在兴趣和聚焦能力。有效的课题研究必须针对学生的"最近发展区"的程度。学习目标的设定必须略高于学生的目前程度,是学生通过个人的努力和社会互动,发挥潜能就能达成的具有挑战性的目标。那种离开了儿童情趣和现实生活,误导学生热衷于"克隆"、"基因"之类的"高精尖"问题的"研究",不过是精英主义、学科主义、功利主义的反映,需要我们警惕。第三点,研究性学习的立题标准必须符合三个准则:(1)理论准则——指研究内涵符合专业性,研究论述基于相关理论,能够展开分析批判。(2)逻辑准则——指研究问题的产生合乎逻辑研究动机,具备教育意蕴。(3)实用准则——指研究的应用性。研究性学习强调学生的"自主性",但决不意味着可以背离"真理"与"伦理"的范畴,随心所欲,为所欲为。例如,某地一位中学生居然提出一个假设:"青蛙的眼睛长在腿上",并且不听教师的劝告,一意孤行地展开了他所谓的"研究"。于是,他斩去青蛙的一条腿,青蛙逃离了,再斩去第二条腿、第三条腿,直至把青蛙的四条腿全部斩去,青蛙再也动弹不得了,以此证明他的"假设"是"真"的。这个案例违背了上述三个准则,决不是新课程所要倡导的。

三、研究性学习与课程行动研究

研究性学习的实施对教师的专业能力提出了严峻的挑战。教师不免受到研究能力的质疑,这些质疑主要源于一线教师拘泥于传统的、单一的"教书匠"的角色,未能扮演多元的角色。因此,教师需要以革新的行动来落实"研究性学习"的课程要求,改造教师团队的心态与教育环境,使学校成为"学习型组织"。因此,倡导教师的行动研究也就势在必行了。

教育中的行动研究就是教师的课程行动研究。行动研究起源于美国。勒温(Lewin)说:"没有无研究的行动,也没有无行动的研究"。按照埃利奥特的界定,"行动研究"是指"社会情境的研究,用来改善社会情境中行动的品质"。自 20 世纪 40 年代科尔(J. Collier)和勒温倡导行动研究以来,经过科雷(S. M. Corey)等第一代行动研究倡导者,斯坦豪斯(L. Stenhouse)等第二代行动研究倡导者,埃利奥特(J. Eliott)、凯米斯(S. Kemmis)等第三代行动研究倡导者的努力,行动研究至今已经发展成为一种颇有影响力的行动研究运动。[10] 所谓课程行动研究是一种基于研究的问题解决过程;其研究的主题源于学校环境的脉络;实施过程兼具研究与行动两大侧面;主持者兼具研究者与行动者的角色;研究结果要体现在具体的改革实践之中。概括说来,课程行动研究的特质可以概括为"参与"、"改进"、"系统"、"公开"。[11]

课程行动研究是作为课程实践主体的教师,在自然的教育情境中直接"参与"的一种探究活动。教师在课程行动研究中检讨教学过程的实际问题,并加以回应,以此改变自己的教材、教法,再加以反思、评价,从而改变对问题的先前理解,最终改进教学品质,提高课程品质。这种研究并不追求精确的研究结果和理论建构,而是在于解决具体情境中教师直面的问题,求得教学品质的"改进"。它并不是要将研究结果推广到其他情境之中,而是要改善教师自身的教学品质与效率。因此,这种"参与"与"改进"使得课程行动研究与一般的定性研究或书斋式的"传统研究",或主要在实验室中进行的"正规研究"区分开来。另外,"课程行动研究"作为一种研究方式,必须是"系统"的持续性探究,而不是零碎的或偶然的思考。课程行动研究的范围囊括了课程发展、教学方法、学习策略、教学的管理与控制、教师的专业发展等诸多侧面,都需要教师以批判的眼光对既有的课程重新进行审视和考察。然后,教师通过"公开"地发表自己的研究心得,进入公众对话,展开批判性探讨,求得集思广益。这种"系统"与"公开"使得"课程行动研究"有别于一般的经验总结。

课程行动研究有三个基本理念,即:教师即研究者、课程即实践、课堂即实验室(课程发展实验室)。[12]

1. 教师即研究者。教师既是国家政策的执行者,又是课堂层次的课程发展者。课程发展是教师的责任。教师的工作不仅要被研究,而且要由教师自身来研究。就是说,教师要扮演研究者的角色。"课程行动研究"是"参与性"的,教师要为改进自己的实践而成为研究者。教师要敏感地观察自己的课堂,探究自己的教学,参与自己的革新活动。"课程行动研究"是"合作性"的,是集体的自我反思的研究。教师不是自己一个人研究,而是要同其他教师发展伙伴关系,开展合作研究。"课程行动研究"是"批判性"的,"课程行动研究"是一种在具体教育情境与自然条件下进行的研究,问题的解决总是在实际的情境之中进行的。所以,研究者要对工作情境作出批判性分析。

2. 课程即实践。课程是一种实践活动。课程行动研究应当"从实践的思考方式重新探讨课程问题"。因为"理论"只是把真实的事件以抽象的、理论化的方式呈现出来,忽略了每个事件的特殊性和非一致的部分。但"课程"并不是教师原封不动地接受套装的大纲或教材,而是需要在实践中加以批判性地验证的假设。课程行动研究的主题是处理具体个案中的真实事件、真实的行动、真实的师生,比理论更生动、更丰富。因此,施瓦布把学科、学习者、环境和教师视为"课程四要素",四者缺一不可。跟"泰勒原理"所强调的"课程三要素"(学科、学习者、社会)相比,显然突出了教师的作用。

3. 课堂即实验室。教师的教学任务在于提出课程问题,引导学生探究,帮助学生自己发现答案。教师的课程发展角色是学生的激励者与引导者,而不是标准答案的公布者。教师的重要角色在于鼓励与激发学生无限潜能的发展。"课程"帮助教师再建构知识观及教学观,教师在课堂中与学生合作,反思他们的教学,不断地再建构呈现知识的方式,这是一种课程发展。因此,课堂不仅是一种课程实施的场所,更是进行课程发展与教学实验的实验室。每一间教室都是独特的,都是教师把革新的方案加以试验、验证和修正的地方,因此,每一间教室都是教师试验理论或方案的实验室。

任何称得上"研究"的研究都必须具备"实证性"与"批判性"。课程行动研究也不例外,它的每一个步骤——明确问题、收集数据、分析并解释数据、确定行动计划——都需要精心组织。(1)明确问题。这是"课程行动研究"的起点,也就是通常所说的"选题"。教师并非为研究而研究,而是要为解决问题而研究。这种选题不是凭空出来的,而是要符合"选题的标准":提出的问题应该是出现在教学过程之中的;教师有能力控制对该问题的研究;教师对该问题有足够的热情;该问题是教师愿意改进的。(2)收集数据。收集数据是一个占有资料、展开调查研究的过程,这是"课程行动研究"的核心部分。收集数据需要预先设计好方法,主要有问卷调查法、观察法、访谈法、叙事法、个案法等。诸如,教师可以相互观摩和分享,可以通过录音、录像的方式记录课堂教学的实况,分析学生的行动与互动,课程顾问可以同教师展开深度访谈等等。(3)分析并解释数据。"课程行动研究"最繁难的部分也许就是使收集的大量数据产生意义。对数据的分析和解释要服务于研究的目的,应放在最初设计的课程框架中进行,而不能脱离课程的设计框架去分析和阐述。(4)确定行动计划,回答"如何做"的问题。即根据研究结论确定改进课程与教学实践的行动计划,从而促进变革的发生。

为一线教师提供专业支持,发展合作的"课程行动研究",是新课程所需要的。制约教师参与"课程行动研究"的主要因素包括：缺少时间、缺少资源、缺少研究技能、缺少专业支持。因此，要倡导教师参与"课程行动研究"，就必须为教师提供进行研究的条件：提供必要的时间、资源和专业的支持。重要的是，发展合作的"课程行动研究"，鼓励一线教师排除"单位主义"的束缚，建立合作的制度措施，与姐妹学校合作、与社区合作、与大学研究所合作，展开创新的实践，表达真实的声音，创造自己的课程故事。可以相信，研究性学习的实施会为广大一线教师增长自己的专业能力提供广阔的天地。

参考文献

［1］佐藤学.学习的快乐［M］.横滨：世织书房,2001：59—68.

［2］钟启泉.整体教育的理论射程［J］.全球教育展望,2003,32(1)：34—38.

［3］高强华.学校进步与学校革新［C］.台北：师大书苑,2001.

［4］周信,王昭湄.当环境教育遇上全语言［J］.中等教育,2001(4).

［5］［6］Jones, B. F., Rasmussen, C. M., Moffit, M. C. 问题解决的教与学［M］.刘佩云,简馨莹,译.台北：高等教育文化事业有限公司,2003：29,63.

［7］加藤幸次."综合性/综合学习"课程的类型学［J］.东京：教职研修(3月增刊号),2000：10.

［8］田中博之.综合学习课程设计讲座［M］.东京：明治图书,2002.

［9］马克斯·范梅南.教学机智——教育智慧的意蕴［M］.李树英,译.北京：教育科学出版社,2002：13.

［10］［11］刘良华.校本行动研究［M］.成都：四川教育出版社,2002：52,148.

［12］欧用生.行动研究与学校教育革新［M］.台北：师大书苑,2000：123—141.

综合实践活动课程：
实质、潜力与问题

综合实践活动是学生在具体的、自身参与的教育境脉中展开探究性、协同性的学习活动，亦即"真实"的学习活动。在这种真实的学习活动中，学生能够真正体悟到学习的意义与价值；感受到自己是怎样在同外在世界的交互作用的关联中得以成长的。综合实践活动课程作为新课程的生长点，其日益凸显的育人价值备受人们关注。本文旨在澄清综合实践活动课程的精神与真义，检视综合实践活动课程的困境与问题。

一、综合实践活动课程的实质

《综合实践活动指导纲要·总纲（征求意见稿）》（以下简称《纲要》）指出："综合实践活动是基于学生的直接经验、密切联系学生自身生活和社会生活、体现对知识的综合运用的课程形态。这是一种以学生的经验与生活为核心的实践性课程。"据此，综合实践活动课程的实质体现为：

（一）立足学生的直接经验

直接经验是学生通过亲身体验和感受所获得的知识。综合实践活动课程超越以文化符号所表征的课程形态，强调以学生的经验为核心对课程资源进行整合；摒弃以抽象的文化知识积累为特征的认知方式，倡导依靠学生的亲身（心）经历获得知识。这与当代西方人本主义课程范式的核心思想一脉相承。派纳（W. F. Pinar）坚持认为课程是"具体存在的个体"(the concrete existing individual)的"生活经验"(lived experience),因为"人的生活的深刻性只能在独立个体的领域中找寻"。[1]高夫(Noel Gough)指出,[2]教育实践应恢复知觉作为知识来源的意义,我们应该靠自己的知觉系统来探索知识,而不是投入社会知识的"稻草垛"里埋头研究。直接经验的高扬,重新恢复了人的兴趣、直觉、情感、体验等在探寻世界中的合法身份和目的性价值,使得机械化、刻板化的人的生命活动开始"返魅"(reenchantment),返魅后的求知活动充满生命的激情和心灵的感悟。同时,应当指出,高扬学生的直接经验并不意味着间接经验的退避,综合实践活动并不把学生的直接经验与间接经验相对立,它一方面尊重学生直接经验的课程价值;另一方面寻求间接经验的个人意义,使之共同构建个体生命的完整性。由于直接经验总是具体的和历史的,因此,立足学生的直接经验,还意味着综合实践活动课程不可能也不应该有封闭的教材,它要向学生个体的完整的生活经验开放。

(二)回归学生的生活世界

生活世界是一个与冰冷的科学世界相对应的、洋溢着"生动的主观性"的世界。"尽管客观科学的逻辑超越了直观的主观生活世界,但只有当它回溯到生活世界的明证时,才具有它的真理性"。[3]因此,生活世界是科学世界的基础,是目的、意义和价值的源泉。综合实践活动克服传统课程与学生生活世界剥离的事实,突破学科疆域的束缚,努力向儿童的生活和经验回归。这种回归意味着综合实践活动是"在生活中,通过生活并为了生活的课程"(the curriculum of life, by life and for life)。根据哈贝马斯(Jurgen Habermas)的划分,[4]生活世界区分为三个世界:客观世界、社会世界与主观世界,在一个整体的"生活世界"中,个体与作为自然的外部世界、社会中别的行为者、自我同时发生关系,共同建构完整的自我。因此"在生活中"意即"在自然中"、"在社会中"、"生在其中";"通过生活"意即通过对自我生活的经营、亲近与探索自然、体验与融入社会、认识与完善自我，达成"生活即教育"的状态；"为了生活"意即综合实践活动致力于提升人的内在生活品质，充实个体的生存意义。最后还应说明的是，回归学生的生活世界并不是说传统课程没有生活或不在生活中，而是要改变传统课程脱离儿童生活的局面，让儿童走出成人为他们预设的生活，过自己的、有价值的生活。

（三）关注学生的亲身实践

实践是人们认识事物的基本途径和方法。亲身实践即积极参与各项活动，在活动中体验生活，获得知识与智慧。联合国教科文组织宣称："如果任何改革不能引起学习者积极地亲自参加活动，那么，这种教育充其量只能取得微小的成功。"[5]综合实践活动改变学生对知识的记忆复现、抽象分析和逻辑推理的学习方式，主张学生通过探究、调查、访问、考察、操作、劳动等多样化的实践活动展开学习。这一主张不仅能拓展学生的学习时空，整合校内与校外课程资源，而且，它还能够赋予学生综合运用知识的机会，使之不囿于对材料的记忆和推理，而且能够从社会的、文化的、政治的观点出发，对现象作出解释。更值得一提的是，学生的亲身实践能够"化信息为知识，化知识为智慧，化智慧为德行"。新儒学的代表、哈佛大学教授杜维明教授在一次演讲中一再强调"体知"（杜维明将其译为 experiencial，西方女性主义者译为 embody-knowing）的概念，他认为没有"体知"就不可能有"悟"，不可能有"智慧"，没有"智慧"就不可能知人认事，不可能对人、事给予足够的敬意，因而也就不可能具有高尚的德行。关注学生的亲身实践预示着综合实践活动课程要"以身体、从身体、在身体上"完成。

二、综合实践活动课程的潜力

作为基础教育课程改革的结构性突破，综合实践活动以崭新的操作理念重塑了课程、教学与学习的内涵,在超越传统的教育模式、构建体现时代精神的教育理念方面彰显出巨大的潜力。

(一)重建课程观——弥合个体与课程的断裂

综合实践活动体现了课程的"范式转换"(paradigm shift)。这种转换首先表现为课程概念的转变。课程不再是静止的"跑道"(racecourse),即需要贯彻的课程计划或需要遵循的教学指南,而是成为对个体生活经验的改造和建构,成为自我的"履历情境"(biographic situation),意即成为"在跑道上奔跑"(to run the racecourse)的历程。派纳总结说:"课程不再是一个事物,也不仅是一个过程。它成为一个动词,一种行动,一种社会实践,一种私人的意义,一种公共的希望。课程不只是我们劳作的场所,也是我们劳作的成果,在转变我们的同时也转变自身。"[6]其次,课程概念的转变随之带来课程形态的变化。正如多尔(W. Doll)在《后现代课程观》中的思想:课程不再只是特定知识的载体,而成为一种师生共同探索新知的过程;课程发展的过程具有开放性和灵活性,不再是完全预定的、不可更改的。综合实践活动所代表的课程形态不再是在教育情境之外固定的、物化的、静态的知识文本,而是在教育情境中由师生共同创生的一系列"事件",是师生开放的、动态的、生成的生命体验。

综合实践活动所体现的课程转向引起了传统课程理念的深刻变革。它将学习者置于课程的中心,并将个体意识的提升作为追求的目标,充分确立起个体在课程中的主体地位,从而重塑了"我之为我"的个体尊严。课程不再是控制教学行为和学习活动的工具和手段。综合实践活动有效地弥合了个体与课程之间的断裂,成为师生追求意义和价值、获得解放与自由的过程。

(二)重建教学观——弥合个体与教学的断裂

综合实践活动体现了教学的范式转型。传统教学以机械的、单向灌输式的知识传递为特征,把丰富的教学过程简化为单一的认识活动,将其从整体的生命活动中抽离出来,从而造成教学的"非人性化"。在综合实践活动的视野中,教学不再是单纯的认识过程,而是师生在生活世界中通过交往共同建构意义的活动。教学范式的转型意味着教学成为一种生活,一种以精神交流和意义创生为主要目的的人的生活;意味着教学消除师生作为"知识权威"与"无知者"之间的紧张关系,建立起师生之间以对话为特征的生命和情感的沟通;意味着教师摆脱"专业个人主义"的桎梏,建立协调、沟通与合作的教学方式,进行"协同教学"(team teaching);意味着知识不再作为永恒的真理接受师生的膜拜,而是作为探究的资本和创生意义的材料接受师生的质疑和拷问。

可见,教学范式的转型还教学以生活世界之本原,使之充满生命的灵动和生活的诗意。其次,教学恢复了学生在知识建构中的主体地位,打破了师生之间、教师与教师之间、学生与学生之间的心灵隔膜,使之以合作与对话的态度,以更具创意和开放的精神提升教学的品质。再次,教学摆脱了知识、纯粹理性对人的控制,防止了教学过程中人的异化。通过上述努力,综合实践活动最终弥合了人与教学之间的断裂。

(三)重建学习观——弥合个体智力与人格发展的断裂

综合实践活动还体现了学生学习方式的变革。传统学习观秉承主客分离的知识观,认为学生的学习就是心灵对固定的外部实体的确切把握。而这种把握的最好途径无疑是准确、完整地复述指定教材中的知识,于是教育中的接受学习和记诵之策大行其道。学习因而成为单纯的认知行为,成为封闭的个体行为。综合实践活动打破知识的"霸权性",使学生个体的理解、想象和创造得到确认。学习作为建构新知识的活动成为学生不断质疑、不断探索、不断表达个人见解的历程。由于学生情感、态度和价值观的参与,综合实践活动遂改变原有的单纯的认知学习,成为手—心—脑、实践—感知—思考以及身体—心理—灵魂等共同参与的"整体学习"(holistic learning)和"全人活动"(whole personal activities)。"整体学习"又称为深度学习,因为它影响到学生的整个生命,并以深刻的方式改变着他们超越智力之外的东西。

另一方面,综合实践活动强调创造性问题解决、合作学习等策略的运用,鼓励学生建立各种联系,从而走出封闭的个体学习行为,迈向个体间的交流与合作。学生之间的交流与合作能够深刻和完善彼此的见解,使自己成长为一个学会合作与交流的社会主体,使学习既具有个人意义又具有社会意义。

学习方式与组织形式的改变赋予学生学习的自主权,使之不停地进入生活,体验生活,创造生活,主动承担起学习的责任。此外,综合实践活动还通过对整体学习的倡导,融合、统一了学生的知识探索与精神建构,从而弥合了个体智力与人格发展的断裂,使生命的责任感与丰富性重新返回到学习活动中。

综上所述,在综合实践活动的视野中,课程成为师生共同探索新知的过程,即教学与学习展开的历程;教学成为创生课程事件的过程,即课程开发的历程;而学习成为建构知识与人格的过程,即教学交往的历程。综合实践活动最终实现了课程、教学与学习的一体化,从而有效解决了课程、教学与学习彼此割裂的现象,避免了三者之间机械地、单向地、线性地发生关系。在一体化的状态中,教师、学生、活动构成了一个不可分割的整体,三者交织在一起,没有一个逻辑的行为主体,师生的活动共同构成了课程。杜威说:"选择了一种教育,就选择了一种生活。"教师与学生将作为完整的人生活在一体化的状态中,其人生过程、生活方式也将随之彻底改变。

三、综合实践活动课程的问题

综合实践活动课程汲取时代精神的精华,将对当前课程范式的转换、教学范式的转型、学习方式的转变产生深远的影响。但由于课程实施的复杂性，其潜力的发挥仍受到种种限制，因此这一课程在实践中还存在不少问题。

（一）流于技术的操作，缺乏整体的规划

综合实践活动课程不仅仅是一种活动形式、一种重新安排学习计划的方法和技术，它在人性观、知识观、认识论等方面都有其独特的假设，是学生、教师乃至学校的一种生活方式和生存状态的体现。但许多学校受功利的驱使，把综合实践活动变成浮华的外在装饰，只追求让学生通过查阅文献堆积成果。"课程统整最重要的精神，如师生一起设计、知识生产和使用、师生角色的改变、民主社区的形成等，反而被抛在脑后。"[7]由于学校充斥着工具理性的氛围，由于教师缺乏对这些深层意义的思考，综合实践活动必然是磕磕碰碰、难以走上正途，最终的结果只能是其深刻的价值被扭曲的学校文化所吞噬。

为改变这一状况，学校需要对综合实践活动作整体规划，认真评估社区参与、教师资源、地方资源、学生需求、学校规模、教育督导、硬件设备等因素，系统分析优势与劣势、机遇与挑战，并在此基础上设计实施思路，把综合实践活动的开展与学校整体的改革举措紧密相连。只有对综合实践活动与学校各项改革作整体关注，综合实践活动的开展才能成为学校文化重建的契机，从而带动整个学校文化的变革。

（二）与学科课程割裂，缺乏探究的深度

综合实践活动以学生的心理逻辑作为课程组织的线索，学科课程以学科的逻辑体系作为课程组织的线索，两者虽然在性质上有所差别，但却并不是截然对立的课程形态。事实上，学科课程与综合实践活动在本质上是互惠的，两者相辅相成，相得益彰。作为统整各科目内容的途径，综合实践活动有助于提升学生科目学习的品质。综

合实践活动倡导"深度探究"，但如果没有学科课程所提供的知识基础和认知背景，这是很难做到的。可是，许多学校一旦离开传统学科的据点，便告别了固有的知识储备，踏上"天花乱坠"的务虚之路。活动仅有形式，没有内容，表面轰轰烈烈、丰富多彩，但却缺乏对知识的统整和综合运用。学生没有机会对具体的现场经验和抽象的知识进行重组和建构，学习何以发生？探究成为浮泛和缺乏深度的行为，综合实践活动的价值因此衰减。

综合实践活动课程与其他学习科目不是各负其责的关系，对待两者要作整体关注，不能将其简单对立。割裂两者，很容易造成综合实践活动开展的表面化。我们唯有将传统学科的据点垒得更结实，综合实践活动的开展才会更扎实，更富有深度。

（三）以事实研究为目标，缺乏价值的关照

虽然综合实践活动课程要在实际的调查以及资料搜集的基础上解决问题、开展活动，但活动本身以及探究的结果并不是综合实践活动的目标，综合实践活动课程更为关注的是活动背后的实质，关注学生通过活动所进行的自我发现与自我塑造，关注个人、自然与社会的和谐发展。但许多学校中综合实践活动的开展仅限于寻求"是什么"的"纯事实"研究，而不考虑活动"应该怎样"开展，放弃了对课程的价值关照。纯事实的研究一方面将学生引入发现科普知识的误区，使活动蜕变为在喧闹背后"找寻已有答案"的单调行为。学生所获得的东西，不论从内容到形式都是间接经验，都远离他们的生活与心灵。另一方面，纯事实的研究还抛弃了活动探究中的伦理原则，为探索事实与规律，不惜把探究对象作为被动性的对象世界，任由自己掌控、役使和享用。如为获得对动物的感性知识不惜对其"开膛破肚"、"剥皮抽筋"。当人把世界对象化时，就破坏了个人、自然与社会和谐发展的整体世界。

综合实践活动不仅要探究事实和规律，更要注重研究目的、研究

过程、研究手段的价值关怀和伦理关照。一方面,任何活动的开展都应将探究、体验与想象融为一体,强调让学生在事实研究的基础上挖掘自己的智慧,展现自己的认识,表达自己的创意与遐想。另一方面,在涉及伦理道德的问题上应注意转换研究的视角,使学生有机会直面并处理这些问题,在亲身体验中养成善待自然、善待生命的德行。

参考文献

[1] Pinar,W. F. The Abstractand the Concretein Curriculum Theorizing[A]. Giroux, H. A., Penna, A. N., Pinar W. F. Curriculum & Instruction [M]. Berkeley:McCutchan,1981:34.

[2] Gough, N. From Epistemology to Ecopolitics:Renewing A Paradigm for Curriculum[J]. Journal of Curriculum Studies,1989,21(3):225 – 241.

[3] 倪梁康. 现象学及其效应[M]. 北京:生活·读书·新知三联书店,1994:135.

[4] 章国锋.关于一个公正世界的"乌托邦"构想——解读哈贝马斯"交往行为理论"[M].济南:山东人民出版社,2001:115.

[5] 联合国教科文组织. 学会生存——教育世界的今天和明天[M]. 华东师范大学国际与比较教育研究所,译. 北京:教育科学出版社,1996:265.

[6] Pinar, W. F., Reynolds, W. M., Slattery, P. et al. Understanding Curriculum[M]. New York:PeterLang Publishing,1995:848.

[7] 欧用生.从综合活动课程谈台湾课程统整的趋势[A]//林智中,等.课程统整——第四届"两岸三地课程理论研讨会"论文集[C].2002:261.

10

综合实践活动：含义、价值及其误区

作为一种必修课程，跨学科"综合实践活动"是我国课程发展的重要里程碑。不过，在应试教育体制及其话语霸权尚未彻底瓦解的背景之下，反思并推进综合实践活动课程的健全发展仍然是我们面临的严峻课题。综合实践活动在整个课程架构中应具有怎样的含义与价值，它的实施条件与误区是什么，等等，是需要我们一边实践、一边加深认识的课题。本文试就这些问题作一探讨。

一、综合实践活动的含义：一种课程生成模式

所谓"综合实践活动"，一言以蔽之，就是超越了传统的课程教学制度——学科、课堂、评分——的束缚，使学生置身于活生生的、现实的（乃至虚拟的）学习环境之中，综合地习得现实社会及未来世界所需要的种种知识、能力、态度的一种课程编制（生成）模式。这样，借助"综合实践活动"的设置，我国的基础教育课程将不仅有"学科课程"、"综合学科课程"（"品德与生活"、"品德与社会"、"历史与社会"等），而且有超越学科界限的跨学科"综合实践活动课程"，可以真正实现"分科与综合并举"[1]的课程结构；借助"综合实践活动"的实施，将彻底改变课堂教学的面貌和学生的学习方式。

（一）综合实践活动课程不同于传统的分科主义课程，两者是基于两种不同的课程编制（生成）原理产生的[2]

从课程定义的进化，即从斯宾塞（H. Spencer）的"教育内容的系

统组织"到后现代的界定——"人生的阅历"给我们提供了一个启示，即"课程"所组织的不仅是教育内容，而且通过教育内容的组织，还组织了知识与人的关系以及人与人的社会关系，构成了教学的社会背景。日本东京大学的佐藤学教授以"教育内容与学习者之关系"为焦点，区分出两种不同性质的课程。[3]

第一种课程编制(生成)模式——"阶梯型"。

"阶梯型"的课程是一种以"目标—成就—评价"为单元组织课程的模式：首先预设具体的教育目标，然后在教学过程中组织能够有效地实现该目标的活动，最后对照目标借助测验作出评价。这种模式可以有效地传授大量的知识、技能，不过，其弊端也是很明显的，这就是造成学习者经验过分狭窄、划一，评价也是划一的。为了追求效率与效益，它把学习内容和学习活动划分成小步子的阶段，以便逐级地达到最终的目标。现行的分科主义课程充分体现了这种模式的特征：单向地、线性地规定了逐级上升的过程，设若踏空了一级，便有"坠落"的危险。"泰勒原理"所提示的课程编制四阶段——"教育目的的设定"、"学习经验的选择"、"学习经验的组织"、"学习经验的评价"——就是一个典型。可以说，斯金纳(B. F. Skinner)的"程序学习"的"小步子"原理、布卢姆(J. S. Bloom)的"形成性评价"和"掌握学习"的理论，都是以"阶梯型"为规范编制课程的典型理论。"阶梯型"课程往往被比喻为"生产流程"，这种比喻是合乎历史事实的。从20世纪10年代后半叶直到20年代盛行的教育科学运动，特别是博比特(F. Bobbitt)、查特斯(W. W. Charters)等人的科学化课程设计，就是把学校视为工厂，把教师视同工人，把学生视同原料，通过课程的生产线把学生加工成为产品。"阶梯型"课程在目标一元化(划一化)、过程一元化(划一化)，实现每一个学习者的成就目标方面显然是有效的。不过，把学习的成就度加以分阶段地等级化，却发挥了使学习者序列化、等级化的功能。正如布卢姆把学习者的"能力差异"置换成"时间差异"，主张"掌握学习"那样，"阶梯型"课程中的所谓"个性"，不过是攀登阶梯的速度上的差异罢了。

第二种课程编制(生成)模式——"登山型"。

"登山型"课程的特征在于,以重大的主题(山)为中心,准备了若干学习的途径(登山道)。"登山型"课程不同于"目标—成就—评价"的单元组织,它是以"主题—探究(经验)—表达"为单元组织的课程,即首先预设特定的主题,然后学习者以多种多样的方式与逻辑展开探究性活动,最后表达、交流并共享学习成果的活动。这是一种不仅注重学习结果而且更加注重学习过程多元化、个性化的课程设计。"阶梯型"课程唯一追求的价值是"目标的实现"(到达目的地),但在"登山型"课程中,到达顶峰固然是目标,但它的价值还在于登山的经验及登山本身的乐趣。在"登山型"课程中,学习者可以自己选择方法,按照自己的速度去登山。随着一步步地攀登,学习者能够不断开拓视野,过后还可以回味攀登途中的某种经验。而且,只要不选择过分艰险的道路,就不会有"阶梯型"课程中那样"坠落"的危险。"杜威学校"的儿童中心主义的单元学习设计,可以说是"登山型"课程的雏形。目前发达国家倡导的"主题学习"、"项目学习"、"问题学习"、"真实学习"、"服务学习"、"体验学习"、"表现学习",等等,可以说都是以"登山型"的单元学习来组织课程的典型案例。

(二) 两种课程编制(生成)模式基于两种不同的学习观

"阶梯型"课程编制是以个人主义、个人竞争的学习心理学为前提的。它把"学习"单纯地视为"反应的习得"或是"知识的习得";视为一种线性式的个人知识的积累,轻视了相互学习的社会互协过程。"阶梯型"课程的程序越是精致,课程目标、课程内容、学习活动越是精细地、系统地组织,那么,就越能促进学习的个人主义化和学习结果的序列化。事实上,在目前我国"应试教育"的体制和机制依然起主导作用的背景下,信息技术手段越是"普及化","应试教育"的课程与教学便越是"精致化"。这也许是造成今日"素质教育轰轰烈烈,应试教育扎扎实实"局面的技术层面的原因。

"登山型"课程的学习观是以杜威的"经验"说、维果茨基(L. S. Vygotsky)的"活动"概念为基础的"建构主义"学习观。杜威的经验主义"学习"不同于华生(J. B. Waston)、桑戴克(E. L. Thorndike)以动物实验为模型的行为主义"学习",它关注学习主体与环境的积极对话,从而提出了以"反省性思维"为基础的"探究"学习的概念。因此,这种"学习"既是建构主体与环境之关系的认知性经验,也是建构人际关系的社会性经验。这种"有意义的经验"(meaningful experience)正是课程应当加以组织的学习经验。作为"建构意义与关系"的"活动"概念乃是维果茨基理论的核心概念,他从这个概念出发,认为"学习"并不是内蕴于知识之中的,而是通过心理"内化"构成的,因此,他所强调的"活动性学习"是以语言、逻辑、符号、概念之类的"工具"为媒介的社会交往活动。应当说,"登山型"课程的学习观的最大特征,就在于打破了传统学习观的二元对立:具体与抽象、经验与概念、感性与理性、实践与理论的分割。它强调"学习"乃是"学习者同客观事物的对话;同教师和同学的对话;同自身的对话"。学习者就是借助"学习"的这三种"对话性实践"——建构世界(认知性实践)、建构人际关系(社会性实践)、建构自身(伦理性实践)——加以实现的。[4] 这种"学习观"向教师提出了实践课堂教学转型的三个课题:第一课题,实现同"事物、人物、事件"的沟通与对话的"活动型学习";第二课题,实现同他人对话的"合作型学习";第三课题,摆脱"知识、技能的灌输",实现"表达并共享知识、技能"的"反思型学习"。目前我国一些中小学根据《纲要》精神展开的综合实践活动课程,从自然、社会、自我三个维度切入,引导学生探究物质世界、关注社会生活、感悟自我成长,可以说,就是这种"三位一体"论的典型案例。

二、综合实践活动的价值：智慧统整与知识统整

（一）综合实践活动作为一种崭新的课程编制（生成）模式，是同"现代知识生产模式"相适应的

英国科学哲学家吉本斯（M. Gibbons）[5]从"知识生产（学术研究）同现实社会关系"的角度把知识生产（学术研究）分为两种模式。模式Ⅰ——近代型知识生产模式的特点是学科内的、学科社区的、线性的、阶层性的、僵化的；模式Ⅱ——现代型知识生产模式的特点是跨学科的、非线性的、网络式的、平等对话、流动鲜活的。可以说，分科课程与综合实践活动课程正是这两种知识生产模式在学校教育领域中的具体体现。

传统的分科主义课程就是基于模式Ⅰ的科学主义的产物。它是在19世纪以来的公共教育制度的发展中确立起来的。欧洲近代学校的学科当初只有读、写、算和道德（宗教），随着科学的发展，增加了物理、化学、生物和历史、地理，进而又增加了音乐、图画之类的艺术学科和体操、家政之类的增进身体健康与家政技能的学科，成为庞大的学科群。这些学科的内容都是以相应科学研究领域的成果为依据，形成各自学科的逻辑结构的。但是，这种分科主义课程的学习存在如下弊端：（1）随着学术与科学的发展和社会的进步，教学内容不断增加，造成了学生过重的负担，彼此不相关联的各门学科的知识难以整合。（2）由于学科的课程编制逻辑结构优先，难以形成合乎学生成长、发展的学习；根据学科的逻辑结构施教，在学习中习得的知识技能难以同生活中习得的知识技能挂钩，容易造成"学校知识"与"生活知识"的脱节。（3）学习的评价以显性的知识、理解、技能为对象，忽略了兴趣、爱好、动机、思考力、判断力、表现力、问题解决力等隐性学力的掌握。（4）学习的内容以传统的学术成果为中心，难以同当代的信息、国际、环境之类的现代课题对应。这就造成了所谓的"繁、难、偏、旧"的现象。

传统的分科主义课程是以模式Ⅰ,即西欧近代科学所生产的知识为基础的。这种西欧近代科学的思想背景就是,用分析的眼光看待世界,把种种现象分解成要素,然后综合这些要素加以说明的"要素还原主义"。[6]近代科学采用的方法是,把自然、社会、文化现象加以细分,借助限定对象的实验与观察,获得客观知识。因此,各门学科的内容也是从借助单一的要素去说明种种现象的科学主义之中产生的知识。他们相信,"整体等于部分(要素)之和",只要有了部分(要素)之集合(其实是支离破碎)的知识,人们的一切行为或是世界的种种现象都可以得到理解与支配。不过,随着20世纪60年代到20世纪80年代思维、认识与价值的范式转换,引出了对于科学主义的批判:整体不等于部分之和,整体具有不可还原性——"即便重构被分解了的要素也并不等于原来的整体"。从这种"要素还原主义"的批判出发,诸如在理科的教学中,不仅要求教师改进教学方法,使学生借助观察与实验发展感性能力,而且要求学生直接同自然、社会、文化等环境进行互动,驱使其利用感性、理性的一切能力,来认识周围世界,也认识自身。这种"科学素养"的理念隐含了"综合实践活动"课程的本质。

支撑西欧近代科学主义的哲学是"二元论哲学"。它把物质与精神割裂开来,认为物质与精神两个本原各自独立,互不相关。柏拉图(Plato)把世界分为两种,即"感性世界"和"理性世界"。所谓"感性世界"就是我们日常生活的世界,柏拉图认为,它是不真实的世界,因为它是流动不居、变化无常的。所谓"理性世界"就是把各类具体事物抽象出来形成的一切类概念或一般概念的概念世界。柏拉图把理性世界客观化、绝对化,认为这个世界是永恒不变的世界,它才是唯一真实存在的。而我们日常感觉到的感性世界是不真实的,它是从理性世界中派生出来的。柏拉图以来的西方哲学传统直到20世纪初才由尼采(F. Nietzsche)撕开一个缺口,随后被德国哲学家海德格尔(M. Heidegger)彻底颠覆。柏拉图抛弃感性世界、尊奉理性世界,海德格尔反其道而行之,尊奉生活世界、反对理性世界。他认为只有生活世界才是真实的世界。人对世界的认识不是在思想中对它进行抽象分析,而是在与世界中的万事万物打交道中认识的。柏拉图从理性入手建立他的"理性主义",海德格尔从人的生存入手建立他的"非理性主义"。一个不争的事实是,柏拉图以来的理性主义思想影响了整个西方哲学传统,也深深地影响了传统的分科主义课程。这个传统认定,只有派生的素质才是科学的对象,而且只有借助科学方法(树立假设、进行实验、凭借五官观察、记录并量化实验结果)才能寻求客体的合理性。从这种哲学观出发,在认识方法上也是二元论地把握理性认识与感性认识。[7]它只注重同理性认识直接相关的能力,就是直接牵涉理性认识的知性、理性、概念、逻辑的能力(科学智慧)。这些能力的特性是普遍性、客观性、逻辑性,相反,直接牵涉感性认识的感性、表象、直觉、情绪能力(艺术智慧)的特性是个别性、主观性、非逻辑性。因此,认为这种能力在寻求合理性的理性认识之中是一种干扰的认识,应当摒弃。从这种关于认识与能力的二元论思想出发,在基础教育的学科中注重的是直接牵涉知性、理性、概念、逻辑能力培养的语言、科学学科,相反,支撑艺术表现、艺术认识的感性、表象、直觉、情绪之类的能力,被认为是无助于寻求合理性的理性认识的,因此把艺术学科视为副科,如此等等。在竞争激烈的精英主义教育世界里,对于绝大多数学生说来,课堂、课程、学校,简直就是一个恐怖的世界。事实上,分科主义课程使教育、教学过程沦为划一的、恐怖的、自虐的、失信的过程,造成学生的平庸发展、畸形发展,甚至摧残学生的身心,扼杀学生的人性。正如日本学者丰田久龟教授指出的:"在民众学校的发展史上,把人当'人'的教学并不是轻而易举就能实现的。教学往往成为阻抑'人'的生命活力的'人工窒息机'。这种状况在表面上未见教鞭和殴打的整个 19 世纪,依然到处存在。即便在 21 世纪前叶的今日,教学沦为'人工窒息机'的状况依然未有改观。如今,在受到教学'窒息'的学生们中间,疲于奔命甚至断送性命者,屡见不鲜。"[8]20 世纪 90 年代以来在世界各国活跃的"整体主义教育联盟",强调回归儿童本性的价值追求,声言"没有健全的人性,就不会有健全的社会和健全的经济"。[9]"综合实践活动"
正是立足于这种"整体主义教育"与"一元论哲学",主张张扬人性,强
调"德、智、体"与"知、情、意"的和谐发展;关注"理性主义"与"非理性
主义"的交融。它是基于模式Ⅱ——现代知识生产模式,以旨在解决
现实问题的跨学科研究为基础的一种课程生成模式。这是培育 21
世纪的新人——自主的、合作的、充满人性的、与时俱进的知识建构
者(知识创造者)所需要的。毫无疑问,这种新型的课程生成模式将
起到摧毁分科主义课程的"起爆剂"的作用。[10]

(二) 综合实践活动"不只是改变一种课程组织方式,它在本质上是课程价值观的深层变革"[11]

首先,综合实践活动追求"科学智慧"与"艺术智慧"的统整。它
从批判"二元论能力观"出发,主张重新认识直接同艺术活动相关的
"艺术智慧"能力的重要性:强调我们不应当把"科学智慧"与"艺术
智慧"分割开来,而应当把两种交融起来。[12]这就是说,在人们的认
识中,理性侧面(科学智慧)的能力和非理性的感性侧面(艺术智慧)
的能力是不可分割、相互影响的。人们的一切认识与表达活动,往往
是在感性和表象等的"艺术智慧"能力与知性、概念等的"科学智慧"
能力的相互影响之中加深认识的。理性认识与感性认识的差异在
于,作为理性认识的科学,构成其思维中心的素材是符号,而对于感
性认识的艺术,却是声音、色彩、身体动作之类的物质本身。而且,作
为理性认识的科学的结论,能构成一定的意义并成为进一步认识的
资产,而作为感性认识的艺术,在艺术表现的结论中未必有意义,而
是感性地认识整个艺术表达才是有意义的。不过,无论在科学活动
或是艺术活动之中,还是在知识与经验联结、变形、分割并产生新知
的创造活动中,感性、表象、直觉、情绪等的"艺术智慧"都发挥着重要
的作用。所谓"综合实践活动",就是使学习者发现直接经验的意义,
这种经验是他们在同自然、社会、文化之类的环境(外部世界)的交互

作用的过程中所忽略的"综合艺术"和"终身教育"。这样,学习者将兴趣盎然地投身实践,提出问题或者设计创造,并在问题解决的过程中发挥"知、情、意"的作用,在理性、感性、技术各个层面求得提高,达到"智慧的统整"。

其次,综合实践活动追求"学科知识"与"生活知识"的统整。综合实践活动中的四个要素——"信息技术教育"、"研究性学习"、"社区服务与社会实践"以及"劳动与技术教育",不仅为学习者展示了无限广阔的虚拟世界,而且为学习者沟通了同现实生活世界的联系。从本质上说,人的学习过程无非就是"经验重组"的过程。[13]这里所谓的"经验"包含了直接经验、间接经验及其结果(广义的学习)的全部。倘若把综合实践活动划分成两个阶段:直接经验阶段和问题解决学习阶段,那么,所谓"直接经验"阶段是指学生直接接触自然、社会、文化等的环境,作出行动,驱使五官真情实感地把握事物。这种直接经验由于是感性地、整体地把握事物,借助表象加以表征,所以这种经验是一种随处可以切入、随时可以发展的综合性经验。当然,这种综合实践活动所组织的是"问题解决学习",亦即有现实感的问题解决并且形成了学习网络的学习活动。它利用以往的直接经验和"学科教学"中习得的知识和经验,就直接经验中感兴趣的、有疑问的课题进行调查和实验,求得问题解决的学习。发现经验中的法则性、规则性、逻辑性,用语言和符号加以记述,这就成为科学性问题的解决;在体验中不能用语言和符号加以把握的情感、情绪等"内心体验",用声音、色彩、身体动作加以表现,这就成为艺术性问题的解决。同时,以往的生活经验和"学科教学"所习得的知识和经验,借助当前问题解决中的激活和应用得以重建,增加了新的内容,而学习者所获得的朴素的、活生生的经验又将提高其科学认识和艺术认识的水准。

当然,综合实践活动要求的"智慧的统整"与"知识的统整",必须满足如下条件。第一,组织问题解决型教学。学生必须从事某种"问题解决",这里的"问题"不是教学参考书或习题集中按照单元进行分类、整理的知识点,单纯知识点问题的解决决不会产生"知识的统整"。唯有在"综合性的问题",诸如环境问题的解决过程中,学生才能超越学科与单元的框架,整合多种知识。第二,直面有现实感的问题。即便超越了学科与单元框架的综合性问题,但倘若离开了学生的日常生活,学生仍不可能感到问题解决的现实性,因而学生也不可能全身心地投入到问题解决中。综合实践活动的真正目的,在于摆脱模式Ⅰ的学习——形式化的、封闭化的课堂教学模式,恢复学习的本来姿态:交织着理性、感性与情感的生机勃勃的学习。当然,有现实感的综合问题,最终未必能实现问题的解决。因为,综合性问题不限于唯一的正解。在综合性问题的解决中,问题是否得到解决并不重要,这一点同习题集中的"问题解决"有着本质差异。在习题集的问题解决中,问题的解答非常重要,因为其目的在于通过问题的解决习得知识技能。但对于综合实践活动中的问题解决来说,重要的是通过解决问题获得体验,促进学生从国际视野、历史视野、文化视野看待事物,促进多样的"知识统整"。第三,形成合作学习网络。为此,教学宜采取合作式的解决共同问题的形式。学生在学习集体中通过彼此沟通、相互切磋获得启发和共识,形成学习的网络。一旦离开了这种网络,学习就会陷入形式化,丧失了活力。正如人的机体是借助不断的新陈代谢得以成长一样,人的心智也是通过学习网络特别是合作学习的网格不断汲取、消化、吸收新鲜的知识得以成长的。

(三) 现代"知识生产模式"的系统研究为分科综合并举的课程结构提供了理论基础

吉本斯基于对两种知识生产模式的分析,否定了模式Ⅰ,论述了今后的知识生产模式应从模式Ⅰ转向模式Ⅱ。但是,模式Ⅰ的存在意义是不能从根底里加以否定的。问题在于不能割裂了两种模式。因此,国外有的学者主张模式Ⅲ。[14]即在模式Ⅱ的世界中挖掘问题,将其在模式Ⅰ的世界中加以分析和理论化,然后再还原到模式Ⅱ的世界,如此形成生生不息的知识循环系统(Ⅱ→Ⅰ→Ⅱ……)。这就是说,我们需要建构模式Ⅰ、Ⅱ、Ⅲ的知识生产方式的系统。可以说,这也是《基础教育课程改革纲要(试行)》倡导的分科课程与综合课程并举的课程结构的理论依据。跨学科的"综合实践活动"将促进分科主义课程的改造。它既是统整综合课程与分科课程内容的编制(生成)方式,同时也是统整"科学智慧"与"艺术智慧"、"学校知识"与"生活知识"的学习方式。

三、综合实践活动的实践:强势特征与若干误区

我国的基础教育是以分科主义课程为基础的教育,综合实践活动在我国中小学缺乏丰厚的土壤。不过,从将其作为一门相对独立的课程领域加以实施以来,它的强势特征愈益明显。第一,它为学生的"生存能力"教育开拓了广阔的天地。在信息化、国际化和高科技的现代社会里,仅仅凭借知识习得中心的学习是不够的,需要培育"生存能力",[15]要教育学生具备这样的素质:不管直面的社会如何急剧变化,都应具有自己发现课题、自己思考课题、主体作出判断、付诸实际行动、更好地解决问题的能力;要具有严于律己、关爱他人、人性丰富、体魄强健、适应社会变革的种种素质。可以毫不夸张地说,综合实践活动课程就是为培育这种生存能力设置的。第二,它为学生的"学习方法的学习"(learning how to learn)提供了坚实的舞台。"研究性学习"是一切学习活动的基础,它作为一种探究方式,应当贯穿于所有的综合实践活动乃至学科学习之中。这是因为,"研究性学习"活动是锻炼心智能力的必要体操,有助于激发学生的好奇心、创造力和挑战自我的勇气;有助于其养成自主态度、责任感和自我效能感;有助于其提升表达能力与合作能力。第三,它为新型师生关系的确立注入了新鲜的活力。教师不再是单纯的知识灌输者,也不是单纯的学习扶助者,而是知识的共同建构者。

但是,由于分科教育的积习与应试教育的无形束缚,综合实践活动在实施过程中产生了一些迷惘和偏差,特别是在"研究性学习"的

实施中产生了三种不良的取向,这些误区值得我们警惕。

其一,功利主义与精英主义取向。"研究性学习"的魅力就在于从活生生的现实课题出发展开探究活动。然而一些学校尤其是所谓的重点高中,为了追求宣传效应,急于推出成果,有意无意地把学生的"研究性学习"混同于专家的"科学研究";一些媒体推波助澜,甚至把幼儿园的"研究性学习"渲染为"培养研究生";一些教学研究机构热衷所谓"探究性学习"与"研究性学习"的严格区分等等,随意拔高"研究性学习"的目标。这样,一些学校在研究性学习的选题上往往脱离了学生的现实生活,偏于科学前沿的所谓"高精尖"的"科学话题",缺乏儿童情趣和生活气息;在组织上,竞相聘请院士、科学家担任顾问指导,不顾"课程成本"地锦上添花,却把绝大多数学生置于"陪读"的地位,等等。其结果,势必会走向"精英化"。

其二,知识主义与技能主义取向。"研究性学习"是一种超越了学科架构,学生自主选择学习课题、自主发展学习内容的活动,而不是形成另一门学科。长期以来,人们往往把课程等同于学科和教材,一些地方竞相编写、出版的"研究性学习"教材,同传统的、按学科分门别类的教材并无根本区别;一些学校把综合实践活动混同于一门学科,或是依然采用学科教学的形态,或是热衷于把综合实践活动的目标肢解为各门学科的目标,仍然有意无意地剥夺了学生的选择自由和学习主体地位,导致了"学科化"的结局。

其三,活动主义与体验主义倾向。每一个学生自主计划、自主解决的学习不是学校应当组织的学习。学校乃是组织每一个学生在教师的帮助与同学的合作下,展开无法独自实现的学习的场所。因此,教师不应当在尊重学生的"自主性"与"主体性"的漂亮辞藻下逃避教师的责任——展望学习主题、发展学习内容。然而,一些教师把学科教学视为"系统知识的习得",把"研究性学习"视为"生活体验的积累",放任自流,甚至把素质教育混同于"反知性主义",满足于"唱唱跳跳"的所谓"改革",陷入了活动主义与体验主义的泥沼。

产生上述三种取向(误区)的根源在于"学科中心主义"的劣根

性。在"应试教育"的"学校文化"背景下,我国的基础教育历来注重"学科"(分科)课程,偏重"接受性学习"。即便大学升学率超过95％的重点高中,还有不少依然在推崇"学科主义"(分科主义)。重视"学科"是无可厚非的,但"学科主义"是行不通的。这种"学科主义"形成了学科自身的封闭和课程的僵化。每当课程改革之际,总会出现淋漓尽致的"学科第一主义"的表现;围绕学科的课程定位乃至课时分配,你争我夺。这也可以说是"学科利己主义",缺乏"学科群"的观念,更缺乏整体的课程架构的概念。[16]这是实施综合实践活动课程的绊脚石。

综合实践活动课程的实施将有助于推动一线教师重建"学科"的概念,重建"课程"的概念,革新课程与教学。在这里,正确地认识学科课程与综合实践活动课程的分野及其价值是十分重要的。人们往往容易从"知识中心"或是"经验中心"的角度区分学科课程与综合实践活动课程,以为前者是单纯基于知识(技能)的学习,后者是单纯基于经验(体验)的学习。这种认识是片面的。其实这两种课程都应当以各自的"知识"与"经验"所组织起来的课程进行学习,否则,就不能构成真正的"学习"。这是因为,脱离了"经验"的"知识"不过是单纯的"信息",而脱离了"知识"的"经验"不过是单纯的"体验"。所以,两种课程的差别不在于是"知识"还是"经验",而在于"知识"与"经验"的单元构成方法。[17]学科课程是以学科的内容(题材)为核心组织"知识"与"经验"的,而综合实践活动课程是以现实的主题(课题)为核心组织"知识"与"经验"的。从课程编制(生成)原理的角度看,分科课程与综合实践活动课程体现了两种不同的编制(生成)模式,构成了相对独立的课程形态。在实施过程中,两者在内容上或许会出现相互碰撞的问题。但两者在整个课程架构中不是彼此割裂的,而是相互促进、相辅相成的。我们需要摆脱非此即彼的思维定势,求得两种课程形态的互补。我们的态度应当是,既可以根据同"分科学习"完全无关的主题展开综合实践活动,也可以根据同"分科学习"交叉重叠的主题展开综合实践活动。只要是师生想探究的主题,即便同学科内容交叉重叠,同样具有作为综合实践活动主题的价值。这样,基础教育课程一旦实现了"分科与综合并举"的格局,最终将有助于促进学生的"学校知识"与"生活知识"的统整,"科学智慧"与"艺术智慧"的统整,有助于加速学校课程的特色化创造,从而真正实现我们所期望的素质教育课程的理想目标。

参考文献

[1] 钟启泉,崔允漷,张华. 为了中华民族的复兴,为了每位学生的发展——《基础教育课程改革纲要(试行)》解读[M]. 上海:华东师范大学出版社,2001.

[2][17] 佐藤学. 改革教学,学校改变——从综合学习到课程的创造[M]. 东京:小学馆,2000:135,135.

[3][4] 佐藤学. 学习的快乐[M]. 横滨:世织书房,1999:177—183,59.

[5] 吉本斯. 现代社会与知识的创造——何谓模式论?[M]. 东京:丸善股份公司,1997.

[6][7] 日本学科教育学会. 新型课的创造[C]. 东京:教育出版社,2001:11—13.

[8] 佐藤正夫. 教学原理[M]. 钟启泉,译. 北京:教育科学出版社,2001:2.

[9] 整体主义教育研究会. 整体主义教育概论[C]. 东京:柏树社,1995:93—113.

[10][16] 钟启泉. 学科教学论基础[M]. 上海:华东师范大学出版社,2001:209,206.

[11] 张华. 综合实践活动课程的本质[A]//钟启泉,崔允漷,张华. 为了中华民族的复兴,为了每位学生的发展——《基础教育课程改革纲要(试行)》解读[M]. 上海:华东师范大学出版社,2001:72.

[12] 岸根卓郎. 我的教育论——真善美的三位一体化教育[M]. 南京:南京大学出版社,1999:49—93.

[13] 杜威. 民主主义与教育[M]. 王承绪,译. 北京:人民教育出版社,1990:82.

[14] 联合国教科文组织总部中文科. 教育——财富蕴藏其中[R]. 北京:教育科学出版社,1997:76—88.

[15] 森敏昭. 促进"知识综合化"的教学与评价[J]. 教育展望,1999(6).

下 编

重建课堂教学

11

知识隐喻与教学转型

　　从知识隐喻的角度考察知识论的历史演进可以发现,一切真正的知识都具有活动的、实践的性质,应当原原本本地看待"认知活动"。不过,这些知识的隐喻尽管凸显了"认知活动"的关系性,但依然没有将其从近代批判哲学所固有的认识论中解放出来。因此,传统的"客观主义"知识论固然是不可取的,但现代的"主观主义"知识论的局限性也不可轻视。立足于种种知识说给出的若干指标,考察我国的教育改革面临的问题所给予我们的启示是,素质教育的课堂教学需要克服两种片面性:既不能无视儿童已有的知识体系,单向地向其灌输知识;也不能轻视知识性概念,成为无视知识结构化的体验主义教育。

一、从知识隐喻看知识特质

　　何谓"知识"?"认知过程"是如何形成的?哪一种"实践形态"(课堂教学)才适合学生的智慧成长?——这些问题,都是教学认识论的主题。20世纪20年代占主流地位的知识论,往往无视甚至否定学习主体能动地参与认知的过程,因而产生了"客观性崇拜"。其旨趣是尽可能确凿地接近绝对"纯粹"的概念,从建构知识的定义中排除了认知主体的参与。因而一味地排除一切"主观"的因素,强调灌输纯粹"客观"的、"绝对"的"知识"。当时英国、美国以及更传统的西欧社会的教育体制或多或少体现了命令式、权威式的体制,正是这种知识论所使然。然而这种陈腐的知识论在我国某些教授、学者之间至今仍然奉为圭臬。客观主义知识论果真是万古不变的真理么？否！这里，不妨先看看世界教育史上几位教育思想家对于这种知识模型是如何展开批判性思考的。

(一) 消化说

怀特海（A. N. Whitehead）是以新的哲学方法论——"过程思想"或是"有机体主义"的哲学而知名的。他主要关注的是，强调实在的一切侧面不仅是连续关系，而且是相关关系。关于知识的形成，他说："教育跟行李箱里塞东西是两码事，这种比喻是完全不恰当的。教育的过程完全具有独特的特征，这是理所当然的。试举身边的例子来说，就如同有机体吸收食物一般。……把靴子放到旅行包里的场合，在靴子再取出之前，是原封不动地放在了里面的。但是，给儿童吃食物的场合，就不是那么一回事了。"[1]显然，作为理解"学习之本质"的关键性表象，怀特海是用了"有机体消化吸收"的比喻。从这个比喻可以明白，所谓"学习"，是指客体与学习主体一起发生变化的动力性的过程。如同食物的生物学内容与潜在能源改变为营养成分和能源一般，信息与经验，借助教育改变成了有意义的思考方式与行为方式。因此，怀特海的观点同灌输式的知识观——信息的习得与明示的行为技能的调整——划清了界线。在吸收的表象中，知识的过程是相互的、双向的；认知主体与认知客体双方都是发生变化的，乃至统整在统一的实在之中的。他还说："（在教育中）我们所处理的是人的心，不是没有生命的物质。……是唤起好奇心、判断力和把握复杂情境的能力；是如何运用理论去洞察特殊事例……"[2]在这段话里，他也并不把学习视为传递和操作固定的信息与文化价值，而是作为动力性的活动、技能来看待的。怀特海作为动力学过程所理解的学习与教育，吸收了黑格尔的囊括了"正、反、合"三个发展逻辑阶段的辩证法的观念。他认为，认知过程包括了"空想阶段、精致化阶段、综合化阶段"各个阶段有节奏地循环往复的范式。他认为，知识过程的基础不仅仅是构成对象的素材,也有学习者的生理发育的阶段。不过,有人指出,怀特海把认知活动视为一种本质上是信息与技能的单向处理、吸收的活动,他尽管洞察了学习的"动力性阶段"和"有机体消化吸收"的表象,但学习主体与客体之间交互行为的动力学却被忽略了;尽管从有机的观点关注了学习的过程,但在讨论教育的性质和结构的时候,无论是关于教材与学生的传统秩序,还是习得事实、理论和技能就是学习的观念,都是相当传统的立场。这是怀特海方法论的局限性。

(二) 实验说

杜威(J. Dewey)同怀特海是同时代人。杜威认为认知活动是学习者作用于并且变革物质和社会环境的手段。杜威在《我们怎样思维·经验与教育》中指出:"相信一切真正的教育是来自经验的,这并不表明一切经验都具有真正的或同样的教育的性质。"[3] 在他看来,经验是一切认知活动的源泉,是教育的目的,是经验本身的基准。不过,我们需要做的是,通过经验本身的进一步严格的分析,揭示经验的基本性质,规定评价种种教育目标和方法的基准。换言之,杜威是从聚焦知识过程的性质切入的。在杜威看来,这是应当积累哪些经验的问题。这种经验的性质牵涉两个方面:一是这种经验是否适应学习者的需要和能力的侧面;二是这种经验对于学习者未来经验的拓展带来什么影响的侧面。前者是容易判断的,但某种经验跟怎样的成果联系起来是难以直接看出的。"因而,以经验为基础的教育,其中心问题是从各种现实经验中选择那种在后来的经验中能够丰满而具有创造性的生活的经验"。[4] 杜威所谓的"经验",是基于工具性活动而展开的同环境的交互作用;是基于反省性思维的意义建构活动。这个意义上的"经验"不同于英国的古典经验论,它不是被动性、感觉性的心理作用,而是能动的、知性的、建构性的"实验性认识"。杜威提出了衡量经验的教育意义和教育价值的两个基准:一是"连续性"原理。即从内部结构和外部条件两个方面说明教育的"场"是连续发展的构造。这是把逻辑与心理、科学与经验、个性与共性等处于两极的概念在经验中统合、连续的原理;二是"交互作用"原理。指特定情境中的一切经验都具有动力性质。这是借助以语言与工具为媒介的活动,使客体与主体的关系得以流动、统合的原理。他从教者与学者相互构成、形成的角度说明认知活动是交互的、共生的。"连续性和交互作用这两个原则彼此不是分开的。它们互相交叉又互相联合。可以这样说,它们是经验的经和纬的两个方面。"[5]尽管如此,他主要关注的是,学习者基于自己的需要与兴趣的关系的改造环境的能力。因此,在他看来,教育过程的矢量是学习者面向世界。亦即,所谓学习某种对象,是旨在促进持续学习能力的发展,改造所认识的世界。这跟怀特海是成对照的,同马克思相似。杜威并不满足于学习者单纯地理解世界,学习者的目标是改造世界,他强调"从做中学"。认识是活动过程的结果。他的这种理解在《我们怎样思维·经验与教育》中论及两个主要的维度:一是自由;二是参与。关于前者,他说:"只有理智的自由才是唯一的永远具有重要性的自由。这就是说,理智的自由就是对于有真正内在价值的目的,能够作出观察和判断的自由。"[6]作为实现认知自由的手段,不能不强调行为自由的重要性。因为,我们之所以能从认知角度把握世界,就是借助了意识的活动。杜威往往触及学习的社会性质而强调了两点:一是脱离社会关系的个人,不可能产生任何的经验和教育;二是社会控制比外部强加的更为本质。自由与控制之所以看起来是对立的,不过是由于从外部强加控制于学习的情境。所谓认知过程,对于怀特海来说是"消化",对于杜威来说是"实验"的机会,两者都把知识视为某种"客观性"的东西。不过,怀特海认为所获得的知识具有有用性,而杜威所谓的有用性主要是知识本身。

(三) 对话说

弗莱雷(P. Freire)的《被压迫者教育学》在强调过程与活动上接

近杜威,但在直接谈及教育的政治现实的背景上,不同于杜威和怀特海。大体说来,他的特色是直接联系经验的政治经济维度来理解认知活动。他跟杜威、怀特海一样,对教育的传统方式持批判态度。在这种传统方式看来,所谓知识是客观世界的固定的信息,它是通过知识丰富的教师传递给学习者的。他用"储蓄概念"来说明这种传统方式。在他看来,教育并不是政治中立的现象,而是压迫抑或解放的手段。而究竟成为压迫还是解放的手段,不是单纯取决于教育如何被利用,而是取决于如何被理解。弗莱雷主张,关于认知过程的"储蓄型"的理解,应当由"对话型"来取代。在"对话型"的教育方式中,教师和学习者之间的等级式、权威主义关系,不仅应当置换为更为平等主义的民主性的关系,而且关于认知过程的定义本身也必须进行根本转换。在他看来,知识之所以体现出来,仅仅是通过发现和再发现。所谓知识,与其说是习得的、掌握的,不如说是生成的、实施的;与其说是名词,不如说是动词。他说:"隐含在储蓄型概念背后的是人与世界分离的假设:人不是与世界或其他人在一起,而不过是孤孑一人的存在;人不是再创造者,而不过是旁观者。由此看来,人不是意识的存在,确切地说,不过是意识的掌握者、被动地接收着来自外部现实世界之存储信息的空洞的'头脑'而已。"[7]弗莱雷提出了"提问式教育"(problem-posing education)的概念。他跟杜威一样,认为真正的学习之所以发生,唯有在面临不能解决的问题和障碍的时候。他所谓的"问题解决",包含相关的两个侧面。第一是教师的作用。教师的作用与其说是提供"教育"的构成要素的信息,不如说是为学习者在重建经验的场合提供跨越障碍的情境。通过教师和其他学习者的对话,学习者克服这种障碍,发现解决问题的方法。第二个侧面是"自我发现"的理念。他对于认知的对话性理解的轴心,在于语词具有双重性。他说:"我们在语词中发现了两个维度:反思与行为。它们处于相辅相成的关系:倘若一方即便是牺牲了局部,另一方也会受到损害。真正的语词同时就是一种实践。因此,说出真正的语词就意味着变革世界。"[8]显然,弗莱雷的"对话说"更多地强调了对话的社会的、政治的侧面。在这一点上，跟怀特海的着眼于认知主体的精神侧面不同，也跟杜威的强调认知主体的实践的、个人的性格形成了反差。

（四）人格说

罗杰斯(C. Rogers)作为一个心理学家，他关注的不仅是将学习者从传统教育体制的重压中解脱出来，而且是能够创造自由地学习的教育环境和认知语脉。他强调，真正有意义的学习即"经验性学习"(experiential learning)。[9]这种学习具备四个基本特质。第一是以"人格参与"为特征的。就是指，交织着知性与感性的全人格参与学习的现象。第二，真正的学习是自我主导的，即自发性的。这是因为，不管哪一种契机，在那里总是存在出自学习者的明确的努力、理解的作用和发现的感觉。因而，学习是全身心浸入的。就是说，学习者的行为、态度乃至性格，都是各异的。第三，学习是由学习者来评价的。对经验进行第一次评价的是每一个学习者，而不是基于某种外在的基准进行的。这是因为，该经验能否满足实际的需要，只能牵涉当事人。第四，学习的本质就是建构意义，这种学习发生时对于学习者来说，意义的要素总是被纳入整体的经验的。因而，从某种意义上说，学习者总是走向不可逆的状态。他得出结论说："有意义的学习总是交织着理解与直觉、知性与感性、概念与经验、构想与意义的。"[10]作为真正的学习的根源，就以学习者的需求为中心这一点来说，他跟弗莱雷和杜威极其相似。在讨论教与学的差异时，他说，作为传递性的教学，适合于基本上不变化的环境下的教育；而经验性学习适合环境需要加速变化的文化。这种学习跟苏格拉底(Socrates)的"知识即至善"说是相通的。在今日，促进变革或是至善的学习，不仅对于有意义的生活，而且对于生存来说都是关键的。他跟弗莱雷和杜威同样，主张认知的过程必须是"课题中心"(problem centered)，任何知识都离不开个人的创造。罗杰斯还引用科学哲学家波兰尼(M. Polanyi)的"即便科学知识,也是个人知识、人格化知识,是参与性的知识。……科学的所有侧面,渗透着训练有素的人格的参与",和基尔克果尔(S. Kierkegaard)的"真理是生成的过程,亦即仅仅存在于我有化的过程",[11]表明了他对于知识的"主观论"立场。罗杰斯的人格参与对于认识性判断是极其重要的。不过,不能不说,这种立场或多或少是同主观主义或相对主义相通的。

上述的知识隐喻启示我们,一切真正的知识都具有活动的、实践的性质,我们应当原原本本地看待"认知活动"。就是说,"认知活动"不是学习者单纯地吸收知识或是消极地接受知识,而应当是一种活动。不过,这些知识的隐喻尽管凸显了"认知活动"的关系性,但并没有将其从近代批判哲学所固有的认识论中解放出来,仍然以个别的相互独立的因素作为前提来理解认知过程。因此,传统的"客观主义"知识论固然是不可取的,但现代的"主观主义"知识论的局限性也不可小视。

二、舞蹈说及其教学论含义

在寻求新的知识论的征途上,"舞蹈说"值得我们关注。基尔(J. H. Gill)在分析上述知识隐喻的基础上,提出了"知识即舞蹈"的隐喻。这个隐喻把一个或者两个以上的认知主体与"客体"之间的交互作用而形成的关系——不断进化的辩证的、共生的关系,惟妙惟肖地刻画出来了。在基尔看来,"认知过程"(knowing process)可以说是一种"舞蹈"(dancing)。所谓"理解"(the known)可以视为"跳舞"(dance)本身。就是说,倘若"认知过程"是"认知主体"(knowing subjects)同物理的、社会的环境之间通过交互作用互惠地进行相互对话的关系,那么,所谓"知识",就是作为其结果而产生的思考与行为的范式。[12]认知类似于舞蹈的活动,通过跳舞而形成舞蹈本身与舞伴。舞蹈是通过跳舞而成为舞蹈,而持续地创生的。就是说,跳舞本身牵涉舞蹈的创生,牵涉知识或是客体与主体双方的创生。基于

"知识即舞蹈"的隐喻,我们可以进一步探讨知识的基本特质及其教学论含义。

（一）知识的关系性

所谓"知识"就是关系的现实。在这里,关键的是所谓"知识"不是现成知识的灌输,而是所应从事的活动。换言之,"认知"之所以发生,是由于贯穿在学习主体与客体之间交互作用的某种方式。反言之,认知方式实际上是通过认知的行为来建构的。基尔指出,在教育的语脉中界定认知过程之际,无论是怀特海的"对象的同化",还是罗杰斯的"学习者的精神作用",都曲解了借助关系形成的知识过程的本来性质。他用"舞蹈"来描述教与学的关系,认为教与学是动态性的共生的舞蹈。"舞蹈"的隐喻,既可以避免客观主义的傲慢,也可以避免主观主义的怀疑论,还有可能肯定知识的实在。他说,实际上,不仅认识经验与实在,而且创造经验与实在,都是通过"舞蹈"进行的。西方思想中关于经验的两个传统模型就是还原主义和二元论。经验论具有还原主义倾向,而合理论则是以二元论为基础。这些模型造成了事实与价值、人类经验的客观侧面与主观侧面之间的二元对立。经验论还原主义过分地以原子论来对待经验,而无视经验的对话性或是指向性;而合理论二元论,则过大地看待了人类经验的知性侧面。其实,人类一切活动和经验的特征就在于对意义的关注。世界是作为有意义的东西而被经验到的。这样,任何的事物、人物、观念、事件都是作为"同我们有关系的东西"来经验的。就是说,这些是在我们的有意义的相互行为之中,并且我们是通过这种相互行为来获得实的。儿童把母亲的脸庞作为母亲的脸庞来知觉,并不是与生俱来的,也不是单纯经验的结果,而是母亲与儿童之间的基于相互接触和相互对话的相互行为关系的结果。经验在本质上是一种关系。因此,要理解经验与其靠原子论或是个人主义的隐喻,不如借助"磁场"或是"织物"的隐喻所获得的洞察来展开研究更为有效。在这种研究中,经验的种种侧面不是个别的片断,不仅是整体论的论述,而且是具有综合性质,展开整体论的考察——在同环境的关系中形成的经验的囊括性阐述。

(二) 知识的活动性

知识原本不是被动的,原本不是在学习者的心理与外部世界的静态关系中产生的。对于"知识"的超批判性理解是:第一,知识离开了知识主体与客体的能动关系,就不复存在;第二,知识本身是一种行为。知识不是习得的,而是实践的。而"参与"起着决定性的作用。直截了当地说,"知识"是人类的实践行为。正如语言离不开说话者而独立存在一般,"知识"也离不开学习者而独立存在。进一步地说,"知识"总是从具体的、历史的、社会的语脉中产生的。我们之所以能够获得知识,就是参与过去与现在的他人的生活与思考的结果。"知识"是基于相互探究、帮助、沟通,共同地得以保存、发现和经验的。人们在世界中行动,在行动中获得知识。活动与参与认知的过程具有决定性的意义,这从幼儿的学习中就可以明白。如果不允许儿童在三维空间中活动,使其不能跟环境交互作用,儿童就完全不可能认识世界。从认识论角度来看,综合行为的观念逻辑上先于推理观念。正如亚里士多德指出的,一切的演绎性知识都依据于归纳性知识,而一切的归纳性知识都依存于认识行为。综合行为的原动力,扎根于学习者能动的参与。学习者之所以成为学习者,就是基于探究和交互作用。一切的知识都是在关系中产生的,进一步说,一切的知识都是借助关系建构的。所谓知识是交互作用,是指通过参与活动,知识在参与中表征理解。因此,所谓知识是交互作用,就可以定义为:知识即参与。一切的学习者,从理论科学家到运动员,都是在同客体的关系之中通过参与而获得知识、运用知识的。总之,知识是活动。

理解知识活动性的关键,还在于不把"明言知识"（explicit

knowing)和"默会知识"（tacit knowing）视为二元对立，而是加以区别。借用波兰尼的话来说，"我们所知道的多于我们所能言说的。"[13]不能认为一切的知识必须是明示的或是可以分割的。这是因为，一切"明言知识"都是基于不可分割的"默会知识"。这两种知识的首要区别，就是"焦点性感知"（focal awareness）与"从属性感知"（subsidiary awareness）的区别。无论哪一种认知语脉，都有认知主体注意地感知的若干要素，这种感知叫做"焦点性感知"；在同样的认知语脉中，也存在认知主体不聚焦地感知的要素，这种感知叫做"从属性感知"。就像阅读本文的语词，只聚焦语词的意义，而不聚焦构成语词的文字和音素那样。其次一个区别，是这两种知识处于所谓"活动坐标轴"的两极。凡是人的活动，都处于语言性地进行的"概念化"和属于非语言性行为的"身体化"之间。显然地，人的绝大部分的活动都是语言活动和身体活动难分难解地交织在一起的活动。因此，上述两种区别导致了第三个区别。所谓"知识"是"默会之极和明言之极之间的连续体"，即一切的认知情境都包含了这两极的混合物。"明言知识"用焦点感知与概念（或是语言）活动的功能来说明。以"明言知识"来表征的性质，就是明确地区别精密分析、语言明确化、基于叙述的确定、观察的客观性、主体与客体；而"默会知识"用从属感知和身体活动的功能来说明。它所表征的性质是情境性的区别：直觉性的发现、躯体表现、整体认识、主体性、主体与客体的情境。

（三）知识的社会建构性

我们生存的世界是由两个维度——物理维度和社会维度——构成的。但无论哪个维度都是以语言为媒介的，同这些维度的交互作用也是通过语言来起作用的。语言与认知活动不可分割。无论在广义上或是狭义上，语言对于人类的智慧生活来说都是一种基础。可以说，世界不仅借助语言来表征，而且人类自身在充分的意义（不是单纯的生物学意义）上成为人类，也是仰赖于语言活动的。语言本身不是独立于人类而存在的，而是存在于操作语言的人们之间。所以，文化人类学家往往把语言视为人类发明的第一个而且是最重要的工具。在这里，作为社会现象的语言与认知过程的关联是显而易见的。语言和认知活动从根本上说，是促进人类的社会性交互作用的要素，同时也发挥着这种功能。我们因为是人，所以说话；因为说话，所以是人。上述逻辑，对于知识也是同样的。知识不是在社会的真空状态之中，而是在人类社会的交互作用这一织物整体的范畴之中建构出来的。知识之所以是关系性、活动性的，不仅指人类与世界的交互作用所表现出来的意义，而且指共同生存的人们之间的交互作用的意义。这也就是所谓的知识的社会意涵。

三、知识说对我国课堂教学改革的启示

立足于上述种种知识说特别是舞蹈说所给出的若干指标，不妨考察一下我国教育改革面临的课题。当前我国应试教育与素质教育的对立，同样反映了知识隐喻的对立。应试教育的知识隐喻——"知识百宝箱"说①显然是同欧美国家20世纪20年代以前的纯客观知识论如出一辙的，但在我国教育领域仍然有它的市场。这正是造成近年来"素质教育轰轰烈烈，应试教育扎扎实实"的一个认识论层面的原因。在这个问题上，我们不妨重温一下杜威对于"传统教育"的批判："传统的计划，本质上是来自上面的和来自外部的灌输。……它所规定的教材、学习和行为的种种方法，不适合儿童的现有能力，两者之间差距极大。"[14]罗杰斯也通过"教育政治学"的解读指出："传统教育与人性中心教育处于某种尺度的两个极端。"[15]并且描述了传统教育的主要特性，诸如"教师是知识的所有者，学生是接受这种知识的接受者"；"讲解是主要的传递手段"；"教师掌握权力，学生是

---

① "知识百宝箱"说着力为"应试教育"张目："知识好比一个百宝箱，里面藏有大量珍宝"，"中小学整体上要以讲授教学为主"，"把知识打开"；"为考试而教，为考试而学"，"应试教育有什么不好"，"它是我国特殊历史条件下，全面发展教育的一种具体形式"，等等。

从属者",等等。在我看来,尽管多年来我国的基础教育一直处在改革的声浪之中,但未能切中要害。基础教育改革的核心环节在于课程改革,而课程改革的核心环节在于课堂教学的改革。我国的课堂教学面临着从"灌输中心教学"转型为"对话中心教学"的严峻课题。这是关系到实现素质教育改革的大方向的问题,容不得半点含糊,更容不得蓄意狡辩。① 我们的教育改革不能老是离开核心环节"敲边鼓",或者"雷声大,雨点小"了。教学是怎样一种实践呢? "教学原本就是形形色色的对话,拥有对话的性格。"[16] "所谓学习的实践,是建构教育内容之意义的同客体对话的实践,是析出自身和反思自身的自我内的对话性实践。同时,是社会地建构这两种实践的同他人对话的实践。"[17]因此,课堂教学的目标,无非就是通过第一种对话实践,同学科的主题所包含的观念、论点、问题密切交往的关系。这里所谓的"交往"是指"提示"和"接触"之意。"交往"表示学生与教材之间的能动的关联作用。这种关联表现为获得理解,归结为能动的认知过程所具备的实践与技能的获得;通过第二种对话实践,发展学习者自身的洞察力,形成认知过程中交互作用的知识、技能、洞察的结果,或是从事与这些成果协调的行为;通过第三种对话实践,在多种论点和思考的交互碰撞之中,发展学生对于所有观点,特别是不同于自己的观点的共鸣。倘若重视了共鸣性理解,就能够倾听某种问题的一切侧面,从而获得知识和真理。素质教育的课堂教学需要克服两种片面性:既不能无视儿童已有的知识体系与经验,单向地灌输知识;也

---

① 我国教育界的一些人喜欢做文字游戏。例如,纠缠于"媒体教育、媒介教育、传媒教育"中何种提法孰优孰劣的文字之争,以及"探究性学习与研究性学习"的差异辨析之类。许多概念的文字表述是约定俗成的,就像我们惯称的"信息教育",跟我国台湾的"资讯教育"的指称是一码事,何必去品评这种表述差异上的优劣得失呢! 关于"素质教育"的讨论也是同样,许多论者不去关注概念的基本内涵及其背后的教育思潮,却在文字表述上大发议论。"素质教育"的表述同样是约定俗成的,已有20多年的历史了(编辑注:此文撰写于2001年),并且已经成为国策,但有人至今还在纠缠不清。"素质教育"原本是针对我国"应试教育"愈演愈烈的现实条件下历史地形成的提法,跟国际教育界的"全民教育"、"大众教育"的主旨大体一致。因此,从"应试教育"转型为"素质教育"的改革,既顺应世界教育发展的大潮,也适应我国教育发展的国情。我国教育改革的这个大方向不容诋毁,也是不可逆转的。

不能走向轻视概念性知识、无视知识结构化的体验主义教育。

课堂教学本身不消说是以语言为中心媒体展开的。而借助语言交流想法、展开论题的解读与质问的过程，实际上已经包含了理解知识、探究知识、创造知识的要素。在这里，教师的语言活动在本质上是一种对话的过程。教学中的对话不同于不着边际的闲谈，也不同于具有严谨逻辑结构的学术讨论。教学中的对话作为一种教育现象，"是以教师指导为其特征。就是说，教师制定对话的目标与计划，为引导学生发展智力与德行提供一定方向。"[18] 教师和学生之间的对话是课堂教学的大原则。然而，今日应试教育的课堂教学偏离了教育的本质，陷入了种种的"课堂困惑"。教师的独白式讲解从本质上说算不上教学。因此，即便在教师自身朗读课文的时候，也得时时刻刻感受学生的反应，展开"对话式"的朗读；教师即便在"沉默"和"无言"的时候，也得借此集中学生的注意力。教师必须发挥作为对话功能的作用。教师语言活动的本质就在于，即便采取了独白的形态，也是在跟学生对话。出色的课堂教学，从一方面看，是淋漓尽致地发挥教师的引导和支撑的作用，从另一方面看，同时又是淋漓尽致地展现学生自觉的、能动的活动。当教师的作用引发了学生的活动的时候，就产生了教与学的辩证法，可以说，教学也就成立了。在这里，教师的"问题"转化为学生的"问题"，而这种问题的解决正是"学习共同体"所追求的。从上述意义上说，课堂教学就是教师和学生之间展开的辩证的问答过程，从本质上说，具有对话的性质。所以，强调教学的对话性质并不意味着全盘地否定教师的讲解形式，强调对话中心和探究学习的教学，并不是否定接受学习，更不是什么"轻视知识"。① 为了实现教学的转型，我们需要真诚的学术讨论，需要多元

---

① "接受学习"与"探究学习"作为人类的两种基本学习方式，在具体的实践过程中往往是交织在一道的，并非势不两立。因此，新课程凸显"探究学习"，并非全盘否定"接受学习"，更不是什么"轻视知识"，而是旨在改造学生的学习方式，以"探究文化"取代"应试文化"。近年来，一些论者惯用的一个手法就是，故意把问题引向极端，甚至虚拟一个假想敌，然后鞭挞一通。这不是严肃的学术态度。

声音的交响。什么"文字游戏",什么"上纲上线",统统可以休矣。因为这些东西跟"对话文化"格格不入。一些论者"……喜欢采用极端对立的方式去思考。他们惯用'非此即彼'的公式来阐述他们的信念,认为在两个极端之间没有种种调和的可能性。当他们被迫承认极端的主张行不通的时候,他们仍然认为他们的理论完全正确……"[19]杜威的这一段话,难道不是对某些人最辛辣的讽刺么!

参考文献

[1][2][12] Gill, J. H. 走向学习的学习[M]. 小玉重夫,等,译. 东京:青木书店,2003:20—21,21,257.

[3][4][5][6][14][19] 杜威. 我们怎样思维·经验与教育[M]. 姜文闵,译. 北京:人民教育出版社,1991:353,255,267,281,248,249.

[7][8] 保罗·弗莱雷. 被压迫者教育学[M]. 顾建新,等,译. 上海:华东师范大学出版社,2001:27,37.(这里的引文在文字表述上略有调整)

[9][10] Rogers, C. R. 自由的教室[M]. 友田不二男,主译. 东京:岩崎学术出版社,1984:23—24,24.

[11] Rogers, C. R. 教育的挑战[M]. 友田不二男,主译. 东京:岩崎学术出版社,1984:102.

[13] 奥田真丈,河野重男. 现代学校教育大事典(5)[M]. 东京:行政出版公司,1993:105.

[15] Rogers, C. R. 人性中心的教师[M]. 伊东博,主译. 东京:岩崎学术出版社,1984:113—120.

[16] 钟启泉,崔允漷,张华. 为了中华民族的复兴,为了每位学生的发展——《基础教育课程改革纲要(试行)》解读[M]. 上海:华东师范大学出版社,2001:210.

[17] 佐藤学. 学习的快乐——走向对话[M]. 钟启泉,译. 北京:教育科学出版社,2004:39—40.

[18] 佐藤正夫. 教学原理[M]. 钟启泉,译. 北京:教育科学出版社,2001:311.

12

知识建构与教学创新
——社会建构主义知识论
及其启示

从个人建构主义转向社会建构主义是当今建构主义的发展趋势。社会建构主义主张，人是在社会文化情境中接受其影响，通过直接地跟他人的交互作用来建构自己的知识的。在这一点上，社会建构主义可以说同个人建构主义划清了界线。社会建构主义是一种关注学习者的潜能，支援学习者基于自己的意义发现而展开文化创造的教学思想。社会建构主义取向的教学创新是值得我们追寻的。

一、从个人建构主义到社会建构主义

"建构主义"（constructivism）基本上是一种知识论。自从康德（I. Kant）把知识的来源截然分为感性和理性之后，知识论的派别也一分为二。经验主义知识论主张，经验是知识最重要的、唯一可靠的来源，所谓理性也不过是经验的产物；理性主义知识论认为，真正的知识靠抽象思维而得，感性经验只能提供混乱的印象，抽象的、概念的思想有一定的范畴，这些范畴便构成理性。理性是与生俱来的，绝非从经验而得。建构主义知识论不同于强调客观、绝对的传统经验主义或理性主义的知识观，它试图在经验主义与理性主义之间寻求平衡，从而主张：一切的知识都是学习者在作用于多样的现象，并从其自身的经验中引出某种意义之际，由每一个学习者主动建构的。换言之，建构主义关于知识的性质及其形成的基本假设是：学习者是通过自身的主体性建构知识的活动，而不是被动地接受现成知识，来形成新的认识的。建构主义强调，重要的是在认识的形成过程中对于外在的认识对象不是"发现"（finding），而是"建构"（making）。因此，不能认为客观现实是同我们的认识活动无关的独立存在。对客观世界的认识方法取决于我们拥有怎样的理论，亦即，不存在同我们所拥有的知识与现象的解释方法无缘的真理。从理论上说，建构主义是同客观主义对立的。在客观主义看来，外部世界是独立于人类的心智之外存在的。因此，教师可以从外部世界把知识传递给学生。这样，客观主义着眼于形成"知识传递"的教学环境，而建构主义则主张从形成能动的知识建构出发，来建构"知识建构"的学习环境。近年来建构学习环境的研究盛行，可以说就是建构主义的贡献。

不过，同样是建构主义者，关于如何认识他者的存在和与他者的交流在个体认识的形成过程中所起的作用，是存在不同观点的。"个人能动地建构知识"的立场，亦即把认识主体的能动的、建构性的活动置于认识形成的中心，这种建构主义的思考方式对于我们来说，最熟悉的莫过于皮亚杰（J. Piaget）的认知发展阶段论了。由于以往所谓的建构主义多数是把个人置于中心地位的，因此现在一般把它们称之为"个人建构主义"（individual constructivism）。在个人建构主义看来，作为主体的个人形成一定的认知结构，能动地交互作用于作为客体的环境，从而变革、建构认知结构（也是知识结构），这就是学习和发展。从某种意义上说，这是基于认知结构的建构主义，而认知结构存在若干质变时期，被视为"发展阶段"。皮亚杰的个人建构主义强调，尽管个体是在同外部世界的交互作用中以所获得的经验为线索，但终究个体是通过自我控制和变换认知结构，自发地形成自己内部的认识体系的。在他看来，所谓认识，是人所固有的知识建构性活动同外部的交互作用。这种认识的特点可以视为由"内源性"（endogenic）活动与"外源性"（exogenic）活动两个侧面组成。[1]但归根结底，他所关注的，是个体的认识形成过程与认识结构的发展变化的模型化。

显然，个人建构主义关注个体的知识建构甚于交互作用的过程。皮亚杰的个人建构主义特别强调个体的知识建构活动，也就是格拉塞斯费尔德(E. VonGlasersfeld)所强调的"内源性"侧面,也可以谓之"激进建构主义"。其主要的关注点在于个体的心理过程以及他们从内部建构世界知识的方式。"知识既不是通过感官也不是通过交流被动接受的,而是由认知主体主动建构起来的。"[2]在格拉塞斯费尔德看来,交互作用及从交互作用中所得之经验的作用微不足道,认识形成是遵循人类特有的认识系统的内在逻辑展开的。所谓知识,是各自的认识主体自发地建构的,既不是也没有必要忠实地反映客观世界。这是因为,所谓认识不在于客观地把握和表达客观世界,而在于个体妥善地适应客观世界。这种主张否定客观真理的存在和知识的客观性,仅仅存在个体解释的方式。从某种意义上说,具有"唯我论"的危险性。这个问题,关系到公共知识的建构究竟有没有可能这样一个本质问题。当然,格拉塞斯费尔德并不认为任何一种认识方式都有价值,他强调认识是一种适应性活动:认识必须是"适应性"的,必须是有助于人类"生存力"的。"在生物学家看来,只要活的有机体能设法在环境中生存,它便具有生存力。在个人建构主义者看来,如果概念、模式、理论等能证明它们对于自身被创造出来的情境脉络是适宜的,那么它们也具有生存力。"[3]这就是说,对于认识来说,重要的在于是否具有"适应性"和"生存力"。他主张,我们可以对照这样一种评价标准来决定知识的存续与消亡。可以说,他的知识论继承了皮亚杰的"智能是一种适应"的观念。

社会建构主义"'对于知识是如何形成的,知识是如何发挥作用的'广泛接受的前提发起了挑战,提供了崭新的视点"。[4]卡米伊(C. Kamii)和科布(P. Cobb)、亚克尔(E. Yackel)等人有别于格拉塞斯费尔德的思路,发展了皮亚杰的个人建构主义。他们着眼于皮亚杰早期研究中提出的人际交互作用对于认识形成的影响,展开了研究。[5]就是说,在个体的认识形成过程中,通过同他者交换见解,发现存在着持有不同于自己见解者,可以从另类观点来思考问题。这样,就使得自己的认识得以相对化。这种同他者的交互作用,有时会改变自己的认知结构,引发认知冲突。这种认知冲突在皮亚杰的认知发展论中处于变换认知结构的原动力的地位。从某种意义上说，认知冲突产生的场和情境不限于内部自身，而是扩大到同他者交互作用的场。这就是个人建构主义的交互作用论。这种个人建构主义认为，认识是基于个体的知识建构活动，在个体内部形成的。不过，即便这样，他们也是从交互作用的立场来论述知识建构活动的。他们特别强调，意义（即知识）乃是通过基于外在客体和符号的词汇的解释活动来建构的。在这里，认识形成是建筑在以语言沟通为中心的人际交互作用之中的，而这种认识形成往往同称之为"反省性思维"——以自身拥有的内部词汇，反思自己的知性活动和思考——的自己的认知结构的形成联系在一起的。卡米伊进一步指出，通过这一连串的交互作用建构自己的认识的活动，将会发展起个体的"自律性"。他期望培育起凭借自己的力量建构知识、判断知识适当与否（反省性思维）、运用知识的"知性自律性"；而这又是同课堂教学的社会交互作用中展开自学的"社会自律性"的成长联系在一起的。这样，他同皮亚杰和皮亚杰学派的社会交互作用论一样，很少谈及人际交互作用过程本身。在他们看来，认识并不是在交互作用过程中发生变化的，归根结底这种变化是在个体内部发生的。在这种个人建构主义的交互作用论中，社会文化变量终究被还原为同他人的交互作用过程。他们不问个体的认识和与他者的交互活动在社会文化情境中是受到怎样的规约而展开的。从某种意义上说，个体是自由地与他者进行交互作用的。

不过事实上，交互作用展开的方式及其内涵是极其现实的，是在社会的框架之中以受到制约的形态而存在的。当今建构主义的总体发展趋势是，从个人建构主义转向社会建构主义。换言之，其理论射程从个人扩大到社会与文化。

"社会建构主义"（social constructivism）知识论的一个基本立场，就是旨在消解个体与社会文化的二元对立。在社会建构主义看来，人是在社会文化情境中接受其影响，通过直接地跟他人的交互作用，来建构自己的见解与知识的。社会建构主义受到两种理论[6]的支撑。其一是社会心理学家格根(K. J. Dergen)的"我沟通,故我在"的理论。在国际化、信息化、环境问题日益突出、人际关系愈益增强、"网络化社会"的今日,个体知识和孤立的个人主义已经无从应对了,因此,社会建构主义主张基于相互合作的问题解决和必要的知识的社会建构。这种观点,源于社会学、语言学、哲学等诸多学术领域中产生的思想源流。在社会心理学中,个性被视为一种通过同社会情境之间的交互作用——对话活动,作为结果而建构的。社会建构主义的观点远远超越了社会心理学的领域,在关注认识形成之过程的学习心理学和发展心理学领域也得到了应用,从而跟另一种认识论——个人建构主义,构成了极大的反差。社会建构主义的名称原本是伯杰(P. L. Berger)和勒克蔓(T. Luckmann)使用的。他们主张,应当克服用二元对立的认识——是以社会的个人的社会行为,还是以社会结构与社会制度——的方法来说明社会。社会是靠赋予个人以秩序的现实和个体的主观意义形成而建构的,两者不可分割。这样,个体并不是独立于社会的存在,是受到社会这一现实所制约的。同时仅仅用社会结构是阐述不了社会的,还得从构成社会的个体社会性行为层面展开分析。其二是维果茨基(L. S. Vygotsky)的发展理论。按照维果茨基的"最近发展区"(Zone of Proximal Development, ZPD)理论,学习者的问题解决能力,不仅在作为成人的教师和一定的专家指导下,而且在有更高能力的伙伴存在的场合,都能够提升到更高的发展水准。这种理论的意义在于,重新认识了模仿和合作学习的教育意义。儿童往往是通过模仿得到学习的,而在合作学习中,儿童能够比单独学习学到更多的知识。儿童在学校里学习的意义就在于此。教育不是面向现有的发展水准而必须是面向明日的发展水准来进行。我们思考教育与发展关系的基本前提就是:"只有当教育走在发展之前时,才是好的教育。"不过,我们需要对ZPD理论做出新的解读。正如瓦西纳(J. Valsiner)指出的,在这里,"内化"和"互动"是理解 ZPD 的关键概念。[7] 维果茨基的 ZPD 理论是旨在整合这样两个过程,即社会环境对于儿童的指导作用和儿童内化经验的过程。教育的作用必然采取教师与儿童之间的互动形式，这样，基于互动的经验是如何内化为自己的知识的，就具有了重要的意义。

社会建构主义知识论的一个根本观点——"学习主体的能动的知识建构"，是同个人建构主义相一致的。不过，个体的认识形成活动——"知识"（knowing），究竟是置于个体认识的封闭系统之中，还是被视为包括了他人存在的社会场里交流的结果，置于提供了自己的认识相对化的机会的、向他者开放的系统之中，这个问题在个人建构主义与社会建构主义之间存在极大的差异。社会建构主义认为，认识是一种在个体的认识建构活动之上，加上同他人的交互作用，共同建构知识的过程。科布等人重视个体的主体性认识的形成，同时看到，个体的单独作业往往容易陷入主观性，但加入了同他人的交互作用这一社会活动后，个体就可以从多种视点出发，使这种主观性得以相对化，而且还可以在数人之间建构取得了共识的知识。这种主张，正是社会建构主义的基本观点。社会建构主义认为，知识的生成不是单纯个体内部的事件。就是说，知识是通过大量心智的辩证的交互作用而建构的。在这一点上，它跟同样重视主体的能动的知识建构的个人建构主义划清了界线。肖特（J. Shotter）指出，个人建构主义与社会建构主义同样主张"知识并非被动接受的，而是由认识主体主动建构的"。这是建构主义的第一原则。但社会建构主义不同于个人建构主义之处就在于：它重视对话的交互作用过程；认为人的认识跟社会文化变量交互作用，有时受这些变量的制约而形成。特别是第二点，我们的认识活动主要是借助语言来维持的，是在社会构成体——"生活习惯"中展开的。[8]因此，在社会建构主义看来，知识形成的主要活动是语言和基于语言的相互沟通。正如巴甫琴所说："真理不是在个人的头脑中产生，而是在对话交流中、追求真理的人们之中产生的。"[9]

把沟通活动作为认识形成的中心，这是社会建构主义知识论的一个特征。就是说，我们的认识不是外部客观世界直接反映的结果，而是我们所拥有的解释世界的框架——"概念框架"(conceptual scheme)，并且依存了语言表达。这种立场叫做"概念主义"(conceptualism)。古德曼(N. Goodman)在《世界制作的方法》中阐述道，"世界是借助适当的概念框架而制作的一种虚构的产物"。[10]特别是在这种概念主义背景下，语言行为往往是介入世界与观察对象的概念化的，离开了语言运用，个体是不可能抽取客观世界的。这个立场不同于如下的观点：真理是作为客观的对象而存在的存在论观点，和认识能够还原为构成认识之基础的客观事物加以说明的"基础主义"(foundationalism)观点。因此，社会建构主义在"反基础主义"这一点上，跟个人建构主义持相同的立场。两者都认为人类的认识不是原封不动地接受外部世界的客观存在而形成的，它是靠人类的"理论——解释框架"才可能形成的。认识主体拥有怎样的理论，决定了其认识客观世界的不同方式。现代科学描述的现象不是自然的原本的现象，而是同种种相应的理论解释框架相呼应地存在的。因此，一种科学的发现也可以说是基于实验室这一空间和基于科学家的一种社会建构物。

这样，个人建构主义和社会建构主义在知识论的基础部分是相通的，但在语言与人际沟通活动在知识形成过程中处于何等地位这一点上，两者是不同的。在个人建构主义看来，认识活动是个体的经验，未必以语言为媒介。因此，在以语言活动为中心的社会交往中，知识不可能相互验证，语言活动在知识建构过程中所占的社会活动的地位也低。不过，正如马图拉那(A. R. Maturana)、瓦勒拉(F. J. Varela)[11]指出的，借助语言活动，人类的意识和精神活动才有可能，人类生成的"话语领域"是人类的"存在领域"。因此，语言本身是决定人类社会活动的"社会连接器"。就是说，人类能够依据语言，展开个体的、社会的活动。语言成为带来个性与适应的环境的一部分。社会建构主义认为，有了语言与沟通的活动，才使得个体知识的建构不再封闭在个体的系统内，而是置于更开放的社会系统之中。我们在表征自己思想的场合，全都是借助语言符号来表征的，而且，来自他人的思想、自己的话语全部可以置换成符号,就是说,借助回归性活动可以转换符号。另外,个人建构主义认为,认识主体是在个体系统中完成自己的认识的,完全听凭个体自身去验证自己建构的知识内容,而实际上这种机会是不可能有的。以为真理仅仅存在于个体,这样就容易陷入无政府主义和不可知论。而社会建构主义认为,个体的认识活动从广义上说,是借助社会活动的参与而形成整合度更高的认识的。即便是个体的认识也不是封闭于个体系统之中的,个体离开了社会文化这一系统就不可能存在。特别是交互作用的问题,借助同他人的交互作用,个体拥有的知识才能得到琢磨、检查的机会。或者,通过同他人的交流,了解新的信息之所在,反过来,也跟自己认识的再验证与再建构联系在一起。"'现实是借助语言而社会地建构的'认识形式所构成的认识论,可以说就是所谓的'社会建构主义'。"[12]欧内斯特(P. Ernest)说,数学知识也是以语言这一社会构成体为基础,以规则来表达的。在以语言为媒介的沟通中,知识得以交换。而自己的认识在课堂中发表,通过这些认识与数学知识的相互批判活动,知识得以更加洗练。通过这种社会活动建构的知识,再进一步回归每一个人,成为回归性知识。在这里,重要的是,知识通过语言,规则得以表达出来。这样,就可能展开相互批判的活动,这些知识也可能取得共识。当然,共识的、共享的知识是在某个时间点上经过该共同体取得同意的,并未达到普遍性、客观性的知识,归根结底是在共同体内取得共识的知识。所以,只能视为"同意"。重要的是罗蒂(R. Rorty)说的话:"对于我们来说,所谓对话的'成功',无非就是保持同意。"[13]

二、知识的社会建构与教学创新

社会建构主义作为一种新的知识观和学习观,在 20 世纪 80 年代开始盛行于国际教育界。社会建构主义可以说是一种关注学习者的潜能,支援学习者基于自己的意义发现而展开文化创造的教学思想。在社会建构主义看来,人的学习是一种情境认知。情境认知不是封闭于个人头脑之中的认知过程,而是同周围环境中的工具、符号、语言乃至人际关系等媒体和功能性资源的交互作用之中生成的认知过程。这种情境认知的研究,由于同"认知性学徒制"和"合法的边缘性参与"(LPP)的概念交相辉映,使得心理学研究范式从个人头脑内部转向包含了活动的情境认知的研究。换言之,在心理学的传统中,人类的心智活动和学习活动仅仅是从个体的认知变化的产物和能力的角度来解读的,但社会建构主义要求修正这种心理学所采取的侧重个体的解读原理,尝试从社会文化变量的语脉中来把握人类的心智活动,其源流就是科尔(M. Cole)的"文化实践"(cultural practice)论。[14]在科尔看来,人类的心智活动是在具体的情境中解决特定课题时进行的实践活动,而这种实践活动的目标、内容、系列,是作为文化成员应当获得的课题加以组织的,因此,不是随心所欲的。我们生活中的实践,归根结底是一种"文化实践",它是共享文化价值、成为文化成员的过程。当然,这里所说的文化与文化组织绝不是单一的,而是存在不同层次的。莱夫(J. Lave)和温格(E. Wenger)的"合法的边缘性参与"(LPP)就是把学习视为文化实践的理论。她们通过世界各地学徒制案例的研究认识到,不应当把学习视为个人头脑中知识积累的过程,而应当作为参与共同体的形态来把握。就是说,把学习作为新的参与者从周边的、局部的参与到充分参与的变化过程来看待。在这里重要的是,新参与者即便从周边开始,也具有重要的意义。因为,倘若没有新参与者的这种活动,共同体的实践就不能形成。从新参与者的参与到老参与者的参与的变化,是共同体成员之间形成关系的过程,同时是每个参与者形成共识的过程。就是说,参与共同体、成为共同体一员的过程,是实现这个共同体的文化实践的过程,同时也是形成人际关系、形成自我的过程。她们说,"知识化技能和身份的发展""来自于他们各自在实践的共同体中的地位和参与活动之中长期形成的活生生的关系。"[15]这里所谓的"实践的共同体",是指成员的主要活动与其说是维护集体内的规范,不如说是面向集体之外的文化性、社会性实践，创造"更好的东西"而从事合作活动的共同体。米勒(P. Miller)和古德诺(J. J. Goodnow)还从"文化实践"引出了五个命题：命题一，通过实践，可以把发展置于社会、文化、历史的语脉中来考察，整体地而不是以这些变量的分割形式来论述发展是可能的；命题二，实践是一种社会与规范序列的反映，也是一种具体的表现形式；命题三，实践可以视为学习者参与某种文化时的一种逻辑；命题四，实践不是以孤立的形态存在的；命题五，参与具有持续过程的性质。[16] 如果说，行为主义和认知主义把学习视为"孤立的个体习得非情境化的知识而获得心智发展"，那么，社会建构主义的观点则与之针锋相对，主张"个体的心智活动同社会文化的种种变量与情境是不可分割的"。社会建构主义的"情境认知"和"文化实践"的概念以及它所倡导的"学徒制学习"、"合作学习"、"基于问题的学习"，为我们的教学创新提供了宝贵的思路。

社会建构主义提醒我们，学习不是"个人头脑中的符号操作，学习是同环境、他者'协调'，'构筑'知识的行为"，[17] 是"人们不断地相互合作的社会过程及社会交互作用的产物"。[18] 而课堂教学，归根结底是一种"以对话为媒介的交互作用的文化实践活动"。因此可以说，全面把握课堂教学的认识价值、社会价值和伦理价值，是实现教学创新的前提条件。瓦希纳指出，我们需要关注在微观层面的个体的心智活动或在个体之间的交互作用行为同宏观层面的社会文化的相互关联之中所形成的"公共建构"(communal construction)。[19] 为此，就得进行维果茨基倡导的人类心智活动的四个层面的分析——微观发生、个体发生、系统发生，以及历史文化的变化。瓦希纳特别论述了在微观发生层面，个体与社会文化之间所表现的"公共建构"的具体过程，这种微观层面的分析对于把握个体与社会文化之间的关系是不可或缺的。简言之，聚焦"知识与课堂教学的社会和文化维度"[20] 是社会建构主义秉持的"知识的社会建构"的基本观点所必然引出的结论。这种结论显然是对现行学校教育制度提出的严峻挑战。这是因为，它对于知识的一般概念、教学方法以及应试主义教育的形态,产生了种种的疑问。建构主义是源自知识与学习过程之性质的非传统认识。对于这种认识论来说,知识不是独立于人而存在的,学习过程也不是简单的信息移植。学习,是学习者建构他们对客体的理解的过程。学生为了建构知识,可以得到支援,但不能被赋予现成的知识。学习者倘若不是积极地参与知识表达,那么学习是不存在的。社会建构主义主张,教学要从学生所处的真实生活环境中追寻问题情境,让学生感受到不足或与其已有的认知相互矛盾之处,以激发其学习动机。当学生发现无法以原有的认知结构去理解新来的刺激,而感到需要调整原有的结构时,这种认知失调或冲突就是学习的原动力。而教师的工作就在于抗拒这样一种弊端:基于自己的知识和经验、教科书和教学参考书引出知识,移植给学生。教师必须从学生们的心理和他们在教学中所用的知识出发,而新的信息不过是学生解读意义的帮手而已。知识建构是个性化的,但不是划一的个人主义式的。学习不应只是强调个体心智活动的主动性,更应兼及社群与集体之中的互动、磋商、讨论,乃至形成共识。以凯洛夫教学认识论为代表的传统教学认识论仅仅从个人的认识维度来把握课堂教学,违背了马克思主义的哲学认识论,应当坚决摒弃。然而,这种传统的教学认识论在我国教育界依然相当张狂,这是需要我们认真对待的。

社会建构主义提醒我们,"智能不是存在于个人头脑之中,而是'分布'(distribute)于环境与他者之中的"。[21] "当教师把自己的加工强加给学生的时候,我们就剥夺了学生创造知识和理解自身的机会。"[22] 因此可以说,确立"对话文化"是实现教学创新的基本条件。社会建构主义的教学观认为,学生是积极参与意义建构过程的主动学习者,知识是由个体与社会的互动,及个人通过适应与发展而逐渐建构个人的理解的。而"学习共同体"的社会环境对于学生个人的知识建构有其独特的重要性。这就要求根本变革教学规范,"从独白走向对话",从"个体式学习"走向"合作式学习"。[23] 社会建构主义强调语言在教学中的作用。教学不用说是以语言为核心媒体展开的,而教学中的语言活动本质上是对话的过程。"知识是随着对话的继续而被不停地生产出来的东西。"[24]因此，教与学之间的对话乃是教学的大原则。自说自话的独白本质上不能说是教学。即便教师在单独"朗读"的时候，也在时时刻刻感受学生们的反应，在进行对话式"朗读"；即便教师在"沉默无言"的时候，也会使得学生全神贯注，发挥对话的作用。教师的语言活动的本质，即便采用了独白的形态，也在同学生进行"对话"。教师无论采用提问的形式还是讲解的形式，都能激励学生进行一定的思维活动，唤起学生解决问题的积极性，在这里，存在着教师活动的本质。出色的教学一方面是彻头彻尾的教师的作用，但同时从另一方面看，又是彻头彻尾的学生的能动性活动。这种教学才是出色的教学。当教师的作用(无论是滔滔不绝的还是沉默寡语的)作用于学生的身心、唤起他们的应答(无论是活跃的发言还是无言的沉默)的时候，可以说，教与学的辩证法构成了教学。在这里，教师的"问题"转化为学生的"问题"，在学习集体中追寻问题的解决。当教师的问题转化为学生的问题的时候，我们说，这里存在着教师的作用。从这个意义上说，教学是师生之间展开的辩证式的问答的过程，本质上具有对话的性质。因此，教学的对话性不应当被还原为或是庸俗化为排斥教师的讲解，专门采用对话和问答的形式来进行教学的形态。在教学中，不能由教师单向地讲解、学生被动地倾听，必须重视对话。但这绝不是说，"对话形式"是唯一的方法，对话是一种同其他若干方法并用的方法和形态，它是包含在教育性交往中的结构性要素，可以说体现了教学的基本结构。归根结底，教授行为是旨在引发学习行为的，而且，原本必须是引发学习行为的。从这个意义上说，教学本质上只有对话性。不过，教学中的对话不同于漫无边际的"闲谈式对话"。它有一个重要的限制就是，存在着学生在教师的指导下必须习得的一定目标与内容。"教学对话"的特点是目标指向性和内容关联性。在这一点上，"教学对话"不同于"闲谈式对话"。教学中的对话是在教师指导下的对话，是聚焦一定的方向而展开的对话。教学对话必须遵循一定的目标和内容来展开，在这一点上，教学对话近似于"辩论"。这是因为，所谓教学，是同目标与内容相关的,具有争论孰真孰伪、孰对孰错的性质,亦即带有明辨真伪是非的性质。然而,教学过程不能被简单化地界定为"辩论"。这是因为,在辩论中,参与者往往是坚持一定的立场,固执己见、决一雌雄的关系。而学生不存在这种关系,教学中的论争是借助这种过程,使学生们各自修正或是否定自己的见解以形成更高程度的共识。所以,教学对话不是决一雌雄的对决的关系,而是真正的合作关系。唯有在这种情形下,教学对话才能逼近对话的本来含义。

社会建构主义还提醒我们,"知识是学习者各自能动地进行信息搜集,在各自的情境与语脉中建构的。教学不是单纯地记忆信息,而是搜集适于情境的信息,并同既知知识关联起来重新建构的"[25]因此可以说,"远离学习(心理)理论的教学理论是没有价值的。这就要求教师适应学生甚于要求学生顺应教师,这才是教师的工作"[26]值得我们关注的是,1993 年美国心理学会出版《学校重建与改革的指南》,它基于 100 多个研究的成果,归纳出了十二条教学原理。[27]

原理一,学习过程的性质。学习,是寻求有意义目标的自然过程。它是活动式的、意图性的、内隐性的思考。而且,学习是学习者凭借独特的认知、思维、情感,发现和建构来自信息与经验的意义的过程。

原理二,学习过程的目的。要求学习者不管可供利用的素材的量与质,创造出有意义的、逻辑一贯的知识表达。

原理三,知识的建构。学习者借助个性化的方法把新的信息以及相关的知识关联起来。

原理四,更复杂的思维。刺激思考的思考,刺激探索心智功能的更高度的方略,发展创造性、批判性思维和专业性。

原理五,学习的动机性影响。信息处理的深度与广度,以及学习的程度,受五个要素的影响。这就是(1)自我控制、素质、能力的认识与信念。(2)关于自己的价值、兴趣、目的的明确性与特征。(3)对于成功与失败的自我期待。(4)情感性、情绪性、一般心理状态。(5)学习的有效动机。创造学生愿意学习的学习环境,是教师的工作。

原理六,学习的本质性动机。每一个人都是持有好奇心的、愉快学习的存在。强烈的消极性认知和情感(诸如焦虑感、失败的恐惧、自卑心理、体罚、嘲笑、坏名声等的恐惧)会妨碍这种热衷性。

原理七,提高学习动机的性质。好奇心、创造性、更复杂的思维,对于每一个学生说来是具有难度和珍奇性的,通过适当的本质性的学习,学生可以受到激励。

原理八,发展的挫折与机会。每一个人都是经历了独特的遗传性、环境性要素起作用的生理的、智能的、情感的、社会的发展阶段而成长的。教师一般都了解,教学计划应当同学生的发展阶段合拍,这不是简单的工作。重要的是,尊重和理解学生的差异。

原理九,社会文化差异。学习可以借助灵活多样的(年龄、文化、家庭的背景等)、在适当的教学情境中同他者的社会交互作用与沟通,而受到激励。

原理十,在社会认可和拥有自尊心的语境下学习。学习和自尊心在处于他人评价其具体的、潜在而独特的能力,并作为个体受到尊重的关系之中的时候,可以得到提高。

原理十一,学习的个别差异。有效教学的基本原理是,一切的学习者(同民族、种族、性别、体力、宗教、社会经济上的身份无关)都能够适应。然而,学习者在学习方式与方略上拥有不同的能力与爱好,这些差异同环境与遗传相关。

原理十二,认知风格。早期学习和解释所形成的个人信念、思维、理解,成为个体建构现实或是理解生活经验的基础。

可以看出,前十个原理涵盖了四个要素,亦即,元认知和认知要素、情绪要素、发展要素、个体及社会要素,后两个原理是以个别差异作为焦点的。这些原理贯穿了"适应"、"互动"、"发展"等教学创新的关键词,它们传递出这样的论断:好的教学是从充分地理解学生开始的。"教学的重点是让学生从仅为重复标准化的课程里成套的话语做准备,转向发展学生应对教育领域之外复杂多变的环境的能力"。[28]在这里,特别要求教师在教学的适当时机扩充或是变换学生的思考,提示思考方式、进行实验,诊断性地介入学生的思考活动。这些要求应当成为教学创新的切入点。为此,教师必须转变角色:第一,尊重并理解每一个学生,同时理解每一门学科。第二,必须给予学生深入学习自选课题的时间。第三,为使学生建构他们自身关于课题的解读,必须展开广泛的合作学习。第四,教师不仅要把学习过程模型化,而且为了更好地理解学生的经验,教师自身必须是学习者。

　　社会建构主义取向的教学创新是值得我们追寻的。这种教学创新本身就是一种与传统教学论决裂的过程,是一种"概念重建"的过程,同时,它要求确立起新的教学体制和运行机制。其实,这就无异于要求有不同层面的教育工作者(教育行政部门,社区,学校校长、教师、学生和家长)的合作精神和运作能力,包括要求有新的班子、新的空间、新的设备、新的训练、新的素材和新的咨询的支撑,以满足教学现场转轨变型的渴望。

参考文献

[1][2][3][20][23][24][28] 莱斯利·P·斯特弗,等. 教育中的建构主义[M]. 高文,等,译. 上海:华东师范大学出版社,2002:14,22,7,137,65,24,30.

[4] Gergen, K. J. 社会建构主义的理论与实践[M]. 永田素彦,等,译. 京都:nakanishiya 出版公司,2005:83.

[5][8][9][10][11][13][14][16][19] 佐藤公治. 在对话中学习与成长[M]. 东京:金子书房,1999:60,63,102,63,68,67,71,76,88.

[6] 日本教育方法学会. 现代教育方法辞典[M]. 东京:图书文化社,2004:34.

[7] 钟启泉. 社会建构主义:在对话与合作中学习[J]. 上海教育,2001(7):46.

[12] 西条刚央. 何谓结构建构主义[M]. 京都:北大路书房,2005:110.

[15] 戴维·H·乔纳森. 学习环境的理论基础[M]. 郑太年,等,译. 上海:华东师范大学出版社,2002:45.

[17][21][25] http://www.nakahara-lab.net/csclidea.html. 2004-12-18.

[18] VivienBurr. 社会建构主义赏析[M]. 田中一彦,译. 东京:川岛书店,2002:6—7.

[22] 威廉·G·坎宁安,等. 教育管理:基于问题的方法[M]. 赵中建,主译. 南京:江苏教育出版社,2002:220.

[26][27] Howard D. Mehlinger. 信息化时代的学校改革[M]. 中村哲,译. 东京:风间书房,2000:102,104—112.

对话与文本：教学
规范的转型

从教学活动的现实存在形态来看，沟通实践是教学活动存在的根本特征。没有人际沟通的实践，教学就不可能存在。因此，从沟通理论来阐释"教学"的本质，并探讨教学规范转型的意义与课题，不仅有助于我们重新认识课堂世界，也有助于一线教师进行课堂转型和创新。

一、教学："沟通"与"合作"的活动

每一个试图呼唤教育和教学进步的人都清醒地意识到，从"应试教育"的此岸到达素质教育彼岸的航程绝非一帆风顺。对于课堂教学的转变来说，艰难的起步是教学观念的彻底转变。为此，本文试图从"沟通"(communication)和语言的视角对教学规范进行理论阐释。

"没有沟通就不可能有教学"，[1]这是基本公理。失去了沟通（社会交往）的教学是不可想象的。教学是集约化、高密度和多元结构的沟通活动，在这种活动中形成了多种多样的、多层面的、多维度的沟通情境和沟通关系。如同所有社会交往过程一样，教学活动中的教与学集结在客观条件与主观要素的网络关系之中。一般来说，教学理论中探讨的教学的基本关系是教与学的关系，即所有的教学理论都可以还原为这种教与学的关系——一种特殊的社会关系。换言之，不管以何种形态出现的所有的教学活动，皆包容在教与学的基本关系之中。从这一视角来看，教与学是一对关系概念，教以学为内在的要素，同样学以教为内在的要素。教与学的关系表现为特定客观

条件下教育者与受教者的行为关系,表现为教育者与受教者所形成的各种关系中的社会互动关系,亦即两者各自的主体关系。因此,教学活动中的教与学是教育者与受教者在社会交往中形成的一种特有的社会现象,是一种沟通与合作的现象。这种现象应当成为我们探讨教学理论的起点。

教学活动中的教与学不仅形成了教师与学生之间一对一的关系,也形成了学生与学生之间的关系、教师与学生群体之间的关系、学生与学生群体之间的关系等多重的网状关系,而教学活动就是在这种网状关系之中进行的。因此,教学沟通中各种主体性角色的关系创造着各种主体的复杂的角色关系,教师和学生分别是该网状关系与角色关系中拥有主体地位的教学的"集体性主体"。在传统的教学理论中,教学一般是被作为认识过程来把握的,它强调教学认识过程的特殊性。为此,在许多场合中,课堂教学的实践囿于这种传统的媒介功能理论而难以自拔。在"终身学习"理论中,知识的传递功能已从其原有的中心地位上被排挤出来,以各种信息为媒体的沟通功能,以及通过思考、见解和知识交换为指标的价值评价与判断功能取而代之。基于此,在新的教学功能理论中,教学首先是被作为社会过程来理解的。教育者与受教者以大量的信息为背景,在教学中注重对信息的分析、加工与综合,以及课堂教学与校外学习的整合,这是教学活动的一种新的也是最根本的功能。

人类的沟通与合作是以语言为媒介的。因此,在绝大多数情形下,教学是在起支配作用的媒体——语言的影响下产生的现象。或者说,我们亦应从语言过程的角度来把握教学活动,即教学是语词的教学。这是因为:第一,教学,是个体发生的过程,它贯穿并渗透了儿童语言发展的全过程。教学一方面使得儿童获得通用语言与书面语言,从而为儿童的语言发展作出贡献;同时,它也为儿童自觉地使用作为认识工具与沟通工具的语词作出贡献。第二,教学,不管哪一门学科的教学,大抵都是以语言概括的教学内容为媒介进行的。教学的任务就是使儿童习得有关自然过程和社会过程的具有科学根据的社会见解和理念,以及知识、概念、价值和规范。这些教学材料大都是经过教育学加工的专业文本。第三,教学,尤其体现并训练着儿童的一定的认知方式与沟通方式。教学与语词之间的结合使两者形成了相互依存的关系,从这个意义上讲,"所有的学科教学都是一种有组织的社会性沟通现象,都是语言教学。没有沟通与语言的学科教学是不存在的"。[2]应当指出的是,在这里强调语词的媒体功能决不是排斥非语言媒体的作用。从语言的本质出发,可以考察教学的社会维度。作为人类本质能力之物化的语言,亦即人类本质能力之客体化的语言,是人类个性与社会性发展的媒体。当然,从另一方面说,正如教育史的经验所表明的,在教学中也存在过分突出语词的"语词主义"。例如,在概念教学中,学生往往死记硬背作为概念的单词,却不理解词汇的内涵;忘却了语词与思维的关系、语词的内容与形式的关系、认识与价值的关系都是辩证的关系。有的学生即使不理解概念的内涵,也往往能够辞藻飞舞,鹦鹉学舌,巧于应对。在信息泛滥的现时代,语词在某种程度上也具有了反教育的作用。教学中毫无价值的套话、废话、假话,毒化了青少年的心灵。

教学是语言文化与沟通文化的创造过程,也是奠定每一个学生学力成长与人格成长之基础的过程。教学,是拥有教学理论素养的教师与学生进行沟通的文化,这种文化是现实的交互主体性关系的一种表现。在教学中,教育者与受教育者作为拥有各自不同语言文化和沟通文化的前代与后代,作为成人与成长中的新一代,作为各自在现代社会中生存的个人,他们在沟通与沟通关系中进行心灵的碰撞,从而提供了"发现世界"、"发现自我"乃至"相互发现"的契机。克林伯格强调,现代社会要求于人的"交互主体性(interactive subjectivity)学习能力"[3]及其他一切素质,唯有在实践沟通与合作的关系中,借助于活动才能得以发展。美国学者波依尔(E. L. Boyer)认为,[4]学校应当是教师和学生这两类主体"交互作用"形成的"学习共同体","学习共同体"的中心使命是使所有儿童都有接受优质教育的权利。教育目标应为儿童的全人格形成而设定,即为儿童的教育需求、社会需求、情感需求、身体需求、道德需求而设定。因此，"学习共同体"首先是合作文化的环境，每一个成员之间应有更多的合作与关怀。通过人人参与、平等对话、真诚沟通、彼此信赖来发展合作精神，激发道德勇气，共享经验知识，实现自我超越。其次，由于"儿童时代是语言学习的时代"，"学习共同体"的最基本目标应当是发展每一个儿童的书面语言和口头语言，基本的语言能力是一切学习的基础。不过，共同体的语言是被广义地界定的。它包括语词语言、数学语言和艺术语言，这三种表象体系拥有各自的特征，同时彼此紧密相关。教学，就是在语言文化与沟通文化的创造过程中，为每一个学生的发展奠定人格成长与学力发展的基础。

二、对话与文本："教材"与"教学"概念的重构

将教学主要理解为语言性沟通或语言性活动是研究教学现象之本质的一个前提。这意味着进一步提高了对于其媒体——教学语言——的关注。克林伯格（L. Klingberg）指出："在所有的教学之中，进行着最广义的'对话'。……不管哪一种教学方式占支配地位，这种相互作用的对话是优秀教学的一种本质性的标识。"[5] 在他看来，教学原本就是形形色色的对话，拥有对话的性质。这就是"教学对话原理"。

教学"对话"（dialogue）的过程有可能用"文本"（text）的概念，即从"文本生产、文本、文本接受"的整个过程来把握。教学活动中的文本有其特殊的情境性和独特性，因此，这里的文本不是一般意义上的文本，而是教学的文本。教学文本是在教学沟通的过程中生产和接受的，可以视为会话文本与读写文本，以及对话文本与独白文本的总体。[6] 这种教学文本是教师与学生一起合作创造的极其复杂的产物。从目前来看，尽管人们对教学文本的研究才刚刚起步，但现有的研究成果已经表明文本有助于推动对教学的功能机制与教学设计原理的研究，并对教学的语言产生较大的影响。就后者来说，对教学语言具

有影响作用的文本主要有：

1. 课程改革指导纲要或是咨询报告之类的文本。

2. "学科课程标准"所代表的赋予学校教学以方向的教育政策文本。

3. "教学指导书"所代表的赋予教师的教学活动以方向的文本。

4. 提供教学内容的科学领域与文化领域的文本。

5. 以"教科书"与"教材"为代表的经过教学论加工的专业文本。

6. 以电视、录像、广播为代表的与一定媒体结合的视听文本。

7. 以"教案"为代表的沟通策略与沟通计划——教师的教学设计文本。

8. 教学设计中教师所准备的提问与问题设定之类的教师的语言行为。

9. 学生作业、考察报告之类的学生预先准备好的语言行为。

10. 教学中教师的语言操作。

11. 教学中学生的语言操作。

12. 教学结束后所生产的文本。例如，教师的教学记录，学生的作文，等等。

我们可以从教师的教学活动，即计划（P）、实施（D）、评价（S）的角度对上述文本进行梳理，梳理后的文本大致有以下四种类型：

类型一：教师并不直接参与制作的、现成的文本。相当于前述的"1"、"2"、"3"、"4"、"5"和"6"。

类型二：教师事先准备好的教学设计文本，相当于前述的"7"。这是教师根据前述的文本考虑到学生的实际状态编制的教学计划。设计的教学文本同实施的教学文本之间会产生一定的落差，因此考察两者的关系是有意义的。

类型三：在实际的教学过程中创造的文本，相当于前述的"8"、"9"、"10"和"11"。这种教学过程中的文本又大致可以分为两种：一种是相对现成文献形式的文本，能够形成教学的媒介过程与习得过程之基础的文本，诸如教科书文本、资料文本、学生所生产的报告文本、练习文本、同种种媒体结合的文本；另一种是在教学沟通过程中所生产的种种文本，诸如板书、教授、对话、讨论、笔记、摘要乃至对学生的操作活动进行的激励和发出的指令。教学以第一种文本为基础，并在第二种文本的创作中变革第一种文本，从而形成新的沟通产物。此两种文本的合璧生成了教学内容。因此，教学内容是在教学过程之中创造的。

类型四：教学告一段落之后教师和学生所生产的文本，相当于前述的"12"。在这一过程中也生产同第一类相关的文本，例如，教师通过对教学实践（授课实录）进行分析所生产的文本。把教学语言作为教学文本来把握，开辟了考察教学理论的一个崭新领域。这种教学文本是在动态中形成的，它的生产者与接受者既是学生，同时也是教师。不过，这种动态性的教学文本不是凭空产生的，它是在具体的社会历史条件下，特别是在教育教学环境的条件下产生的。因此，分析这些条件与文本生产和接受的关系也是我们的一项重要任务。从我国"教学文本"的生产与接受的实际运作来看，笔者认为有两个重要的问题亟待研究。

第一个问题，"教材"概念的广义界定及其编制。

教学是由种种要素构成的极其复杂的动力性过程，教学的结构通常由三大要素——教师、学生、教材（教学媒体）构成。这种界定可以说是自赫尔巴特以来人们把握教学结构的最经典的模型。也就是说，教学必须包容教师、学生以及共同处置的"第三者"——教材，没有"第三者"介入的教学是不可思议的。不过，作为三大要素之一的"教材"的内涵却有着多歧义的特性。尽管如此，关于教材最普遍的广义定义是，"教材"是教师在教授行为中所利用的一切素材和手段，它既包括了最标准的教科书，也包括了形形色色的图书教材、视听教材、电子教材等等。其中，教科书是最具代表性的核心教材。换言之，"教材"的概念囊括了作为核心教材的"教科书"。教科书的改革不外乎采取两种策略：或是量的删繁就简，或是质的结构性改革。在过去的半个世纪里，我国每一轮的课程教材改革大都囿于从量的侧面去考虑改革策略,认为旧的学科及其内容是天经地义的;认为"厚本变薄本"可以收到减轻学生过重负担的效果,甚至把减轻书包重量等同于减轻学业负担。然而,书包重未必意味着学业负担重。这是因为,构成学业负担的要素主要取决于每个学生的"认知结构"水准和"学习动机"水准。从主观方面来说,面对经过主观努力能够达成的某种目标,那些既有适当认知结构又有较强学习动机的学生,即使背着再重的书包也不会感到"沉重";相反,对于那些毫无学习兴趣且认知结构较低下的学生来说,即使书包里仅有薄薄的一本书,他们也会感到"不堪重负"。从客观方面来说,素材丰富、有血有肉的教材远比成人化、教条式的枯燥呆板的教材有更强的可读性和吸引力。从这个角度来看,教科书的编制需要有一系列的智力操作和技术手段的准备。

波依尔(E. L. Boyer)从"文化素养"的观点引出的"核心知识"与"核心知识课程"值得我们借鉴。波依尔指出,基础学校在考虑学科设置之前必须就"核心知识"作出界定。所谓"核心知识"是指所有人拥有的普遍经验和赋予我们生活以意义的人类存在所不可或缺的条件。[7]这里面包括:"生命周期"、"符号使用"、"集体成员"、"时空意识"、"审美反应"、"天人相依"、"生产消费"、"高尚生存",等等。这八种"核心知识"实际上反映了它们在人生旅程中的顺序。首先,"生命周期"始于人的诞生之日,接着是语言("符号使用")。然后,小孩从家庭开始认识自己是各种"集体的一员",他们很快会有"时空意识"。儿童们对美好的事物作出"反应",并且逐步地了解食物从哪里来,认识"人类与自然界的关联",待其进一步成熟之后便开始学习如何制作并使用工具。儿童们自然也会"思考人生的意义与目的"。这八种基于人类共同经验的"核心知识"有助于整合传统的科目,有助于学生理解种种学科知识所拥有的关联性,有助于学生把书本知识同现实的生活联系起来。波依尔认为,基础学校应当围绕这些核心知识设计学科或领域,使其渐次复杂地、螺旋式地展开,形成一贯统整的课程。在这种教育学的加工中,其实蕴含了"文化内容"、"教育内容"、"教材(教科书)"三个不同层次的概念。[8]我们应当依据教育宗旨,首先从浩瀚的人类"文化内容"中精选出"教育内容"的核心知识,然后围绕核心知识收集、组织大量的素材,然后才谈得上"教材(教科书)"的编制工作。多年来,我们的课程教材改革工作缺乏对这种"文化内容—教育内容—教材(教科书)"的区分及其对运作程序的把握。

今日的教材改革实际上已经扩展为一整套教学媒体的开发。"教材"不仅限于教科书,围绕教科书的教学资料应当是丰富多彩的。这种教学资源的开发主要依赖于一线的教师。基础教育阶段特别是义务教育阶段的教科书一般受到国家的直接控制,体现了鲜明的政治性格与历史性格,具有经过专家审定和行政认可的权威性。不过,开发形形色色的教材则是属于教师专业范围的课题。如何使用教材(教科书),是"教教科书"还是"用教科书教",是区分教师专业化程度的标尺。[9]"教教科书"是传统的"教书匠"的特征,"用教科书教"才是现代教师应有的姿态。因为,教科书仅仅是众多教学媒体中的一种。何况,今日的教学环境正在发生翻天覆地的变革:凭借网络系统支撑的庞大的知识世界,为师生不断去界定和再界定文本以及不断发现意义,提供了无可限量的资源。"教材"不是单纯的"知识点"的代名词。教材作为一定学科(或领域)的载体具有两种基本特质。其一是"典型性":学生是通过教材习得学科内容的,教材必须是学科内容的全面、稳定、序列、准确的载体。其二是"具体性":教材是学生旨在习得一定学科内容而直接分析、操作、综合的对象,教材必须确凿、具体,并有助于引导学生展开智力活动。从本质上说,"教材"这一概念包含了三个基本要素:作为学生的知识体系所计划的事实、概念、法则、理论;同知识紧密相关,有助于系统掌握各种能力与熟练技巧的、心理作业与实践作业的各种步骤、作业方式与技术;知识体系与能力体系的密切结合,奠定世界观之基础的、表现为信念的、政治的、世界观的、道德的认识、观念及规范。[10]传统的教材观把教材仅仅限于事实性知识,或者原理性知识(概念、法则),而忽略了能力体系以及思考方式、伦理道德信念。新的教材观突出了方法论知识和伦理性知识。单纯围绕"知识点"的说教式的教材设计是片面的，是背离"素质教育"要求的。

第二个问题，教学环境的"信息化"与"生活化"。

教学不是简单的"知识灌输"或是"知识移植"的过程。如前所述，真正的教学过程应当说是学习主体（学生）和教育主体（教师，包括环境）交互作用的过程。然而，20世纪的教学形态可以说是以"教室中心、教师中心、课本中心"为特征的。这是一种适于教师"传授"知识技能的教学形态，即"传道、授业、解惑"的教学形态。在这种形态中，教师的作用只是牢牢地控制学生，传授现成的书本知识。21世纪的新型基础教育所需要的是培养学生在未来瞬息万变的社会中的"生存能力"，并为此设计、组织相应的使学生成为学习活动之主体的应答性的学习环境。这意味着未来的教学模式将从"人—人（man-to-man）"系统转变为"人—环境（man-to-environment）"系统。[11] 以"三中心"为特征的课堂教学系统谓之"人—人"系统。前面的"人"是教师，此"人"通过"口授"将知识技能传授给后面的"人"——学生。在这个系统里，靠一名教师的能力对数十名学生同步施教，在现成知识的授受上是极其有效的。但另一方面，学生却处于"被动应付"的地位。在这里，学生仅仅是接受知识的"容器"，而不是自主知识的"习得者"。要使学生成为自主知识的"习得者"，就必须构建一种新的系统，这种新系统便是"人——应答性学习环境"的系统，这里的"人"是指学生。要保障主体性的学习活动，就得使学生直面应答性的学习环境。这样，学生就会直接地作用于这种应答性环境，解决自己的学习课题。可以说，这是一种学生主动参与的、尊重学生个性的参与型教学环境。在这里，教室和教师并非学习环境的全部，课堂教学也不再限于传统的教科书、黑板、粉笔之类的媒体，而是有了媒体系统乃至因特网的支撑。可以相信，今后的教学将会接受丰富多样的媒体与人力的支援，为学生的自主学习提供活动场所。

教学过程的逻辑就在于它以独特的现实情境（主要是以对话的方式）增进教师与学生的沟通。随着教学环境"信息化"的逐步实现，师生将借助于直接性的对话,取得心灵沟通,达到互识共识,显得更加重要。这个过程当然不是没有矛盾和纠葛的过程。所谓"接受文本",指的就是"理解文本"之意。理解的第一个前提是,接受者从文本中直觉地把握的信息和间接获得的信息,理解的第二个前提是接受者凭借文本从所习得、记忆、存储的信息中唤起的信息;理解的第二个前提是依靠接受者一定的态度、预备知识以及对文本内容的探究而产生的。[12]后一成果构成了接受者个人头脑中的内部知识结构。不过,心理学尚未揭示这种形成机制。这种形成机制拥有错综复杂的过程,它包容了认知性、情绪性、想象性的心理状态与过程。因此,接受文本者对于文本的理解决不是文本编制者与编制者的操作成果,即文本内容原封不动的移植,不是机械地复制,而是知识的建构。正因为如此,教学沟通才具有意义。

教学不能满足于间接的经验和虚拟的沟通,因为知识的建构有赖于既有知识和直接经验的支撑。当今教学中的语言与对话由于如下三个背景而进一步受到关注:其一,随着信息化的进展,技术性媒体开拓了沟通的新维度并且导致质的变化,虚拟的沟通愈益占据支配的地位。教学原本就是"人工的环境",亦即借助教学的媒介过程习得"人类本质能力",[13]发展人格特征。这就是教学的特性。今天,这种人工环境更复杂、更抽象、更技术化、更人工化。其二,社会的急剧变化往往使青少年游离于家庭和社区之间,孤立于人群之外,减少了直接的共同经验。他们一方面疏于交际,另一方面又增大了对话的要求。其三,尽管如此,由于应试教育体制和学校的甄别功能,教学不能充分满足这些要求。面对这些情形,"回归生活"、"贴近生活"的教学才显得更加重要。也就是说,要求教师设定现实的情境,汲取学生切身的生活体验,与学生展开直接的面对面的对话。这样,学生才会习得富于真情实感的、能动的、有活力的知识,学生的人格才会真正得到陶冶。教学环境的"信息化"与"生活化",实际上提出了如何使我们的教学既源于具体情境而又超越具体情境的课题。

三、教学规范的转型

上面的考察事实上触及两个方面的课题：一是传统教学沟通的弊端问题，二是教学沟通的革新问题。

教学沟通的形式是制度化了的形式。教学的传统沟通形式是适应于作为制度的教学的，它是历史地、社会地形成并发展起来的。教学沟通的形式虽然常常在变化与发展，但在沟通形式中却形成了稳定的"模式"，某些部分甚至形成了明显的"仪式"。这些形式都是前辈教师传承给后辈教师的。教育工作尽管是面向未来的，但它往往不是在过去中学会教训面向现在与未来，反而是以过去为范本，亦步亦趋。许多形式走向了绝对化，因此造成了教学沟通形式上的诸多问题。

第一，以讲台为中心。旨在同步教学的古典式配置。这种座位配置面向教师的讲授是典型的教师中心的教学。

第二，问答"仪式"。教师接连地提问，学生惯性地举手，指名，学生短促地回答，教师补充讲解，下一个提问的设定……这种仪式是典型的一问一答式教学。

第三，在教师预先设定的框架之内，教师垄断了沟通。源于学生的问题与提问的对话，几乎是不能为教师容忍的。

一般说来，在实际的教学中愈益成为问题的诸如制度赋予的教师权威、制度赋予的教师角色，等等，都是同这种沟通风格联系在一起的。这里确实存在需要改革的教学现象。从传统的教学观来看，教与学的关系不是教师与学生的平等关系，而是指导与被指导、命令与服从的关系。这种关系渗透着教师的权威。换言之，在传统的教学形态里，教师是权威的代言人。他以专家的姿态，将各种经验、概念、法则与理论强制地灌输给学生，学生则记忆、背诵这些现成的知识。然而，现实的教学分析表明，教学是一种沟通现象。更准确地说，教与学的关系是沟通中的相互作用关系，教育者与受教育者的关系是交互主体性的伙伴关系。这种交互主体性关系是通过教学的风格加以贯彻和达成的。在这里,受教者同时扮演双重角色,他们既是受教育者,又是沟通的伙伴。在当今时代,乃至将来,倘若未能实现这种均衡的教学风格,教师的权威是不能维持的。不少教师懂得,倘若没有对话的准备,倘若不尊重沟通的伙伴——学生,那是不会有稳定的权威可言的。好的教师是学生可信赖的人,是拥有专业力量的值得尊敬的成人。这种教师的权威不是"外部强加"的,而是"内在养成"的,亦即权威不是凭借制度的力量,而是通过教师的教学风格树立起来的。这应当成为教育工作者的教育信条。因为,这种教育"姿态"本身就是一种教育力量。

"以学生为中心的教学"是自"儿童的世纪"以来的一句口号,它代表着教育学及教学论的一种发展趋势。在当今,人们更是借助这个口号倡导"以学生为主体的教学"和"主体性学习"。那么,"以学生为主体的教学"是怎样一种教学构想呢?它既不是"教师中心论",也不是"学生中心论"。尽管"教师中心"或是"学生中心"是从教与学各自的侧面提出的两个命题,各有其存在的根据,但是这两个命题是二律背反、不能两立的命题。我国教育界流行"教师主导、学生主体"论,试图调和"教师中心论"和"学生中心论"的对抗,但这并没有真正解决问题。要超越这两个命题,就得有这两个命题的"媒介",亦即第三项命题。克林伯格基于上述考虑,提出了教学"三段论",作为解决这两个命题的媒介:[14]

1. 教学是由教师指导的过程,这就是教师指导作用的原理。

2. 学生必须处于能动的、愈益自觉的学习主体的地位,这就是学生的自主性原理。

3. 教师的指导作用与学生的自主活动的地位是一种教学现象的两个侧面,它们可以作为教学现象的矛盾关系加以分析和把握,而这种矛盾关系是不断生产、否定、再生产的,这就是教学理论的基本性质。

在这个"三段论"中,存在有价值的教学论问题,即何谓教师的指导作用,何谓学生的自主性。但根本的问题是它们之间的关系,以往的教学论恰恰忽略了这种关系论。从这种"三段论"出发,我们至少可以辩证地把握教学现象中的矛盾。教学过程的中心既不是单纯的学生,也不是单纯的教师。教学的辩证法就是,教师和学生是教或学的中心人物。因此,我们的考察必须从教与学的关系、教育者与受教者的关系出发。教师在实际的教学过程中应当这样来指导学生:通过教学意图和策略等影响学生,亦即把学生置于主体地位并为主体地位提供天地,使得学生成为学习的行动者。换言之,把学生作为沟通与活动的主体,使之成为学习的主体,通过同学生的沟通和活动展开指导。当教师以学生的主体地位为前提进行指导时,这时的教学才称得上是教师主导的教学。教学沟通正是借助教学的共同构成者的合作得以实现的。在这个过程中,教师和学生分享彼此的思考、见解和知识,交流彼此的情感、观念与理念,丰富教学内容,求得新的发现,实现教学相长。

长期以来,我国的课堂教学自觉或不自觉地遵从了倡导"教师权威"、坚持"知识本位"和宣扬"精英主义"的价值取向。将上述三种教育价值观融为一体的课堂教学否定了教学在于沟通与合作的本质,剥夺了学生作为学习主体的地位和权利,从而也最终否定了教师在教学中所具有的真正的指导作用。新课程改革向每一个教师提出了教学规范转型的挑战。然而,迄今为止,占支配地位的教学设计理论仍然是理性主义的理论,即在教学设计中采用科学管理与分析的模式。这种教学理论基本上仍是处方性的。后现代课程论的代表人物多尔(W. Doll)对此提出了不同的观点。他强调失序、转型、失衡、渐进的进步,他引用"混沌理论"(chaos theory),认为一个小的、似乎并不重要的局部性的改变会引起相当深远的影响。表面看来它是缺少结构的,但在混沌深处实际上存在着普遍性的结构。课程设计要摆脱传统的"3R"(读、写、算),超越现代的"泰勒模式",代之以失衡、关联、情境化的课程结构。教学计划应是多元的、变通的,具有生产性的,以此拓展学生的视野。失衡、再平衡是教学设计中的必要成分。

新型的教学规范应该具备多尔所指出的"4R",[15]即"丰富性"、"回归性"、"关联性"、"严谨性"。这里的"丰富性"是指课程要有深度、意义的层次,提供多种的可能性与诠释,有适量的混沌、失衡和生动的经验,允许对话、解释、假设和类型化;"回归性"是指反思的过程,对意义建构者自身和处于质疑之中的文本加以探索、讨论、探究,旨在发展能力——组织、整合、探究、诠释的能力;"关联性"是指课程结构的内在关联,及其与文化脉络的关联;"严谨性"则是指探寻潜在的假设以及这些假设之间的协调通道,促使对话成为有意义的转变性的对话。多尔的主张为我们的改革课程与教学提供了新的理论基础。

参考文献

[1][2][3][4][6][12][14] 木下百合子.教学沟通与教学语言之研究[M].东京:风间书房,316,3,143,186,181,127,342.

[5] 克林伯格.社会主义学校(学派)的教学指导性与主动性[M].柏林:科学出版社,1962:86.

[7] 波依尔.基础学校[M].中岛章夫,译.东京:玉川大学出版部,1997:107—131.

[8] 奥田真丈,河野重男.现代学校教育大事典[M].东京:行政出版公司,1993:254—255,348—350.

[9] 吉本均.现代授业研究大事典[M].东京:明治图书,1987:80.

[10][13] 钟启泉.现代学科教育学论析[M].西安:陕西人民教育出版社,1993:185,38.

[11] 加藤幸次.学习环境的创造[M].东京:教育开发研究所,1997:11—12.

[15] 小威廉姆·E·多尔.后现代课程观[M].王红宇,译.北京:教育科学出版社,2000:248—261.

14

新课程背景下教学改革的
价值取向及路径

根据预定目标而"装配"的教学必然导致学生心灵的物化和精神生命的枯萎。我们不能再束缚于教学活动的机械和被动,迷茫于教学理论的空洞和乏力,不能再度使教学成为"戴着镣铐跳舞"的表演。新课程力图从根本上扭转人们对教学的片面看法,重建教学、教材、教师与学生的概念,倡导探究性、合作性、开放性的教学行为和学习方式,这是对传统教学观的超越。

一、新课程背景下"教学"的新内涵

新中国成立后,我国的教学理论主要是以苏联教育家凯洛夫的教学理论为指导思想,逐渐形成了一套比较稳定的传统教学理念。教学就意味着教师在学校环境中,依据教学大纲所规定的标准、内容和进程,对学生实施有目的、有计划、有组织的教育活动。这种历经半个世纪的实践过程而形成的教学思想和模式,其影响是根深蒂固的。复习旧课、导入新课、讲解新知、练习巩固、布置作业,凯洛夫提出的教学五步骤,依然盛行于我们现今的中小学教学中。根据预定目标而"装配"的教学是 100 多年前兴起的"教育即生产"的观念的余续,它必然导致学生心灵的物化和精神生命的枯萎。正如苏联教学论专家斯卡特金很早以前所指出的那样:"我们已经建立了合理的、很有逻辑性的教学过程,但它给积极性情感的粮食太少了,因而引起了许多学生学习的苦恼、恐惧或别的消极感受,阻止他们全力以赴地学习。"[1]我们不能再束缚于教学活动的机械和被动,迷茫于教学理论的空洞和乏力，不能再度使教学成为"戴着镣铐跳舞"的表演。

新课程力图从根本上扭转人们对教学的片面看法，重建教、学、教材、教师与学生的概念，倡导探究性、合作性、开放性的教学行为和学习方式，这是对传统教学观的超越。《基础教育课程改革纲要（试行）》（以下简称《纲要》）明确指出："教师在教学过程中应与学生积极互动、共同发展，要处理好传授知识与培养能力的关系，注重培养学生的独立性和自主性，引导学生质疑、调查、探究，在实践中学习，促进学生在教师的指导下主动地、富有个性地学习。教师要尊重学生的人格，关注个体差异，满足不同学生的学习需要，创设能引导学生主动参与的教育环境，激发学生的学习积极性，培养学生掌握和运用知识的态度和能力，使每个学生都能得到充分的发展。"由此看来，教学不再仅仅是一个纯粹的学习客观知识的过程，而是成为教师和学生共同建构知识和人生的过程；教学活动不再是教师主导的独角戏，而是师生之间以交流、对话、合作为基础进行文化传承和创新的特殊交往活动；教学不再是一切都必须遵循固定线路而没有激情的行程，而是成为向未知方向挺进的旅程，在探究实践中随时都有可能发现意外的通道和美丽的图景。

二、教学改革的价值取向

新课程明确提出要实现三维目标：知识与技能、过程与方法、情感态度与价值观，真正对知识、能力、态度等进行了有机整合，体现了对人的生命存在及其发展的整体关怀。新课程秉持的是一种"整体教育"（Holistic Education）观，这在课程目标上的具体体现就是使学生发展成为一个"整体的人"（whole person）。"整体的人"的发展包括两层含义：人的存在的完整性和人的生成的完整性。从本质上来讲，首先，人的存在是个体、自然、社会彼此水乳交融、整体和谐共处的有机整体。其次，人是完成着的人，个体生成的终极价值是学会做人，人的发展是智力与人格和谐发展的过程。

(一) 从"人的存在"（human being）的角度来看，教学的目的在于引领学生寻求个体、自然、社会的和谐发展，引导学生学会生存

个体生活在自然中，生活在社会中，与自然和社会构成一个有机整体。个体作为一个整体的存在方式，必然要求学校课程和教学能为其提供整体的时空和内容。"整体的人"的形成和个体存在的完整性不是各门学科知识杂烩的结果，亦不是条分缕析的理性思维的还原。但传统的课程教学思想和举措忽略乃至割裂了儿童存在的整体性。一方面，学校教育对理性知识顶礼膜拜，对自然和社会漠不关心，教学已经异化为限制学生精神发展的力量；另一方面，高度"制度化"（institutionalization）和"科层化"（bureaucratization）的学术科目基于"人类中心主义"的视野，秉承"二元论"的价值观和功利主义的态度，视自然、社会、他人为利用科技和理性原则加以操纵和控制的对象，从而把儿童完整的生活加以割裂和肢解，导致个体、自然、社会发展的不和谐状态，教学本身也成为科层化的一个牺牲品。[2]如果教学不顾"人这一整体事实"，不从"整体的人"出发，无异于以一种僵化的尺度去衡量充满生命活力的对象，无异于以鱼在岸上的存活时间去衡量鱼的生命力。

从"人的存在"来看，教育既是一种人对人与自然、人与社会、人与自身的关系有准确把握的基础上的人文渗透，又是一种人的自我超越与自我实现。新课程体系正在冲破原有的僵化思维，贯彻个体、自然、社会有机统一的原则，提出了旨在促进"整体的人"的发展的培养目标，《纲要》指出，要培养学生"具有初步的创新精神、实践能力、科学和人文素养以及环境意识"、"具有社会责任感，努力为人民服务"、"具有健壮的体魄和良好的心理素质，养成健康的审美情趣和生活方式"等，分别呈现了关注学生与自然的关系、学生与社会及他人的关系、学生与自我的关系，致力于人的自然性、社会性和自主性的和谐健康发展，以培养人格统整的人。此外，作为新课程的亮点之一

的综合实践活动也把自然、社会、自我作为课程开发的基本来源，归属于学生整体的课程生活，课程的意义由此得以澄清。以新课程的理念为基点，教学要关注人的存在本身对于自然世界、对于社会生活、对于人本身的意义，正视和尊重人性、人的需要、人的生命、人的多样性的存在方式等等，这既是教学活动的起点，也是教育目标得以实现的前提。

（二）从"人的生成"（human becoming）的角度来看，教学的目的在于引领学生追求智力与人格的协调发展，引导学生学会做人

学会"做人"（being human）是对"人的存在"（human being）的超越和胜利，其终极关怀指向个体健康的、完整的人格的养成。长久以来，人的失意一直在于教育中的工具价值凌驾于人的生命价值和精神价值之上。学校课程体系追求学术化、专门化，专注于抽象的知识符号，教学中唯教师、唯教科书、唯教案、唯标准答案马首是瞻，却忽视了学生的生活经验、精神需求等具有人格发展价值的要素。现代教育对人的支离使学生的生命价值逐渐蜕减，刻板程式化的教学行为及沉重的学业压力，使一个个处于花样年华的儿童过早地身躯佝偻、精神萎靡、神情恍惚，致使学生个体的知识学习与人格建构产生了质的断裂，学生被动地过着成人为自己预设的生活。福柯曾意味深长地反问："对知识的热情，如果仅仅导致某种程度的学识增加，而不是以这样那样的方式或在可能的程度上使求知者偏离他的自我，那么它归根到底能有什么价值可言？"[3]

教育所成就的是人的人格塑造和人的精神转变，正如柏拉图所言："教育非它，乃是灵魂转向！"教育的价值首先在于使人成为"人"，然后使人成为"人才"。因此，教学不仅仅要关注知识教育，教学生学会认知；更要关注作为抽象的人如何成为现实社会历史活动的主体，"如何成为一个人"，引导学生学会做人。新课程把改变过于注重知

识传授的倾向，统整学生的知识学习和人格建构作为具体目标，通过制定国家课程标准，对学生某一阶段的学习结果作出最低的、共同的要求，而不是原有教学大纲规定的学生必须掌握的知识和技能的最高学习标准，这为学生的经验进入到教学领域洞开了方便之门，使知识学习和个体经验发生意义关系，彰显出了对学生的精神建构和人格发展的重要意义。正如杜威所说："只有当相继出现的经验彼此结合在一起的时候，才能存在充分完整的人格。只有建立起各种事物联结在一起的时候，才能形成完整的人格。"[4]

三、教学改革的路径分析

重新认识和明确"人"的发展问题，也就是重新认识教师和学生生活的舞台和空间。教学变革需要从教师、学生和课程资源三种基本要素出发，主要路径就是切实转变教师的教学行为和学生的学习方式，努力开发丰富的课程资源，不断创设一种润泽的教学图景。

（一）教师的教学创新

1. 教师的课程意识和教学觉醒。课程意识是指教师在考虑教育教学问题时对于课程意义的敏感性和自觉性程度。新课程赋予教师参与课程开发、课程管理的权力，教师必须培养和增强课程意识，转变传统的课程观念，从被动的课程解释者转变为主动的课程开发者；从教科书的忠实执行者转变为与专家、学生以及家长和社会人士等一起共同建构新课程的合作者；从传统的"教书匠"转变为反思实践者和研究者；从知识的权威者转变为学习的组织者和引导者。教师在拥有课程意识的同时，也要进行教学觉醒，即在课程意识的支配下自觉唤醒教学活动主体，对教学、教师和学生重新进行审视，使教学从主体失落走向自身觉醒，使教师自身从"课程代理人"回归自主，使学生从课堂的边缘进入教学的中心。

2. 教学方式的变革。新课程的突出特征就是强调"课程统整"、"合作教学"、"行动研究"等新观念,这势必要求教师要打破积习已久的教学规范,冲破既有的种种"课程惰性",自主寻求多样化的创造性教学模式,使教学内容与教学过程由预设和封闭走向生成和开放。"课程计划应当被看作为实现学习打开了种种可能性,而不是对预期结果的管理。"[5]新课程理念下的课堂不是教师教学行为模式化运作的场所,而是教师教育智慧充分展现的空间。"我非常欣赏这样一些教师,他们抛弃所有的废话,坚持用诗歌或数学来激发学生,通过知识和学问的魅力让其着迷,将其注意力固定在科学和其他方式的探求上,激励、培养其想象力并使其批判地对待有价值的学科内容。"[6]教师要摆脱课程计划和目标的执行人角色,突破预期目标和既定计划的限制,创造性地引发学生思维的多向发散,赢得对课程知识有意义、有价值的深度构建,使教学的创新性品格趋向充分表现的极致。

3. 教师生活的重塑。教学是人的一种生活方式、一种存在方式,教师可以追寻这种生活和存在方式的意义和价值。学会教学——正如教学本身一样——是一种过程……在此期间,一个人做了什么,他就能够学到什么。[7]从这种意义上来看,当前教学中的"借班上课"、"重复上课"等虚假的表演和造作没有任何教育价值。这种虚伪的表演遮蔽了学生的心灵,教师应该感受到一种"生命中不能承受之重":"我"所做的一切在影响一个人的一生!教学不是优秀教师展示其娴熟的授课技巧的一种表演活动,而是每个学生实现其正常的人生发展的一种心路历程。每一节课都是不可重复的激情与智慧综合生成的过程。教学就是"即兴创作"。[8]如果课堂变成了热闹的形式表演场,那么这样的教学简直就是没有生命活力和灵性的"心智屠宰场"!教学中应追求"自我"与"自我"的相遇,只有师生都真诚地展示自我,才能形成一个强有力的教育场域,才能够有助于真正的"整体的人"的诞生。

(二) 学生的学习革命

1. 学习的三位一体论。转变学生学习方式的重点首先在于要重建"学习"的概念，树立一种新的学习观。佐藤学教授认为，学习是学习者主动地与客观世界对话、与他人对话、与自身对话的过程，这是一种文化的、社会的、伦理的实践。通过这三种对话实践，我们建构知识和经验的意义，建构人际关系，形成自身的内心世界的意志、思考与情感。从这三种状态来认识学习——建构客观世界之意义的"认知性实践"，建构伙伴关系的"社会性实践"，探索自身模式的"伦理性实践"，即"学习的三位一体论"。[9] 在这种学习过程中，每个学习者都有一套对信息世界的解读，教学不再是教师知识独白、传递信息的过程，而是创造情境，让学生以自己的理解方式去解释信息，师生共同参与知识创生的过程。

2. 学习方式的转变。转变学生的学习方式是当代课程改革的焦点。传统的学习方式把学习建立在人的客体性、受动性和依赖性的基础之上，忽略了人的主动性、能动性和独立性。结果，学生虽有很强的认知能力，却不能深刻领悟知识中所蕴藏的生命意义和生活价值，更不能在真实情境中灵活运用知识；教学从根本上失去了对人的生命存在及其发展的整体关怀，沦为阻抑人的生命活力的"人工窒息机"，从而使学生成为被"肢解"的人。转变学生的学习方式就是要转变这种单一的、他主的与被动的学习方式，提倡和发展多样化的学习方式，特别是提倡自主、合作与探究的学习方式，让学生成为学习的主人，使学生的主体意识、能动性和创造性不断得到发展，培养学生的创新意识和实践能力。新课程倡导所有学科领域的教学渗透"自主、合作、探究的学习方式"，同时设置"综合实践活动"为必修课程，这为学生学习的个性化指明了方向，也为学生进入教学中心搭建了平台。

3. 学生生活的改造。学生生活世界中的一切具有无尽的教育价值。教学的重要使命是创设情境，让学生的心灵直接面对生活世界,在"司空见惯"和"理所当然"中产生有意义的问题,在探究问题中产生自己的观念。杜威指出:"学校必须呈现现在的生活——即对儿童来说是真实而生机勃勃的生活。像他在家庭里,在邻里间,在运动场上所经历的生活那样。"[10]教育需要转向体验世界,体验可以开启我们的理解力,恢复一种具体化的认知感。[11]学生是生命的人、学生是生成的人、学生是生活的人,如果教学脱离了学生的生活世界,变成蒙蔽孩子心灵的帷幕,将孩子真实的理解与体验遮挡在心灵之外,逐渐导致人的心灵和生活的荒漠化,人不能被称为一个"整体的人",他成为了马尔库塞所言的"单向度的人"。因此,教学应该在学生的生活世界中关注教育意义的建构、在现实生活中关注师生之间的对话与理解,追寻富有意义的、充满人性的教育,为学生创造一种充盈的生活图景。

(三)课程资源的开发和利用

1. 课程资源开发和利用的基本理念。首先,教材是最基本的课程资源,但不是唯一的课程资源。我们在认识上要打破教材作为唯一课程资源的神话,合理建构课程资源的机构和功能,形成课程资源的开发主体、基地、内容、条件等方面的有机整体。其次,教师是最重要的课程资源。教师的素质状况决定了课程资源的识别范围、开发和利用的程度以及发挥效益的水平,教师要能根据实际条件和学生特点,善于对课程资源进行鉴别、开发、积累和利用,并在实践中不断增强课程资源意识、提高课程开发技能。最后,教学过程就是师生合理运用课程资源共同建构知识和人生的过程。新课程要求教师转变"课程即教材"、"课程即学科"的传统观念,把教学看作是教师和学生在具体实践情境中共同创造和开发自己的课程的过程,看作是教师与学生个性共同成长和完善的过程。

2. 课程资源开发和利用的基本策略。课程资源的开发和利用必须要与一定的教育哲学理念、学习理论和教学理论相适应,坚持优先性原则和适应性原则，优先精选对学生终身发展具有决定意义的课程资源，既要考虑到学生的共性，也要考虑特定学生对象的特殊性和具体情况，切实保证课程资源应有的教育意义。具体说来，开发和利用课程资源的途径多种多样，比如调查研究学生的兴趣类型、活动方式和手段；确定学生的现有发展基础及相应的教学材料；创造性地开发和使用教具；安排学生从事课外实践活动；制定参考性的技能清单；总结和反思教学活动；广泛利用校内外的场馆资源；发挥网络资源的作用；开发和利用乡土资源，等等。教师在教学活动中应结合学校实际和学生的经验与体验，依据一定的目的对课程资源进行有效的选择、组合、改造与创造性加工，拓展学生的学习空间，使学生最大限度地获得多方面的发展。

（四）新型教学文化的创造

教学总是存在着某种文化，不管我们是否意识到，学生都在进行着某种"文化适应"。因此，重要的问题就在于，教师应当创造一种怎样的"教学文化"。传统的教学模式是一种"记忆型教学文化"。[12]在这种文化中，教师的作用是向学生传递信息，学生的作用是接受、储存信息，并且按照这些信息行动，教师教的活动掩盖了学生学的活动，在教学中，教师是统治者、操纵者，学生是被统治者、被操纵者。新课程改革力图打破这种单一、僵化、封闭的文化模式，营建一种全新的、多元的教学文化模式。

1. 对话文化。对话关系是教学作为自由实践的精髓。保罗·弗莱雷认为："没有了对话，就没有了交流；没有了交流，也就没有真正的教育。"[13]新课程倡导摧毁"灌输式教育"的"反对话文化"（anti-dialogic），弱化教材权威性和教师的中心地位，追求一种主体间的平等互换的对话语境，期待着师生真正达到"面对面、心与心"的交流，允许他们都以带有"个性"的"整体的人"的形式介入交流和对话，允许他们有自己的感触和领悟。教学对话需要营造一种"公共话语空间"和人文情境,这种情境既不是教师的强势话语,也不是学生的群堂雀噪,而是师生之间有序的、民主的、和谐的共同言说和互相倾听。对话是一种教学活动方式,是一种课程建构方式,更是弥漫、充盈于人的生活之中的一种教育情境和精神氛围。

2. 合作文化。哈葛利斯指出合作型教学文化的特点有:精神支持、增进效率、改善效能、减低负荷、同步进行、建立安全感、增强反思能力、提高组织反应能力、提供学习机会、不断改进。[14]新课程赋予教师参与课程开发、课程管理的权力,尤其在学校层面上,促使教师成为课程开发的主体。获得专业自主性的教师之间可以逐渐创生出"伙伴式的团队文化",形成教学的"学习共同体",获得共同的专业成长,而且教师个体也能逐步改进自己的教学特色,形成自己的教学风格。

3. 探究文化。新课程倡导探究文化,强调应在不同层面进行课程创新。首先,教学是探究。教师作为课程实践的主体,必然要为改进自己的实践而成为研究者,他必须注重检讨教学过程中的实际问题,并加以反思、评价,改变对问题的先前理解,改进教学品质。其次,学习是探究。以探究学习为基础重构课程体系是新课程改革的一个突出特点。探究学习是学生从问题或任务出发,通过形式多样的探究活动,来获得以知识和技能、发展能力、培养情感体验为目的的学习方式。

新课程背景下的教学倡导对话、合作与探究,力图超越传统的"记忆型教学文化",创建新型的教学模式所需求的"思维型教学文化"。它要求教师在教学中创造一种"思维文化",其要素包括:思维语言——具体的术语和概念,提供交流的手段,鼓励高层次的思维;思维倾向——指思维方式,鼓励高层次思维的敏感性、能力和意向;思维控制——学生反思的方式和控制自己思维过程的方式;策略精神——鼓励学生建构和运用思维策略的态度;高层次知识——超越事实信息,关注知识是如何创造,问题是如何解决的,证据是如何收集的,等等;转换——在从一种情境转向另一种情境的过程中关注知识与策略的联系,更广泛地灵活运用知识和策略。这种"思维文化"不是要求学生被动地接受知识,而是鼓励学生大胆质疑,勇于提出问题、探查假设、寻求合理性;也不是要求教师机械地讲授书本知识,而是鼓励教师进行创造性教学,这正是新课程对理想的教学状态的期盼。

参考文献

[1] 斯卡特金. 现代教学论问题[M]. 张天恩,译. 北京:教育科学出版社,1982:26.

[2] Ayers, W. The shifting ground of curriculum thought and everyday practice [J]. Theory Into Practice, 1992,XXXI(3):260.

[3] 大卫·雷·格里芬. 后现代科学——科学魅力的再现[M]. 马季方,译. 北京:中央编译出版社,1998:9.

[4] 杜威. 我们怎样思维·经验与教育[M]. 姜文闵,译. 北京:人民教育出版社,1991:268.

[5] Pinar, W. F, Reynolds, W. M, Slattery, Petal. Understanding Curriculum [M]. NewYork:PeterLangPublishing, Inc. , 1995:708.

[6] Barrow, R. Understanding skill: Thinking, feeling, andcaring [M]. London, Ontario, Canada: The Althouse Press, University of Western Ontario, Faculty of Education, 1990:158.

[7] McIntyre, D, Hair, M. O. 教师角色[M]. 丁怡,马玲,译. 北京:中国轻工业出版社,2002:1.

[8][11] 马克斯·范梅南. 教学机智——教育智慧的意蕴[M]. 李树英,译. 北京:教育科学出版社,2001:209,13.

[9] 佐藤学. 课程与教师[M]. 钟启泉,译. 北京:教育科学出版社,2003:376—377.

[10] 杜威. 学校与社会·明日之教育[M]. 赵祥麟,译. 北京:人民教育出版社,1994:6.

[12] 钟启泉. 现代课程论[M]. 上海:上海教育出版社,2003:519.

[13] 保罗·弗莱雷. 被压迫者教育学[M]. 顾建新,等,译. 上海:华东师范大学出版社,2001:41.

[14] Hargreaves, A. Changing Teachers, Changing Times: Teachers Work and Cultures in the Postmodern Age [M]. London: Cassell, 1995:66—68.

15

教学活动理论的考察

　　教学,是师生之间沟通的社会实践活动。学校中学科教学的主要作用就在于以这种活动作为源泉,引发学生的文化性发展。在这里,倘若认为"人的发展的主要决定因素是人类活动",那么,教学中的学生文化性发展就可以被解读为:参与教学的特定文化活动的"人格内部的特质与侧面",在活动中并通过活动得以形成。因此,如何根据教学所具备的种种教育条件,采取最适于学生活动组织的形式,乃是课程开发与教学设计的最重要的课题。本文考察学生活动得以形成的基础理论——活动理论——的历史发展及其基本内涵,揭示"建构性教学"的活动理论对于我国课程教学改革的重大价值。

一、从"行为主义"到"活动理论"

(一)"行为"与"活动"的分野

　　要理解何谓"活动"、何谓"活动理论"(activity theory),不妨把"活动"跟行为主义心理学所说的"行为"作一比较。首先,我们来探讨在行为主义心理学框架内所进行的具体研究,看看"行为"与"活动"的差异。特别是同社会、文化、历史关联起来,考察一下行为主义心理学中的"行为"究竟是怎么一回事。

　　梅尔扎克(R. Melzack)在一篇题为《痛觉》的论文里指出,"痛觉"未必是身体(物理性)伤害的一大变量,必须同文化或以往经验、社会含义联系起来考察。他报告了几个例子。例一,根据人类学家基于文化的痛觉的报告，在未开化的社会里，妇女"分娩"并不被认为是一件"痛苦"的事情，并不像文明社会里一般被视为"痛苦的经验"。因此，孕妇即便在临产前夕依然照常出门劳动，产后也马上下地干活。反之，丈夫倒是显出妇女一般的行为，妻子一旦临产了，自己也上床。在妻子分娩的时候，一直是丈夫在旁边痛苦地呻吟。例二，研究人员以狗为对象进行了 8 个月早期经验剥夺的实验。实验组是剥夺了早期经验的 10 只狗，控制组的 12 只狗则是未剥夺的。结果，两者显示出巨大的差别。实验组的狗对于擦着的火柴靠近其鼻尖显得无动于衷，而控制组的狗则是逃之夭夭。这样看来，由于早期经验的差异，个体对于痛觉以及痛觉的行为的反应是不同的。例三，在战场上负伤的士兵，即便重伤也不跟医生说痛，而受同等程度伤害的一般民众却会感到疼痛难耐，要求医生给予镇痛剂。例四，催眠与疼痛的例子。病人一旦进入了催眠状态，即便不麻醉或是减少麻醉剂量，也照样可以进行手术。或者，病人受医生的暗示或是服药（其实不是镇痛剂而是糖水或是盐水），也可以减轻疼痛。这些例子说明，个体对痛觉的反应不是对于痛的刺激的固定反应，而是由于个人的希望、期待与文化等因素所使然。疼痛并不完全取决于单纯物理性的有害刺激这一变量。[1]

　　加拿大心理学家赫布（D. O. Hebb）以神经心理学为基础，创造了普通心理学的行为理论。他认为，学习的过程是神经细胞信息交换的过程。"学习"是基于反复经验在大脑神经细胞之间构成了循环回路系统的"细胞体"以及这种"细胞体"的相继产生而形成的突触，从而促进了知觉与思维。他在《论心智》中就用了"细胞体"这一神经心理学的概念来说明创造性观念的产生过程。他把"学习"最终归结为个体的大脑内部的模型。无论是梅尔扎克还是赫布，他们都是把心理过程作为头脑中的过程来考察的。尽管梅尔扎克也把心理同社会、文化、历史关联起来加以考察，但他并不认为心理过程是受社会这一基本结构影响的，在社会与心理过程之间看不到任何交互作用，二者是完全隔绝的。因此，他们终究把心理过程描述成个体内部的自律的过程。赫布的理论属于行为主义心理学的范畴,但他也是认知心理学的先驱。事实上,现代认知科学的主流观念之一,就是把人类的信息处理过程视为个体头脑中自律地进行的过程。[2]

随着认知科学的进展,人们越来越重视把人类的信息处理过程视为社会实践的观点,亦即人类的"思维"活动并不是个人头脑中的事件,而是在社会的互动过程中发生的。不过,要打破行为主义"封闭于个体的心理过程"的陷阱,尚待"活动理论"的问世。"活动理论"综合了理解人类行为的多种学术领域,发展出超越了"个体"与"环境"的二元论的"活动"概念。"活动理论"(activity theory)也叫"文化—历史活动理论"(cultural-historical activity theory,简称CHAT),它作为"一种研究不同形式人类活动的哲学,横跨学科的理论框架",亦即作为"一种社会文化分析的模式"、"一种社会历史分析的模式"、"一种中介行动的理论",[3]源于康德和黑格尔的古典德国哲学、马克思的辩证唯物主义和20世纪二三十年代维果茨基(L. S. Vygotsky)等苏俄心理学家社会文化学派的传统。特别是活动理论,采用了马克思辩证唯物主义关于活动与意识动态联系的观点。活动理论者认为,有意识的学习和活动完全是相互作用、相互依赖的。活动不能在没有意识到的情况下发生,意识也不能发生于活动的语脉之外。

(二)"活动"的基本界定

如果说,所谓"活动理论"是指用"活动"的概念来解释人类的行为、意识与人格发展的理论,那么,"活动理论"中所谓的"活动"(activity)究竟是什么呢? 它指的是"主体与客观世界的交互作用的过程",跟一般心理学框架内对活动的理解是不同的。人类通过能动地作用于外部世界而变革外部世界,进而变革自身。这里所谓的'活动',不是S-R图式(刺激—反应图式)的行为,而是S-X-R图式的活动,媒介则是工具—符号。"人类是借助基于活动的媒介符号(工具)

从心理间过程到心理内过程的"内化"(internalization)而发展的。"[4]
可以说,它是苏俄心理学范畴中所理解的"活动"。"活动理论"的先
驱鲁宾斯坦(S. L. Rubinshtein)说,人类的心理是在实践活动中形成
的,因此,必须从"活动"的基本形态(劳动、学习、游戏)之中研究这种
现象。而且,"活动"是受客观因素所制约的,但不是直接的制约,而
是借助"活动"的内部因素(目标、动机之类)作为媒介的。这就是所
谓的"外因通过内部条件而起作用"。他归纳了"活动"的四个特征:

1. 活动总是由主体实现的。亦即,与其说是动物和机械,不如
说是由人类来实现的,或者更简洁地说,是由共同体的活动所提供的
主体来实现的。

2. 活动是主体与客体的交互作用。亦即,与其说是必然的、纯
粹的、象征性的、架空的,不如说是基于客观的内容的。

3. 活动总是创造性的。

4. 活动是独立的。亦即,共同体的活动是承认这种独立
性的。[5]

最有代表性的"活动"概念的界定,当属《苏维埃心理学词典》的
词条:"活动:主体与周围世界之间的交互作用的动力系统,在这种
交互作用的过程中对客体的心理表象得以表征与具体化。借助心理
表象的中介,主体与客体世界的关系得以实现。活动的范畴构成了
以马克思列宁主义的方法论为基础的苏俄心理学的显著特征。苏俄
心理学有两个要点。其一,心理与活动统整的课题——这是区分形
形色色的把行为与心理割裂开来的意识心理学(内省心理学、格式塔
心理学等)、行为心理学中的种种自然主义倾向(行为主义、新行为主
义)与苏俄心理学的一个要点;其二,发展原理与历史主义原理的引
进——倘若在研究中具体地贯穿这两个原理,那么,活动就不能不成
为问题。这是因为,活动是心理反映的发展的原动力。活动的范畴,
在现实的种种心理过程(认知、动机作用、意志、情绪、人格、集体等)
的研究中,以及在种种心理学领域(普通心理学、社会心理学、发展心
理学、教育心理学、医学心理学、工程心理学、工业心理学、动物心理

学等)中,是用来阐述心理功能的。活动的范畴通过作为阐述原理来运用,使得心理学中的心理分析原理发生了变化(诸如,意识与活动的统整原理,活动的内部结构与外部结构统整的原理,作为社会性、历史性经验之习得的机制的内化—外化原理,心理反映取决于反映客体时的活动结构的决定论原理,等等),进而在心理行为的系统形成和作为心理学基础的主导性活动、活动的细微行为的分析、人际关系的分析等理论中得到了发展。受客体制约的规定性与主观性是活动的基本特征。所谓受客体制约的规定性,是指周围世界的客体对于主体产生间接性的影响。换言之,意味着在活动的过程中客体得到了变形。正因为此,客体才能有意识地、更正确地得到反映。……人类的活动显然是受客体所制约的。这就是说,人类的活动是受社会条件制约的。这是因为,人类的活动同工具、行为模式、语言、社会角色、价值、社会规范密切相关。活动的主观性表现在如下的主体的能动性上。亦即,心理表象是受活动取向、决定选择什么时的过去经验、需求、态度、情绪、目标、动机作用,以及对于事件与行为的主观意蕴的水准中的动机作用所决定的。"[6]这是一段非常精要的说明。我们可以从这个词条里充分理解到,第一,所谓"活动"是指人与客体之间的关系。第二,通过在心理学中引进"活动"的范畴,说明人类受外部客体的制约,特别是受社会环境的制约。第三,在活动的过程中,"主观性"亦即"意识"得以产生,等等。

(三)"活动理论"的关键概念

"活动理论"的关键概念就是"活动"与"沟通"。关于"活动"与"沟通"的问题,在苏俄心理学界曾经展开过一场争论。[7]争论的焦点有两个。其一,在"活动"中包括了"沟通",亦即"沟通"是"活动"的一种呢,还是"沟通"同"活动"是相对独立的呢?其二,人格与意识是以"活动"为基础派生的呢,还是以生活方式(含"活动"与"沟通")为基础派生的呢?以洛莫夫(Б. Ф. Ломов)为代表的一派主张,倘若把

"活动"单纯地理解为主体与周围世界之间的相互作用,会出现一些问题。过去的活动理论,包括苏俄心理学在内的普通心理学,特别是研究认识过程的心理学(例如,思维、知觉、记忆、判断等)的重大错误,是仅仅把主体与周围世界(外界)之间的关系作为研究对象,却无视了这种心理过程产生之际的主体与主体之间的关系(这种关系对于活动而言称为"沟通"或是"交往")。我们在日常生活中也绝不是那么单纯地生活的,而是在同无数的人们所结成的人际关系的网络之中生活的。这样,理所当然的结论是:心理过程的研究不能仅仅局限于主体与客体的关系(活动)层面,还必须有主体与主体之间关系(沟通)层面的研究。于是,沟通与认识过程的关系就成了研究的重点。以列昂节夫(А. Н. Леонтьев)为代表的另一派主张,"活动"与"沟通"并不是独立的,把沟通置于活动之中来考察,不就没有任何问题了吗? 确实,苏俄心理学的特征就是把心理过程置于广阔的社会背景中来考察,为封闭的心理学提供了社会科学的视野。这就开启了以"活动"与"沟通"为轴心来把握人类的心理过程与人格发展的方向。

"活动理论"使我们有可能在真正意义上理解行为主义心理学所不能解读的社会与心理过程的互动。"活动理论"有两个重要的新的概念装置。其一是工具的使用。这就是维果茨基[8]的"双重刺激图式"。它同行为主义的"刺激—反应图式"形成鲜明的对照。在行为主义的"刺激—反应图式"中,主体对来自外界的刺激是被动地反应的,而在"双重刺激图式"中,主体首先创造刺激的手段这一人工刺激,然后运用这个人工刺激对来自外部的刺激施加影响。人类是以工具为媒介作用于外部世界,从事生产活动的。亦即,人类能够不断地变革外界,不断地能动地作用于外界。其二是"沟通"概念的引进。简单地说,人在直面客体进行活动时,不是个体进行的,一定是同他人一道进行的,而"沟通"是螺旋式地展开的。沟通的参与者循环往复地相互刺激、相互调节、相互修正、相互补偿,从而形成共同的资源——计划与方略。这种共同的实践比之个体的实践更富效率。

马克思说："有意识的生命活动把人跟动物的生命活动直接区别开来。"[9]人的活动是社会及其全部价值存在与发展的本源,是人的生命以及作为个性的发展与形成的源泉。教育学离开了活动问题就不可能解决任何一项教育、教学、发展的任务。马克思主义是"活动理论"发展的指南。行为主义心理学封闭于个体的心理过程进行研究,它的"行为"概念无非是指"有机体所进行的某种反应"。而"活动理论"的"活动"概念由于引进了新的概念装置,大大超越了行为主义心理学的"行为"概念。这样,通过从"行为"到"活动"的范式转换,使我们有可能超越早期心理学狭窄的自然主义局限,转型为从社会的、历史的、文化的高度来把握人类的心理过程。

二、教学的"活动理论"的发展及其关键概念

(一)活动理论的发展阶段

人类的进步不是受生物学法则支配,而是受社会法则制约的,这种社会法则制约着每一个人的发展。而这种人类进步发展的特殊性是由人类的社会生存方式所带来的。这样,人类的种的经验不是借助遗传机制而固着,而是靠人类特有的社会方式传承的。人类个体的发展不是靠内在的遗传机制的展开而发展,而是靠人类的活动——生产手段、文物书籍、语言文字的积淀(外化)和掌握社会经验(内化)的过程——来发展的。这些以维果茨基为代表的苏俄心理学思想,在 20 世纪 90 年代成为西方学界研究的热门话题,并且进一步发展了活动理论。

当代活动理论发展的代表人物恩格斯托姆(Y. Engestrom)研究了维果茨基以后的活动理论,区分了如下三代的活动理论的发展[10]:第一代活动理论把人类行为视为指向目标对象的行为,揭示人类行为首先是以工具和语言,符号、意念和技术之类的"人造物"的创造与使用为中介的。这种理论重点突出了维果茨基提出的"中介"

概念,把文化制品和人类文化关联起来,从而把个体与社会关联起来。但第一代活动理论的缺陷是分析单位单纯聚焦于个人。这个缺陷触发了以列昂节夫为代表的第二代活动理论的研究。列昂节夫以"原始社会的集体狩猎"为例,阐述了历史地发展起来的"分工"是如何在个人行为与集体活动之间引起决定性地分化的。第二代活动理论中的"活动"概念的革新性在于,在集体和共同体的宏观层面上分析活动,引进了规则、共同体和分工等三个社会要素,从而把个体与共同体的互动凸显出来,并强调存在于活动系统中的矛盾对变化与发展具有推动作用。这样,人类行为被视为一连串相关活动的建构,一种文化历史的形态。不过,列昂节夫并未把维果茨基的模型明确地拓展为集体活动的系统模型。第三代活动理论针对第二代活动理论对文化多样性缺乏敏感性的弊端,超越单一活动系统和学校封闭的学习状态的局限性,提出了"学习者集体"和"高阶学习网络"的概念,并以相互作用的多种活动系统作为分析单位,推进了在这些活动系统之间设计网络、对话、合作的实践研究,从而开拓了活动理论的疆界。从某种意义上说,"拓展性学习"是维果茨基所说的"明日之成熟、今日之胚胎"状态的"最近发展区"得以现实化的理论根据。恩格斯托姆分析了第三代活动理论的特征是:

1. 对于人类活动而言,最重要的分析单位是对象导向的、以制造物为中介的集体活动系统。

2. 历史地发展的内在矛盾是活动系统的运动与变化的主要源泉。

3. 拓展性学习是新的历史形态的学习。它是在行为者自身的活动系统中致力于发展性转换的努力之中表现出来的,因而行为者能够集体性地超越"最近发展区"。

4. "从抽象上升到具体"的辩证法的方法,是旨在习得拓展性学习周期的主要工具。

5. 介入者必须有方法论。这种方法论旨在推进、中介、记录、分析特定场所的活动系统中的拓展性学习周期。这样,活动系统在发展中可以进行拓展性变革,成员在面对面时能进行反思和寻求变革,从而推进整个系统的质的转换。

第三代活动理论所需要的是,开发能够理解对话、多样见解的框架或是多声性,以及相互作用的活动系统的网络的概念化工具[11]。恩格斯托姆倡导"发展"的"水平性"维度与"垂直性"维度,这就重新界定了"发展"的概念:(1)发展并不停留于习得的达成,而且应当表现为除旧布新的破坏性拒绝。(2)发展并不停留于个人性的转换,而且应当表现为集体性的转换。(3)发展并不停留于垂直地超越水准,而且应当表现为水平性地跨界的水准[12]。

(二) 教学活动与心智发展

"教学"是由学生一系列的活动构成的。学科的教学是在特定的活动中,通过活动创造学生的发展文化的。"教学"可以说是一种特殊的"社会实践"(social practice)。从这个意义上说,所谓"教学",原本就是"文化的历史的产物"。从维果茨基的"最近发展区"的观点看来,"问题在于发展与教学之间的关系",[13]"教学不等于发展。不过,倘若正确地对教学加以组织,那么,学生的学习就可以引领学生的发展,可以引发教学之外决不可能有的一连串的发展过程。这样,教学是在学生的发展过程中,在其内部发展非天生的历史特质的不可或缺的普遍契机。……教学就这样引发发展中决不会自然发生的一连串过程,成为发展的源泉。"[14]倘若从教学与学生发展的相互关系来加以把握,那么,就得研究"教学的活动设计"。既然"活动理论"是指用"活动"的概念来解析人类的存在、行为与意识,以及人格活动的理论,那么,这里所谓的"活动"当然是指基于"活动理论"的视点去构想教学,而这里的教学指的就是教学的活动。这样,在活动理论看来,所谓"儿童的心智活动",是指学生人格的内在特质与侧面在活动中通过活动得以形成,是"活动得以更加自立地定位与调整的心理构成要素之总体"的发展,应当说,心智发展是个体在生活条件之中,由他们的活动所造成的变化结果而形成的心理形成物。

"活动"的概念是构成活动理论的基本概念,可以视为人类与环境交互作用的基本单位。就心智发展来说,"活动"可以视为"外部制约"(周围世界、物理环境、社会文化)与"内部制约"(个体的心理机能与认知过程)的交互作用。因此,在个体内部的认知过程的活动理论分析中,这种过程得以表现、成型,成为发展的实际的脉络。这是分析具体的每一个人的现实活动的出发点。因此,在活动理论中,知觉、记忆、思维、想象等的认知过程是依存于动机、目的和结构的。可以说,对于环境施加的行为是儿童认知发展的源泉。鲁宾斯坦说:"……主体决不仅仅在自己的行为中、自己的创造性自我活动的行为中体现出来,在那里,主体是被塑造、被决定的。正因为主体的行为,才能决定自身是什么。"[15] 可以说,这是活动理论的方法论原理。活动理论借助"活动"的概念,摒弃了这样一种观点,亦即,把隔绝于外部世界的"自己"以及封闭于这种实体之中的"心理产物"视为"自然成熟"之类的"主观主义"式的解读。这样,可以说,人类是在同周围世界的交互作用亦即活动之中形成、发展的。不过,尽管如此,在这里我们还得进一步考察学生在"教学"这一特殊活动中的发展。

在学科的教学中,学生的活动指向人类积累下来的"社会经验"的习得。在这里,所谓"社会经验",就是"利用并创造文化的社会实践活动的手段与方式";所谓"习得",意味着这种社会经验转换成学生的人格素质。就是说,学生在学科教学中学会种种社会文化活动的方式与方法。不过,必须注意的一点是,学生并不是直接参与现实的社会生活活动本身,学生学习的是处置社会实践活动的工具、机械、语言、科学、技术、艺术及其他知识之类的文化,在课堂教学的特殊条件下,引发相关活动的步骤与经验。因此,学生与其说是学习社会实践活动本身,不如说是学习从事社会实践活动的模式、图式、原理与规范。这也就是把教学活动称为"学习活动"的原由。学生通过学科的学习活动所发展起来的新的心理形成物,包括了自我调整、合作、规划、理论思维、认知兴趣、科学的概念体系等等。另外,习得"学习的方法与技术"之所以极其重要,也是因为教学是指向学习活动的形成的。这样,教学这一活动是有别于社会的教育现象的。可以说,它是学生发展的社会文化组织的一种独特的形态。

(三) 教学活动与社会互动

"活动理论为教学设计中分析学习过程和结果提供了新的视角。它关注的不是知识状态,而是人们参与的活动、他们在活动中使用的工具的本质、活动中合作者的社会关系和情境化的关系、活动的目的和意图以及活动的客体或结果。"[16] 教学的活动理论是以组织学生的学习活动为教学设计之中心的教学理论。学生在教学中所实现的种种活动形成着学生的种种素质。这样,"教学"是一种借助配置特定的活动而引发学生发展的"组织化的社会环境"。因此,应当说,教学中的学生的发展是依存于"教学"这一社会环境的状态的。

教学中个人的活动是在有别于其他活动的社会关系的网络之中得以实现的。就是说,教学中的种种个人的活动总是伴随着"教学"这一领域中的"特殊关系"的。因此,教学中同他人的社会关系的状态,亦即教学活动的特定的社会环境,决定着每一个个人的活动,体现了各自活动的特征。"活动"从来就被视为个人与客体的相互作用,亦即"主体—客体"相互作用。这样,"活动"终究被视为在个人框架内所演绎的过程。然而,这种场合没有充分地考虑到活动的"社会性",换言之,并没有认识到个人的活动是以社会环境为背景组织起来的。只要把"活动"仅仅视为"主体—客体"的相互作用,那就必然地会无视活动乃是在同他人的一定的关系之中,在相互作用的水准上得以实现的。在这里,揭示了活动原本具有的社会性,我们必须关注"同他人沟通的特殊形式"——"沟通"——的问题。作为人类活动的本来特性,不仅是"主体—客体"的相互作用,还有"主体—主体"与"主体—诸主体"的相互作用。人类同客观世界的两种类型的相互作用——"主体—客体"的相互作用与"主体—主体"的相互作用,是不可分割的。例如,在课堂教学中探讨"环境问题"的场合,一方面,作为"主体"的学生总是同"环境问题"这一"客体"相互关联的;另一方面,学生又同时跟教师及其他同学处于关联之中,亦即,学生在寻求教师的帮助并同其他同学交换见解的过程中,思考"环境问题"。这是一个"主体"同别的"主体"的"主体—主体"的相互作用,或是复数的主体亦即"诸主体"的相互作用。

(四) 教学中的"合作性活动"与"集体性主体"

"教学"这种活动不能被还原为教师与学生的个别行为,而是社会集体中的沟通事件。因此,从"教学"这一社会环境出发,把握个体学习活动的面貌,或是把握彼此之间的相互依存关系,对于教学设计来说十分重要。实际的教学是借助师生之间的对话与共同作业来实现的动态的事件。因此,教学的"设计"在教学的实现过程中会发生变化。所以,倘若着眼于教学的"实现",那么,所谓"教学"可以说就是参与者的实践行为的交往所生成的"织物"。这样,在教学中,存在着个人与个人之间的交互行为的联结、沟通(交流),乃至行为的应答性网络。应当说,人的因素或是活动的社会性、行为性侧面(主体—主体关系)的考察,对于说明教学的生成、运动和发展,是不可或缺的。当然,从"主体—客体"关系与"主体—主体"关系的关联来说,个人的客体性活动或是对于客体的认知活动本身具有沟通性、符号性的性质。就是说,个人指向客体的行为,同时也是以他人(现实的他人或是想象的他人)为媒介,受他人导向,同他人的行为(应答)相联系的行为。反过来说,受他人导向的行为,也总是受客体导向(同客体结合在一起)的。教学活动(无论个人活动还是集体活动),不是单纯个人的行为,而是一种社会性(合作性)行为。在这里,教学活动的"集体性主体"[17]的概念,就显得必要了。就是说,所谓"活动",不是在单纯的个体心理学层面,而是在社会集体层面上展开的过程,活动的主体是"集体性主体"。"集体性主体"的概念不能把教学活动的

"主体"还原为每一个教师和学生,也不能把教师的"教"与学生的"学"作为二元的过程加以分割。教学设计的"集体性主体"可以区分为两个水准。一是设计课程与教学的"集体性主体",即课程改革方案、课程标准及教科书的编制者;二是直接实现教学活动,通过个人与个人的相互作用构成教学过程的"集体性主体",即教师与学生。这样,教学活动的"集体性主体"的见解,有助于从宏观和微观的社会层面把握师生的种种行为,并且有可能把师生的种种行为纳入参与合作性活动的框架之中。

三、教学的"活动理论":实践"学习共同体"的理论框架

(一)新旧教学活动理论的差异

在客观主义教学观看来,信息和应当掌握的一切知识存在于学习者的外部,所谓教学,不过是帮助学生消化这些信息而已;而建构主义的教学观认为,知识是学习者在同环境交互作用之中,借助社会相互作用而共同建构的。否则,就不可能有真正的知识。这就形成了新旧两种教学的活动理论,它们之间存在若干不同点。其一,学习原理不同。前者是"传递",后者是"参与"。其二,活动单位不同。前者是"主体—客体"之轴,后者是"主体—客体—主体"之环。其三,活动的对象不同,前者是学科内容,后者是文化。其四,活动的性质不同。前者是劳动的隐喻,后者是游戏的隐喻。其五,发展原理不同。前者是内化的过程,后者是内化—外化的统一过程。其六,指导逻辑不同。前者是训练,后者是矫治。[18]

(二)协同性"学习活动"的价值

教学是集体性的,而教学中的协同性"学习活动"有助于发展学生健全的人际关系,教学中的协同是教学的全过程必须考虑的问题,

这也是采取怎样的学习形态的问题。"协同学习"和"同步教学"中的"集体学习"、"个体学习"并列,是一种学习形态。这种学习形态对于学生的学习活动拥有特殊的价值。协同性"学习活动"形态的最大特点在于,借助参与活动的所有学生的合作活动来解决设定的课题。合作性"学习活动"的实现要求学生之间进行合作与沟通,这对于培养学生的"协同精神"尤具价值。这种学习形态同我国近年来鼓吹的"分层教学"是大异其趣的。这是因为,前者强调的是"合作参与者"的"不同的认知视点"。"教学"无非就是这种"不同视点的认知活动"的沟通过程。这种差别,主要表现在认知活动过程、组织和结构化过程、知识的丰富程度及知识的评价等方面:

1. 协同学习活动可以为每个成员提供良好的知识资源,使每个成员能够从中获得更多的知识。由于每个成员的知识结构具有一定的差异性,因此,他们看待问题的角度和视点也不同。这种差异性就为新的视点和新的看法的出现提供了最好的条件,为每个成员探究精神的发展提供了契机。

2. 协同性学习活动通过"知识交换"过程,使得每个个体与其他个体之间的知识比较容易实现。这不仅使得个体的知识得以加工、检验和修正,促进其认知的深化,而且有助于提高其沟通对话的能力,增强其学习的自信。

3. 协同性学习活动有助于学生恰当地评估自己的知识水准。这种评估不是搞"排行榜",而是使学生对自身的知识有一个准确的了解,促进学生自主学习能力的发展。可以说,"教学"这一协同性活动,就是通过参与者之间的不同思维视点的碰撞(应答性网络)而实现的。这样,在教学的协同性活动中,可以发现参与者的社会行为所创造出的"意义空间",亦即在社会沟通空间中每一个学生的认知发展。

(三) 协同性"学习活动"的组织

协同性"学习活动"的形态可以用种种不同的方法构成。如何组织学习小组,关系到协同学习的成果。让不同合作状态的学生尽可能一起从事作业,尽可能交替地发挥核心角色的作用,是最合乎协同的本质的做法。这种学习小组大体是由教师组织的,不过,学生自身也有选择权。例如,学生通过选择内容不同的课题可以组织相应的学习小组。学习小组中的协同作业,通过每一个成员在各个阶段的共同行动加以实现。不过,也可以作一些分工来完成。例如,全体成员讨论解决的基本思路,设定"子课题",分"子课题"组织学习小组,最后全员统整合作的成果。当然,这种学习形态是受到教学目标所设定的课题和教学条件制约的。在低年级阶段,协同学习本身就是学生学习的对象,学生必须通过协同学习学会合作和沟通。这样,在协同学习的指导上需要讲究一系列的策略:

1. 在制定教学计划时,必须明确"协同学习"对于每个学生的人格发展与集体发展该有哪些具体的目标,应当周密地考虑学生借助"协同学习"可以实现哪些要求。在教学中,协同作业并不总是适于一切素材的。协同的种类与方式多种多样,协同作业必须依据一定班级的目标、素材和教学状态。

2. 课题的设定必须要求学生展开协同作业。这些课题包括:基于旧有知识与能力获取新知的课题;相互帮助与操控的课题;单元结束时的总结性课题;应用课题,等等。学生能够充分地估计可能成果的课题,学生感到必须进行分工协同的课题,有助于协同学习。

3. 学习小组的组织应当考虑到学生原有的学习基础、性格特征以及学生之间的人际关系,尽可能把处于不同发展状态的学生组织在一起。操作的领域、操作的强度、社会性行为、社会关系、在集体中的能动性、集体内部的人脉与矛盾的差异性等,对于形成丰富的高价动机、积极的见解、社会经验和民主规范关系,具有巨大的价值。正是因为每一个学生的特质不同,才有可能最大限度地求得种种力量的平衡和彼此之间的促进。

4. 协同作业的要求必须循序渐进,学生是逐步地学会合作学习的方式与方法的。协同作业的成功是以发挥一定程度的集体性为前提的。因此,从某种意义上说,协同学习从一开始不会完全成功,总是在经历失败之后才逐步地提高集体性程度的。

5. 在学习小组的协同作业中,大体总是由一名学生发挥领导作用的。这种领导角色在一定时间内需要更替。特别是能力弱的学生,倘若得到能力强的学生的支持,将有助于其获得领导的素质和成功的体验。

6. 协同作业是靠学生自己习得的。在协同学习的习得过程中,学生习得的往往不限于知识,同时也习得合作的方式与方法。教师不要包办代替,但学习小组的作业成果不能听之任之。在协同学习终结时,教师必须加强对整合成果的指导,并且提出新的学习目标。

(四)"建构性教学"活动理论的挑战

学生的人格发展是在一定的社会关系之中并通过活动得以实现的。这里所谓的"一定的社会关系"指的就是"学习者共同体"和有效的"学习活动"。"学习者共同体"的探究活动并不是求得"唯一正解"的活动,它是组织、引领、调整、构筑每一个人所内化的知识的活动。从这个意义上说,这种"共同体"也可以谓之"建构知识的共同体"。[19]那么,如何形成"建构知识的共同体",展开自律性、合作性、创造性的学习活动,自然成为每一个教师教学研究的主要课题。时至今日,我国教育学界似乎难以割舍建国初期形成起来的凯洛夫教育学的情结,汲取的是苏俄教育学的糟粕,丢弃的恰恰是苏俄教育科学的精华,诸如以维果茨基为代表的"活动理论"。这不能不说是严重的失误。不过,近年来这种情况有所改观:一方面,我国教育学界从国际教育界"活动理论"的研究视野中汲取养分;另一方面,也在不断地展开拥有自身本土特色的改革实践,对建构性"活动教学"的理论与实践问题的研究也有了一定的成果积累,这是好事。建构性活动理论作为课程与教学改革的一种理论框架,是富有启示力的。基于建构性活动理论的实践探究对我国 21 世纪的学校教育改革提出了挑战，特别是对校本课程的开发、教师的专业成长、学校的合作文化等方面，将会不断产生新鲜的刺激。

参考文献

[1] Melzack，R. The perception of pain [J]. Scientific American，1961，204 (204)：41－49.

[2] 赫布.行为学入门(第3版)[M].东京：纪伊国屋书店,1975：392.

[3] 日本教育方法学会.现代教育方法事典[M].东京：图书文化社,2004：51.

[4][18][19] http://www. ms. kuki. sut. ac. jp/KMSLab/kosaka/construct. htm.，2004－12－18.

[5] 欢喜隆司.陶冶与训育的统一[M].东京：风间书房,1998：727.

[6][7][8] 高取宪一郎.维果茨基、皮亚杰与活动理论的展开[M].东京：法政出版,1994：10—12,40—41,14—15.

[9] 马克斯恩格斯列宁斯大林著作编译局.马克思恩格斯全集(第42卷)[M].北京：人民出版社,1979：96.

[10][11][12] 恩格斯托洛姆.拓展性学习：活动理论的研究[M],山住胜广,等,译.东京：新曜社,1999：2,4,6—7.

[13] 维果茨基."最近发展区"理论[M].土井捷三,神谷荣司,译.大津：三学出版社,2003：196.

[14][17] 欢喜隆司,等.现代教学论[M].京都：智慧女神书房,1997：40—41,52.

[15] 鲁宾斯坦.创造性自主活动原理[J].莫斯科：心理学问题.1986(4)：106.

[16] 戴维·H·乔纳森.学习环境的理论基础[M].郑太年,等,译.上海：华东师范大学出版社,2002：84—109,101.

16

"批判性思维"及其教学

"批判性思维"研究不仅是教育学,而且是哲学、经营学、护理学、心理学等众多学科领域的热门话题。然而,我国的"批判性思维"及其教学的研究却几乎是一片空白,这是同推进"素质教育"的方针格格不入的。"素质教育"所强调的"创新精神与实践能力"倘若离开了"批判性思维"的教学,将是一句空话。本文旨在展望"批判性思维"研究的动向,揭示"批判性思维"的教育学研究的特征与课题。

一、"批判性思维"的概念

所谓"批判性思维"(critical thinking)是指"对于某种事物、现象和主张发现问题所在,同时根据自身的思考有逻辑地作出主张的思考"。[1]批判性思维的概念界定纷繁多歧,既有"探查和评价'批判性地探讨他人的主张及其根据'、'提炼自己的主张'之类的思考"方面的;也有"自由地驱使复数的视点,一个视点难以把握的相对化思考法"之类的怀疑精神;甚至有"尽量运用手头的、现成的信息,作出推理"之类的问题解决性质。这种研究在以往是以美国为中心展开的,但如今面对"逻辑思维能力低劣"、"思维缺乏力度和韧性"、"见多识广的儿童多,灵活运用的儿童少"的局面,儿童的"批判性思维"的培育已经成为世界各国重要的教育研究课题了。

"批判性思维"作为美国的教育目标已经有一段相当长的历史。自杜威(J. Dewey)1910 年倡导"反省性思维"(reflective thinking)以来,美国的学校教育一直强调培养出适应现代社会发展的、能够自主地判断并处理信息的公民。特别是在 20 世纪 70 年代以来的教育改革中,针对美国中小学学生学力的低劣,思考力的形成更是作为一种"新基础"被加以倡导。美国"批判性思维"研究的特征是,作为国家的教育目标,在理论与实践两个层面展开了多个领域的研究。不过,正如拜尔(B. K. Beyer)所指出的:"批判性思维是关于思维技能的话语中肆意滥用的术语之一。"麦克佩克(J. E. M. Mcpeck)认为"批判性思维是指在探讨中的问题领域运用适当的反省性怀疑",这里强调的是"怀疑精神"的侧面。安吉洛(E. D. Angelo)检讨了以往的代表性理论,提示了"批判性思维"技能的 50 个要素。恩尼斯(R. H. Ennis)则把"批判性思维"界定为"陈述的准确裁定",并且把它作为一种技能,提示了把握陈述之含义、判断陈述之混沌性的项目。但在其后作出了修正,认为"批判性思维是指聚焦于相信什么并且作出决策的合理性反思性思维",把技能以外的包括态度、情感之类的情意侧面包括在内的"性向"(disposition)也纳入概念之中,并强调了如下四点[2]:第一,合理性——所谓"合理"是指基于根据与理由的思考。不是无根据的思考,是借助明确的思考作出最妥当的结论,而非任意地作出结论。第二,反省性——是指对"反己"与"他在"进行反省性思考,这是同琢磨是否有根据及其妥当性相关联的。第三,聚焦——换言之,意指"具有目的"。要聚焦地思考,就得有明确的目的与问题。第四,"相信什么、作出何种决策"。这是牵涉评价的内容。所谓"相信什么"是指对陈述与主张的评价;所谓"作出何种决策",意味着对行为的评价。一提起"批判性"的术语,往往令人联想到的是前者的"批判",其实后者的决策部分,也是批判性思维中应当重视的。

尽管不同学者对"批判性思维"的概念界定各式各样,但大体说来可以概括为两种:一种是作为"批判性思维"的要素被抽出必要的技能,然后直接地教授学生这些技能;另一种是注重"批判性思维"伴随的性格、情感、信念之类的情意性侧面,同技能的教授一起加以施教的方法。特别是能倾、信念之类的情意侧面该如何处置，是今日研究的核心课题。前者的代表可举艾尼斯。他揭示的"批判性思维"的要素是 FRISCO，具体地说是：焦点（Focus）、理由（Reasons）、推理（Inference）、状况（Situation）、明晰（Clarity）、通观（Overview）[3]。后者的代表可以举蒂什曼（S. J. Tishman）和珀金斯（D. N. Perkins）[4]，他们主张理想的批判性思维不但拥有认知能力、思维策略与思维技能，而且拥有探究、质询、澄清、智力冒险、批判性想象的倾向，称为批判性"思维倾向"（thinking dispositions）。这种思维倾向可以是积极的、创造性的，也可以是消极的、无创造性的。

美国加利福尼亚州立大学索诺谟分校"批判性思维与道德性批评中心"所长保尔（R. Paul）[5]从哲学的角度整理、综合了上述两种研究，提出了"批判性思维"的概念。他首先考察了学校教育中"批判性思维"的重要性及人们对待"批判性思维"的"心智结构"，断言"批判性思维"应当构成 21 世纪教育的本质性基础。然而，人们的心智结构不能适应我们直面的变化，往往引导我们"安心"（peaceofmind），形成与单调的常规相结合的习惯。亦即，新变旧、复杂变单纯，把一切都归结为类似的范式和习惯。保尔主张，我们无法阻止社会的急剧变化，因此我们必须通过适应社会、通过教育，建构起能够适应变化的心智结构的"第二性质"（second nature）。不过，今日的教育不能说已经达到了这些教育目标。保尔说，教师和学生"没有学会推理的技术，他们往往成为贫困的问题解决者。存在着从利己主义和自我辩护的观点出发解决一切问题的倾向。在一切场合，他们分不清记忆他人结论的学生和凭借自己的思考作出结论的学生之间的巨大差异"[6]。这样，培养学生借助自身的推理作出结论，自然成了教育所追求的目标。

保尔认为，对于拥有高尚道德与开放精神的思考者来说，本质的"心智结构"由三部分构成：（1）熟练的微观技能；（2）精炼的宏观能力；（3）心智特征[7]。所谓"熟练的微观技能"是指在有逻辑地思维和判断时所运用的一个个技能,亦即比较与对照、区分类似与差异、验证与评价假设、指出矛盾与分歧,或是认识推理及伴随推理之结果一类的技能。所谓"精炼的宏观能力"是指在现实情境中囊括而综合地运用种种的技能。诸如概括、运用于类似情境、个人观点的发展、信息源的评价、反思、分析并评价信念,以及包括这些要素的批判性读写、议论与辩论、建构主张与理论的能力。而所谓"心智特征"是指运用这些技能与能力作出合理判断的态势和判断之基准——信念与价值观。这里面包含了自主思考、公平、思考背后的情感探究、对于推理的信赖之类的智慧道德与道德责任。他强调说,单凭一个基本要素展开批判性思维的情形是罕见的,通常我们必须整合多样的批判性思维技能。

保尔依据这种心智结构的分类,整理了批判性思维的概念。他首先区分了"无批判性的人"和"批判性的人"之间的分别。[7] 所谓"无批判性的人",是指不去推敲某种事物与他人的主张,全盘接纳者;或是凭借自己的印象与好恶作出结论者。不仅如此,他还根据"弱势"(weaksense)批判性思维和"强势"(strongsense)批判性思维,区分"批判性的人"。倘若是弱势批判性思维,那么,这种"批判性思维"可以理解为同个人性格无关的一连串分割的微观逻辑性技能,同其他的学习结合在一道;倘若是强势批判性思维,那么,这种"批判性思维"可以理解为内蕴于个人性格,洞察自身的认知及情意过程的一连串整合的宏观逻辑技能。弱势批判性思维与强势批判性思维的概念差异,可以从如下三个视点加以整理:

第一,批判性思维框架的差异。在"弱势批判性思维"中,思维是沿着有限的一个框架和信念排他地进行的,保尔称之为"单一逻辑性"(monological)思维。而"强势批判性思维"的特征是,在复数的框架中有选择地进行判断的"多重逻辑性"(multilogical)思维。这也是思维中的自我与他人观点的差异。亦即,在"弱势批判性思维"中往往是自我中心或是社会中心的思维。所谓"自我中心式思维"是指仅从自己的观点出发思考事物的倾向。在以自己所在的社会与国家为中心进行思考的场合,就叫做"社会中心式思维"或是"民族中心式思维"。同"自我中心式思维"一样,构成片面的见解。这种思维往往容易造成无批判性思维所表现的偏见与偏信,或是相信错误的概念。同"自我中心式思维"恰恰相反,"强势批判性思维"的特征是,认为他人的观点与立场是最有利的,而且能够客观地看待自己的思维过程。

第二,关于思维技能的整合。在"弱势批判性思维"中,定义、比较、类推之类的个别技能成为目标,认为只要学生习得了这些技能就具备了批判性思维。它强调的仅仅是技术侧面,具有"职业训练"(vocational)的性质。而在"强势批判性思维"中,技能是囊括性地被把握的。亦即,个别的技能是在批判性思维的过程中得到运用的,在这个过程中,个人的性格、信念之类的情意侧面发挥着作用,从而获得判断与结论。技能的整合与情意侧面的作用乃是"强势批判性思维"的特征,可以谓之本质的、解放(emancipatory)的思维。

第三,关于思维对象的课题。在"弱势批判性思维"的场合所处置的课题,属于单一逻辑且分割的思维技能、限于特定之学术领域的原子式(atomic)专业式的居多。诸如关于数学与语文的难题,测定批判性思维时的测验题也是采用这类课题。而在"强势批判性思维"中,处置的是伴随价值观与信念的现实性课题,诸如判决中陪审员的决策过程往往就是处置的课题之一。这样,"强势批判性思维"的一个特征就是,运用了牵涉多种领域的课题。

由上可见,"弱势批判性思维"与"强势批判性思维"是适成对照的。前者同保尔所说的微观技能关系密切,只能是一种旨在自我保护或是引出自我主张的片面推理,后者要求立足于以情意为中心的心智特征,从别种视点作出推理的"智慧公平性"(fairmindedness)。这是微观技能和宏观能力乃至支撑这些技能、能力的心智特征的一种综合的活动。保尔并不停留于"弱势批判性思维",主张以"强势批判性思维"作为教育目标,并且探讨了批判性思维的教学方略。

二、对话性思维：批判性思维的教学方法

（一）批判性思维的教学前提

保尔指出，当今美国中小学实施的"批判性思维"教学，大部分是局限于"弱势批判性思维"的教学。然而，学生不是教师能够随意调教的一张白纸。他们已经发展了基于无批判性、自我中心性、社会中心性的习惯所强化了的信念系统。因此，在批判性思维教学中，他们对于拒绝的信念、假设和推理持有疑问是容易的，反之，他们对于自己所接纳了的个人信念提出疑问是困难的。因此，认真地诘问旧有的信念与假设，揭示个人及社会生活中的矛盾与分歧的经验是必要的。

保尔批判道，仅仅局限微观技能的训练、无视它的运用的教学，只能培养弱势批判性思维。这种教学存在如下三种典型：进行个人及社会生活中批判性思维之重要性的一般性说明，使学生认识偏见与非合理的社会问题；讨论主张的见解与不主张的见解的差异，在学生并未考察语脉与背景的情形下验证前提与结论之间的关系，引导学生学会分析、评价主张；发现决策上的且可能纠正的小错误，探索形式的、非形式的错误。[8] 这种教学模式不能有效地教授批判性思维，因为它很少接触思考者所拥有的信念与假设。造成这种局面的一个原因是心理学家研究与哲学家研究的差异。心理学家为了验证认知与问题解决的理论，喜欢运用数学、科学或是难题之类的问题。这些问题要求在单一逻辑的框架中根据既定的模式解决；而哲学家研究的是有关经验侧面的、拥有多重逻辑的、注重伴随价值观与信念的课题。在这里，作为发展合理的知识与情感的前提，保尔提出了"批判性思维"教学的三个原理[9]：第一，借助各门学科的教材去培育"批判性思维"。离开了具体教材的内容，单纯地进行思维技能的教学是没有意义的。因此，教师需要在传统的教学计划中加进培育

"批判性思维"的可行的替代方案。第二,重视对话性思维。所谓"对话性思维"是在不同观点与框架之间展开对话或讨论时进行的思维,亦即验证多种的框架、依据各自框架的优越之处,采纳主张。这样,引出对话性思维的教师不仅要重视"问题",而且要设计有助于"批判性思维"的学习环境。第三,引出"批判性思维"的方略,包括认知方略与情意方略。

(二) 对话性、辩证性思维与"提问"

保尔认为,学生在课堂教学中学习的知识是"惰性知识"(inert knowledge)。[10]这种知识是我们所拥有的,逻辑上相关但不能被运用的知识。不过,学生其实是借助自我中心式思维拥有确定的活性化的知识的,通过在对话情境中引导各自的认识,学生有可能重建概念。他强调,"对话性"(dialogical)及"辩证性"(dialectical)的思维是活跃知识、重建概念的方法。所谓"对话性思维"可以界定为伴随不同观点与框架之间的对话或是交谈的思维。亦即,依据某种基准验证复数的认知框架,鉴别各自的逻辑优点从而作出主张。"辩证性思维"的特征也是同样:采纳对立的观点,相互展开讨论,进而生成逆向的思维。这些思维促进了自由、自律的思维,同时,通过同他人的交互作用,可能生成合理性思维。

保尔指出,学校教育中的"对话性思维"具有两层意义。一是学生操作多重逻辑的课题。在对话性思维中未必要求同他人进行对话。在这里所要求的是,思考他人的观点是怎样的,或是分析他人的观点与信念得以补充的理论;二是发现无批判地拥有的观念与信念,并求得重建。这相当于面对他人的观点,修正自己的思考过程。保尔指出,在学校教育中,从低年级开始就拥有的自我中心式思维没有得以修正的机会。因此,他要求学生通过"对话性思维"也能够各自分析支撑思维的信念。

在对话性、辩证性思维中,通过运用"职务演习训练法",就不同的解决方法或是对立的观点取得共鸣。其中用得最多的就是教师的"提问"。保尔认为,倘若通过苏格拉底式的"提问"刺激儿童的思考,对话式讨论自然会发生。这是教师借助问询学生的认识与应答的含义与真实才得以成立的。"提问"的内容包括:追求表达的明确性;探寻证据与理由;考察解释的观点;协调不同的观点;验证思考的内容是否合乎实际。

通过对话性思维中的讨论,学生学会从四个角度展开思考,这也是教师"提问"的角度。第一,关于思考的契机。例如,"为什么你是这么思考的呢?"、"你能够想出构成这种信念的事情么?"之类的"提问"就属于这个范畴。第二,关于思考的根据。像"你为什么相信这一点呢?"、"人们相信这一点的理由是什么?"之类的"提问",这里包含了有关信念的问题。第三,关于同其他思考的对立。例如,"你是如何看待这种对立的观点的?"之类的"提问"。第四,关于思考的影响与结果。例如,"相信这一点的结果将会怎样?"、"为了付诸实践我们该做什么?"之类的"提问"。通过这些"提问",教师成为反思性、分析性的听者,促进学生对话性、辩证性的思维的发展。

保尔主张,学校应当从教学的短期方略与长期方略两个层面培育批判性思维。亦即,在短期方略层面,教授弱势批判性思维中所强调的具体的思维技能,设计思维教学。保尔认为,这是走向强势批判性思维的第一步。在长期方略层面,要求把对话性思维与辩证性思维贯穿于整个课程设计,从而能够整合伴有学生的价值观与信念的种种思维技能。

(三)强势批判性思维的教学

如前所述,在"强势批判性思维"中,强调微观技能、宏观能力以及支撑这些技能、能力的心智特征。保尔把这种"心智特征"分为九种:"心智自立"——独立地思考、自立性思考;"智慧好奇"——对世界持有疑问的性向;"智慧勇气"——认真地直面否定性的情感与认识的意识;"智慧谦虚"——关于我们所掌握的知识的局限性的意识;"智慧共鸣"——把自身置于他人立场的意识;"智慧诚实"——智慧的道德标准必须有正确的意识;"智慧忍耐"——必须追求真实的认识;"对于推理的信赖"——推崇自由地推理和自己作出结论;"公平性"——平等对待一切观点的意识。[11] 蒂什曼和珀金斯则概括了"积极的批判性思维倾向"的七种"关键特征":"智慧冒险"——开放性思维、探究不同的视点,对狭窄的思维极其敏感,能够产生多种选择;"智慧好奇"——持续的疑惑、探查、发现问题、热衷质询,对非常规敏感,能够仔细观察阐明问题;"寻求理解"——寻求清晰的理解、找出联系与解释,对混沌敏感,致力于建构概念;"智慧策略"——确定目标、制定并实施计划、想象结果,对缺乏方向敏感,能够阐述目标与计划;"智慧严谨"——力求精确、组织化和彻底,对可能的错误和不精确敏感,能够准确地加工信息;"寻求和评价理性"——对既定事物质疑、要求合理,对需要的证据敏感,能够权衡和评价理性;"反省认知"——意识到并监控自己的思维流向,对复杂的思维情境敏感,能够对思维过程进行控制与反思。[12] 这些研究表明,理想的批判性思维具有一些共同的要素。当然,这些要素在特定的学习领域可以呈现不同的形式。例如,数学中的批判性思维与社会或艺术中的批判性思维是不一样的,具有不同的知识基础、思维技能与过程。

批判性思维不是在真空中培养的。保尔基于上述研究,归纳了四个培养批判性思维的心智特征的教学方法:第一,为学生提供他们自己发现、自己思考的机会。这同心智自立与智慧好奇密切相关。在这里,要求学生发现信息、活用自己所拥有的知识和技能。例如,借助学生的"集体思维"讨论教科书的内容;借助苏格拉底式的"提问"使学生把所学的内容同现实生活联系起来。

第二,引出学生的不同观点,并使之理解。这是同智慧勇气、智力共鸣和公平性的教学结合在一道的。在"强势批判性思维"中,注重从不同观点来思考问题,注重求得拥有多重逻辑的见解。因此,要考虑让学生能够在开放的氛围中展开思考。教师要引导学生敢于追求以往不曾有的观念，有时要借助扮演反方角色来促进智慧勇气的产生。在讨论中，要求公平对待一切观点。教师要为学生提供彼此坚持各自的立场、修正对方误解的机会。进而让学生说明伙伴之间为什么会有不同见解，同时从自己不同意的立场来揭示其理由。

第三，指出证据与根据。这是同智慧谦虚与智慧诚实的培养相关的。教师要引导学生就某种主张询问其理由，探索它的确凿性；还必须使学生认识到，在作出判断时作为根据的智慧的、道德的基准必须是一以贯之的。

第四，确保探讨课题的时间。这是同智慧忍耐与对于推理的信赖相关的。批判性思维是一种反思性行为，正如伟大的发现经历过长时间的尝试错误一般，课题的解决要经过反反复复的思考。通过这种困难的历程，学生才能理解智慧忍耐。因此，要求确保实现长期方略的时间。[13]

上述以"对话性思维"为中心的教学构想，从理论上说，具有如下特点：它不停留于个别技能的训练，而是要求在囊括性的、复杂的语脉中展开思维；不仅思维技能，而且借助对话促进伴有信念和价值观的思维；通过"提问"涵养批判性思维的性向、态度之类的心智特征。这样，借助微观技能、宏观能力以及心智特征的整合，从而形成学生的批判性思维。应当说，这种整合思维技能与心智特征的教学方法的构想对于我国的课堂教学改革，是富有启发性的。不过，保尔的这种主张在实践层面存在一些局限性。例如，倘若以教师的"提问"为中心，那么，就难以在学生之间展开切磋，也难以产生伴随切磋的见解与批判。

三、批判性思维与新型"教学文化"的创造

"思维能力"从来就是教育理论研究与学校教育实践关注的课题。所谓"思维能力"包含多样的意涵。"理解内容"、"应当如何判断"、"问题解决"之类的人类行为，全都伴有"思维"。关于"思维要

素"的界定也是纷繁多歧,诸如"比较"、"发现"、"综合"、"推理"、"问题解决"、"决策"、"判断"、"发现"、"创造"等,因而产生了基于思维功能的分类,诸如"集中性思维"、"扩散性思维"、"逻辑性思维"、"创造性思维"或者"高阶思维"、"低阶思维",等等。在当今国际教育界,"批判性思维"作为一种重要能力越来越受到注目。

在 2009 年旨在开发"21 世纪型能力"的 ATC21S 项目研究中,把如下 10 种技能分为四个范畴:(1)思维方式——创造性与革新性;批判性思维;问题解决与决策。(2)工作方式——沟通;协同。(3)工作的工具——信息素养(信息源、证据、偏见等的调查)。(4)世界生活——市民性与全球化;生活与生涯;个人及社会的责任(包含文化意识与能力)。根据"知识、技能、态度、价值、伦理"的视点加以具体化,其中"批判性思维"就是思维方式的一个要素。而在"核心素养"的界定中,"批判性思维"又被梳理成如下四个下位概念[14]:(1)有效地推理——运用符合于情境的种种推理(归纳、演绎)。(2)运用系统思维——包括有效地分析与评价"证据、议论、主张和信念"。(3)做出判断与决策——分析与评价主要方案的观点;解释信息,基于最优的分析引出结论;批判性地反思学习经验与过程。(4)解决问题——借助因袭的、革新的方法,解决不同类型的疑难问题;明晰种种不同的观点,凝练出能够有效地解决问题的特定课题。

"批判性思维"的强调意味着新型"教学文化"的创造。课堂教学总是存在着某种文化,不管我们意识到与否,学生都在进行着某种"文化适应"。因此问题在于,教师应当创造怎样一种"教学文化"。[15]传统的课堂教学模式是一种"记忆型教学文化"。在这种文化中,教师的作用是向学生传递信息,学生的作用是接受、存储信息,并且按照这些信息行动。这种文化环境培养的是学生被动地接受知识的倾向,而不是积极地探寻和评价信息。新型的课堂教学模式是一种"思维型教学文化"。它要求教师在课堂教学中创造一种"思维文化"。这种"思维文化"具有六个要素:思维语言——具体的术语与概念,提供交流的手段,鼓励高层次的思维;思维倾向——指思维方式,鼓励高层次思维的敏感性、能力和意向;思维控制——学生反思的方式和控制自己思维过程的方式;策略精神——鼓励学生建构和运用思维策略的态度;高层次知识——超越事实信息,关注知识是如何创造的、问题是如何解决的、证据是如何收集的,等等;转换——在从一种情境转向另一种情境的过程中,关注知识与策略的联系,更广地运用转向知识与策略。[16]在这种"思维文化"中,不是要求学生被动地接受知识,而是鼓励学生进行有益的怀疑,迫使他们提出问题,探查假设,寻求合理性。

珀金斯(D. N. Perkins)指出,我们应当创造新型的"文化适应教学模式"。[17]在这种教学模式中,"文化适应"以三种相互强化的方式产生:提供示范、鼓励互动、组织教学。在组织教学中,如下几个方面对于批判性思维的培养是有效的:

"合理主义态度"。确立批判性思维的重要问题之一就是如何看待知识的源泉。对于教师和书本之类权威的绝对服从,往往降低了学习者自身努力的需要。在这种场合,重要的是"谁"在"哪里"说了什么。不过,对于权威的服从同批判性思维处于对立位置。另一种知识的源泉是现实和现象本身。不停留于现成的知识,而是直面事实,实证地理解事物的态度,谓之"合理主义态度"。在这种场合,重要的不是"谁"在"哪里"说了什么,而是"怎样"去理解"什么"。这需要作出种种努力乃至献身性的奋斗。

"有意义接受学习"。在学校教育中存在教师向学生传递知识的侧面。这种场合,重要的是学生如何接受知识。对于给出的知识毫无疑念,囫囵吞枣地机械背诵谓之"死记硬背"。奥苏贝尔(D. P. Ausubel)倡导"有意义接受学习",他从教师向学生提示知识的整体形象、以便学生得以理解的"接受学习"的角度,主张所传授的知识要在学生的认知中成为"有意义"的要素被加以结构化。应当说,在批判性思维的教学中,有意义接受学习远远优于死记硬背。

"探究学习"(发现学习)。如果说接受学习是教师向学生提示知识的整体形象使之理解的教学方式,那么,教师不向学生提示知识的整体形象,让学生自身去思考局部知识的方式,就叫做"发现学习"。在探究学习中,鼓励学生自身思考问题、发现事实与法则。从这个意义上说,探究学习是批判性思维的有效教学方式。

"反躬自问"。批判性思维要求个体客观地、冷静地审视自己的思维过程,及时修正错误。批判性思维并非普遍存在于每一个个体之中,归根结底,任何个体都只是某种程度上的批判性思维者。因此,批判性思维需要训练乃至终身培养。

毫无疑问,只有具有批判性思维的教师才有可能培养具有批判性思维的学生。我们每一位教师能够肩负起时代的这个重任么?

参考文献

[1] 青年认知心理学家之会.认知心理学家谈教育[M].京都:北大路书房,1993:65.

[2][3][6][7][9][10][14] 樋口直宏.批判性思维教学的理论与实践[M],东京:学文社.2013:158—159,165,209,210,226—227,219,11—12.

[4][5][8][11][13] 樋口直宏.批判性思维教学中思维技能的统整[J].教育方法学研究,1997(23):40,41,43,43,45,45.

[4][12][16][17] Tishman, S., Jay, E., Perkins, D. N. (1992). Teaching thinking dispositions:From transmission to enculyuration[J]. Theory into Practice, 2001 32(3).

[15] 儿岛邦宏.开拓学校文化的教师[M].东京:图书文化社,1992:15—16.

17

"有效教学"研究的
价值与展望

教育改革的核心环节是课程改革;课程改革的核心环节是课堂教学;课堂教学的核心环节是教师的专业发展——这就是学校改革的逻辑,"有效教学"的理论与实践的研究,集中地体现了这个逻辑。本文试从新的教学观出发,阐述"有效教学"研究的价值和假设。"有效教学"的研究召唤一线教师创新教学,决战课堂。

一、"有效教学"研究的价值:教学视点的变革与 研究方法的转型

学校的课堂教学活动是师生互动和共同发展的过程。因此,所谓"有效教学"(effective teaching),归根结底离不开有效地促进学生的全面发展,而学生的全面发展又是以有效地改善学生的学习方式和提升教师的专业水准为前提的。然而,在如何认识"有效教学"的内涵、如何判断"有效教学"的成效上,却存在着新旧教学观的分歧。

传统的教学观认为,所谓"课堂教学"无非是精通知识的教师向未成熟的学生传递知识的作业。教学的成败取决于教师的教授法和学生的个人能力。[1]即便在今日,这种观念依然根深蒂固。我国作为教育学科的"老三门"(教育学、心理学、教学法)之一的《教学法》,既脱离国际学术的前沿,又脱离真实的课堂情境,孤立地研究教学方法的状态误导了课堂教学的研究,进一步加剧了陈旧观念的蔓延。

新的教学观主张,任何现象都不是孤立地发生的。倘若以为,课堂教学(课堂学习)是在独立于课堂学习的种种因素之外的情境中进

行的，那就远离了现实的教学情境。"课堂"这一学习的场域，是在社会的文化的情境制约之下，在众多的学生与教师展开各自活动的同时，进行着借助交互作用而产生影响的活动。着眼于教学的对话结构，我们可以把教学的性质视为牵涉三个维度的对话性实践——建构客观世界意义的认知性、文化性实践；建构人际关系的社会性、政治性实践；建构自我修养的伦理性、存在性实践。[2]因此，当我们考察课堂教学（课堂学习）的时候，不仅必须把握教师的教育作用，同时必须把握同学之间的交互影响，以及周围的社会文化系统之类的外部变量。课堂教学并不是教师机械地向学生进行"单向的信息传递"，我们同时需要把握学生自身接受同学之间的交互影响，以及接受社会文化系统的种种外部变量的影响而发生的学生自身的"内在逻辑的变化"，面向学生周围的全部情境。换言之，教学过程从理论上说囊括了三个领域的过程：探究、理解教材的含义的认识形成与发展的认知活动；在同他人的交往中发现多元见解、感受，并学习沟通方式和社会交际的社交活动；面向自身的自我启发、自我发展的内心活动。[3]

上述两种教学观，反映了两种教学认识论——"知识传递型"教学认识论与"知识建构型"教学认识论——的分野。"知识建构型"教学认识论基于新的知识观和新的学习观，主张人类的知识涉及两个维度——"明示知识"和"默会知识"，人类知识的进步正是这两个知识维度互动的产物；主张真正的学习一定涉及人类知识的"默会知识"的维度，而"默会知识"总是同具体的、特定的情境联系在一起的，与学习者所处的社会生活实践息息相关；因此，主张所谓的"知识"并不是靠教师传递的，而是学习者自身建构的。就是说，学习是一种能动的活动，决不是教师片面灌输的被动的活动。"情境认知学习理论"就是这种教学认识论的典型代表。情境认知学习理论强调：第一，每一个学习者所内化了的知识和策略，是在他们通过同他人的合作活动表征出来，通过亲自汲取他人的视点才得以获得的；第二，学习活动是在社会的文化的语脉中产生的。就是说，所谓"知识"，总是处在必须运用该知识去解决问题的情境之中的。可以说,它是一种超越了行为主义学习理论,以认知建构主义学习理论和社会建构主义学习理论为基础的教学认识论。基于新的教学认识论,当代的教学研究倡导两种新的研究方法:[4]

第一,社会互动作用的分析。亦即关注影响到学习或是问题解决的效果的"社会互动作用"的重要性。所谓"社会互动作用"的学习情境,是指聚焦一个目标(问题解决),众多拥有同样或不同的知识和经验的学习者,共同分享问题和情境,相互影响、思考和行动的活动。在这种互动过程中,隐藏着如下的因素:提供新的信息和不同的观点与见解;把问题情境界定或重建为更加熟悉的形态;生成讨论,从而发现和选择有效的解决策略;对产生错误的原因、现行策略的适当与否,作出评价和反馈。在互动作用过程中,至少会产生两种认知纠葛:围绕一个课题或问题情境,自己的见解和解决策略同他人的见解和解决策略之间产生的纠葛;个人自身所拥有的知识、假设和解决策略同课题或问题情境之间产生的纠葛。

第二,个人认知过程的分析。每一个学生个体的内部心理状态、心理过程是不能被直接观察到的。因此,可以通过观察每一个学生解决问题的状态、测量其完成课题的成绩,从结果来推测其内部的认知过程。但是,仅凭借所观察到的行为范式和最终完成的成绩,是难以推测其内部的过程的。为了面向教学中的每一个学生,详细地了解其问题解决的过程,采取了使学习者把内部过程加以外显化的方法。这就是"话语报告分析"和"叙事报告分析"。"话语报告分析"通过"内省报告"采录话语报告数据,然后通过把这个数据联系整个情境加以分析来推测内部的认知过程。"叙事报告分析"(包括知识表征法、命题分析法、概念地图编制法等),是一种运用叙事使其认知结构外显化的方法。

"有效教学"的研究意味着教学视点的变革与研究方法的转型。就是说,意味着冲破旧的教学法研究的束缚,立足于新的教学研究的视点展开。这是符合新课程改革的诉求的:

"有效教学"的研究有助于聚焦学生成长的评价。教学，不是教师的表演。所谓"有效教学"主要是指"有助于学生成长的教学"。就是说，"学生成长"成为公认的衡量教学成效的标准。但学生成长并不是仅仅凭借学业分数就能够评定的。因此，围绕"什么是学生成长"、"如何判别"的问题是一个复杂的问题，也是一个富于挑战性的问题。"有效教学"的研究将会带动乃至冲击教育的宏观、中观、微观层面的理论研究和改革实践。倘若从深层次来思考学生的学习和成长，那么，毫无疑问，这是关系到落实每一个学生的基本人权——"学习权"，牵动着每一个学生的人格发展的大问题。

"有效教学"的研究有助于促进课堂教学的转型。从"教的课堂"转型为"学的课堂"，创造"有效学习"的三原则是：设计出教者与学者均能安心的人际关系和学习环境；学习的课题、内容、方法和评价均适于学生的学习；在活动性的学习中，学生能够主体地参与的学习。[5] 诸多案例表明，一线教师尽管理解"对话中心教学"会带来种种积极的效果，但是，面对应试教育的严酷竞争，加上对话教学的实施难度，而不得不仍然固守"传递中心教学"。可以说，他们在理想与现实的夹缝之间生存。"有效教学"的研究可以促进教师角色的转变，催生崭新的课堂教学的创造。

"有效教学"的研究有助于实现教师文化的创造。"有效教学"可以大大开拓"教师研究共同体"的实践空间。这是因为，承担起学生的学习与发展的，从根本上来说，不是每一位教师，而是整个教师团队；不是每一间教室，而是整个学校；不是每一所学校，而是整个社会文化。其实，教师研究共同体是一种超越了学科、超越了教室、超越了学校的同整个社会、整个世界息息相通的共同体。"有效教学"研究把叙事作为重要的研究方法，可以促进教师研究共同体的形成。

可以说，在新课程实施中，教育实验区中小学展开的以"有效教学"作为切入点的教学研究，冲破了孤立地研究教学方法的陋习，拓展了教学研究的视野。这对于我国中小学课堂教学的改革和转型，即从"传递中心教学"转型为"对话中心教学"，从"教的课堂"转型为

"学的课堂"[6]提供了理论支撑和实践保障。

二、"有效教学"研究的假设：对话活动的机制与教师角色的转变

"学习,可以被比喻为从已知世界到未知世界之旅。在这个旅途中,我们同新的世界相遇,同新的他人相遇,同新的自我相遇;在这个旅途中,我们同新的世界对话,同新的他人对话,同新的自我对话。因此,学习的实践是对话的实践。"[7]从这种对话哲学出发,"有效教学"的研究蕴含着三个基本假设：第一,"传递中心教学"是低效的、无效的,甚至是负效的。第二,"对话中心教学"是一种基于支持对话活动的学习环境的创造。第三,教学的转型是以教师角色的转变为前提的。"有效教学"的研究之所以称得上是"有效教学"的研究,从理论和实践的结合上回答这些问题是回避不了的。

"有效教学"是寻求教学效益的活动。因此,"有效教学"的研究首先应当致力于解决教学效益的前提条件——教学的价值取向——的问题。换言之,揭示"传递中心教学"的特征、本质及其危害性。事实上,在课堂教学的现实中,迄今为止存在三种认识论见解。一是通过传递形成认识的重视记忆的见解。这种见解的问题在于,它把教育简单化地归结为一种"教化"或是"训练"了;二是重视思考力培养的见解。这种见解着眼于思考活动的活跃化,特别是问题解决式的创造性思考能力的培养,是值得重视的。但问题在于不能因为强调了"思考"而轻视了"记忆";三是以"相互赋予意义"为基础而形成认识的意义交流的见解。课堂教学就是师生共同生成意义、交流意义的场所。[8]我们要善于区分这三种认识论,第三种认识论正是新课程改革所倡导的。"传递中心教学"的价值取向显然是以第一种认识论见解为基础的。根据日本教育学者的研究,"传递中心教学"的问题在于：第一,把儿童视为被动接受知识的存在,视为一张白纸、一种容器。片面灌输知识的结果是,儿童原本拥有的主观能动性也被消

磨殆尽。第二,使儿童丧失了学习的本来目的。学习的使命仅仅被归结为记忆现成知识,在应试竞争中出人头地。[9]"为考试而教,为考试而学",还是"为(学生的)发展而教,为(学生的)发展而学",反映了应试教育思想与素质教育思想的根本对立,这是两种不可调和的价值取向。当代课程与教学改革,说到底,就是实现从"传递中心教学"向"对话中心教学"的转型。

"有效教学"是规范教学行为的活动。因此,"有效教学"的研究应当致力于合理地实现教学目标的教学过程的创造,亦即支撑对话活动的学习环境的创造。教育部《基础教育课程改革纲要(试行)》(2001 年)清楚地规定了教学过程中应当遵循的基本规范:"教师在教学过程中应与学生积极互动、共同发展,要处理好传授知识与培养能力的关系,注重培养学生的独立性和自主性,引导学生质疑、调查、探究,在实践中学习,促进学生在教师指导下主动地、富有个性地学习。"[10]教学活动不仅有来自个体的内在特质和外部环境的影响,而且是主体和客观环境在实践中互动的场域。教学活动系统的结构由六个要素组成:[11]主体(从事该活动的个体或小组)、工具(狭义的工具和电脑之类的物理性工具,和概念、语言、图式、符号、技术等心理性工具)、对象(主体和拥有关系的、含有主体动机的客体。对象是作为素材和问题空间而存在的,通过以工具为媒介的活动,转换为结果)、共同体(参与分享同一对象的活动系统的多样的参与者,参与者理解自己在干什么,自己的活动对于共同体有什么意义)、角色分工(表示共同体成员之间的课题、能力、地位的水准及垂直分割。或者表现为水平分割时的成员之间的对称关系;或者表现为垂直分割时的成员之间的非对称关系)、规则(制约活动系统中的行为和交互作用的明示的或默会的规则、规范、习惯)。主体运用工具作用于对象的行为,本身不是独立进行的,而是主体所属的系统的规则和共同体、角色分工之类的要素所支撑而展开的。这些要素即便"视而不见",却对主体的行为产生着巨大的影响。

当代学习科学的最新见解尽管不可能提供什么秘诀,但也为教

师提示了学习环境设计的教学论原则。就是说,教师需要交织如下四个视点,才能设计有效教学的环境:

1. 学习者中心的视点。这是指充分注意学习者带到课堂中的知识、技能、态度、信念的环境,亦即意味着能够用"文化适应"、"文化适切性"、"文化协调"、"文化关联"来形容的教育实践,同时这也是跟"诊断性教学"的概念吻合的。

2. 知识中心的视点。这是指学生通过基于理解的学习、产生迁移的学习,获得真正意义上的智力的环境。知识中心的环境同着眼于学习者的环境多有重叠的部分。所谓知识中心的环境也是一种重视意义理解的环境,还是促进学生元认知活动的环境。所谓支援加深理解的学习、促进意义理解的课程,实质上就是"渐次形式化"。这是一种一步一个脚印地按照阶段顺序使学生发现,自己开始上学时的非正式概念在教学过程中是如何变化为正式(形式)的概念的课程。

3. 评价中心的视点。有效的教学环境是学习者中心环境、知识中心环境,同时,也是评价中心环境。就是说,重要的是给予反馈信息、获得修正的机会,然后进行形成性评价和总结性评价。

4. 共同体中心的视点。随着学习科学的新进展,学习环境的共同体色彩受到了关注。作为共同体的环境,不仅是班级和学校的共同体,而且包括了家庭、社区等学校周边的更大的共同体。上述"学习者中心环境"、"知识中心环境"、"评价中心环境"、"共同体中心环境"的四个视点是密不可分的,整合四个视点设计教学环境乃是促进学校内外学习的关键。基于"整合"的视点来设计教学环境蕴含三个要诀:一是谋求种种教学活动的整合;二是谋求整个学校的合作;三是学校中的活动不能脱离社区的目标和价值。[12]

教学中的对话是旨在实现教学的目的而展开的。不同于无轨电车式的胡扯,也不同于学术讨论。它是以教师的指导——教师制定对话的目标与计划,因应教学过程的阶段而展开的具有种种功能(诸如应答功能、控制功能、练习功能、准备功能),为引导学生发展智慧与德性提供一定的方向为特征的。不过，在教师的指导下也存在教师对教学对话过分干预的问题。"倘若这种干预引向极端，学生只能想教师所想，说教师所说。在这种场合，教师的提问要求学生的回答完全与教师的说法一致。教师只要稍加变动一下提问的语词，学生都可以做出解答。这种对话，从根本上说绝非真正意义上的教学对话，它不过是中世纪的宗教性教学中运用的，18—19世纪西方盛行的'问答教示法'式的问答教学罢了。"[13]近年来，"有效教学"的研究发现，"对话中心教学"的不可或缺的条件是形成对话活动的机制。日本教育学者通过教学实践的系统观察，具体地描述了支撑对话活动的若干重要规则：[14]分享每一个人的想法和见解；不惧正确与否，畅所欲言；发表见解前，仔细思考；在提问和阐述时叙述理由和根据；深入讨论，直至大家能够理解和接纳；分享所有适当的信息、认识和解决策略；在做出一定的结论之前，探索其他的可能性；相互帮助、相互激励；不是个别人而是小组负有责任；不仅诚服地接受他人的见解，而且敢于做出批评和反驳。上述规则是理所当然的。一旦这些规则被班级全员所理解、掌握并且得以自动化，学生就会成为课堂教学的主角，然而这却不是一朝一夕能够达成的。

"有效教学"是关注学生成功的活动。因此，"有效教学"的研究应当致力于教师角色的转变。美国的西尔伯曼（C. E. Silberman）教授在他的名著《教室的危机》中就探讨了教师角色转变的内涵及其基础。他说，课堂教学的转型取决于两个要素。一是班级氛围的变革；二是学习方式的变革。[15]所谓班级氛围的变革，是指走向人性化的理解，和相互信赖的班级氛围；所谓学习方式的变革，是指教师并不是全部知识的源泉，教师不是包办代替，而是采取使学生的学习变得容易，照顾学生个别差异的形式。从近年来我国的新课程实施的报告来看，这种追求显然已初现端倪。在新课程实施的背景下，在抵制应试教育的失效教学、探寻素质教育的"有效教学"的过程中，中小学教师的角色正在发生着微妙的变化：

第一，教师的能力正在发生着从"传递力"向"创造力"的转变。

凡被认为是成功的有效的教学,作为参与者的每一位教师一定会从中感受到挣脱"灌输中心教学"走向"对话中心教学"激情,并且享受着教学创造的快乐。这就是说,教师不再满足于如何有效地传递现成教材内容的"传递力",而在谋求学生独立解决课题的学习中,立足于教师对学生行为的预测,创设新的学习情境。这意味着教师的传递能力和创造能力的提升,而这些能力的提升又是以理解学生的能力为前提的。每一位学生都是独一无二的存在。越是关注学生主体的学习活动,就越是需要教师洞察学生的学习:他们是如何活动的,是沿着什么方向展开的,面临哪些问题。教师倘若缺乏这种洞察,与学生一起随波逐流,学生主体的能动的学习活动就会灰飞烟灭。

第二,教师的视野正在发生着从"学科视野"向"课程视野"的转变。传统的分科主义课堂教学的弊端是:忽略了学科教学的道德价值;割裂了学科之间的整体关系;脱离了儿童世界和现实的社会生活世界。在"有效教学"的创造中,"三维目标"替代了"单维目标",跨学科的"课程视野"替代了"学科视野",因而促成了多种多样的充满探究、体验、实践、合作、创意、表达为其特征的课堂教学类型:以探究性学习为主的教学新课堂、以体验性学习为主的教学新课堂、以社会性学习为主的教学新课堂、以合作性学习为主的教学新课堂、以个性化学习为主的教学新课堂、以信息化学习为主的教学新课堂。这些新课堂无疑有利于学生知识的综合化和实践化,从而提升学生的综合素养。

第三,教师的作用正在发生着从"控制者"向"引领者"的转变。一味强调教师的控制作用,学生对教师唯命是从、言听计从,是难以培养学生的主体性和个性的。这样,如何发掘教师的实践智慧,借助教师"支援"和"帮助"作用的发挥,用引领学生自主解决问题的教学艺术去替代教师发号施令的教学技术,成为促进教师教学行为转变的关键。"支援"不等于"放任自流","支援"的教学行为大体包括:建议、发散性提问、气氛调节、肯定性评价等。可以说,在"有效教学"研究中,教师的角色作用不再是单纯的技术熟练者,而是"反思性教学"专家。

总之,在"有效教学"的研究中,教师不再以知识权威和绝对权力的姿态走进教室"传道、授业、解惑",而是充当课程实施的"积极推进者"、"平等对话者"、"行动研究者"的多种角色。换言之,教师的角色,不存在所谓永恒不变的知识结构,也不存在所谓的知识权威,教师更是一个"解构者"。在解构的过程中,与学生共同参与知识文化的建构。这样,以往教师教育所根植的教育原理、课程理论、儿童发展理论、学校制度理论、教育评价理论、学校社会学理论,等等,均须重新加以检讨了。

三、"有效教学"研究的展望:决战课堂的召唤与教师文化的创造

"有效教学"的研究召唤一线教师"决战课堂",这是天经地义的。我国教育界多年来形成的教师从事教学研究的风气很好,值得肯定,但是事实上很多课题不适合教师研究。那些宏观的、决策的东西不是一线的老师所能够触及的。因此广大一线教师要学会选择,有所为有所不为。研究不能漫无边际,要有所规范。日常的课堂教学实践和教学研究的结合是一体化的、有价值的研究主题,而且这恰恰也是一线老师的优势。我国自 20 世纪 50 年代以来就建立了大体同样宗旨的"教学研究"制度和课堂教学研究,强调教师通过师徒之间、同事之间的共同备课、观摩教学、课前课后的交流分享等协作式学习,达到共同提高的目的。然而,这个制度却在"应试教育"的背景下扭曲变形了。我国新一轮的基础教育课程改革倡导"校本研修",将最大限度地激活这个传统制度的生命活力。[16] 教师一旦关注自身的专业发展,变革陈腐的教育观——儿童观、学力观、教学观,特别是着眼于发展自己的培育学生主体和个性的教育能力,那么,绝大多数教师就一定会致力于课堂教学的变革,并且源源不断地形成具有自身风格的课堂创新能力。事实上,从全国各地新课程实施的案例中,我们

可以发现,课程改革的基本理念一旦为广大教师所把握,课程改革的主战场——课堂教学,将会发生何等惊人的变化!任何怀疑课程改革无所作为的观念都是没有出息的,那些诅咒课程改革"注定失败"的论调更是站不住脚的。

"有效教学"的研究催生教师文化的创造。传统的教学研究被视为"理论专家"的专有领域,把教学研究封闭在固有的框架之中,指向"技术性实践"的所谓"教学科学"。亦即,探求任何课堂普遍适用的一般性的技术原理,偏重于科学性技术的合理运用。传统的教学研究的这个弊端是不可否认的。倘若追寻课堂中活生生的儿童的学习,真切地把握一个个具体的教学特征,探究课堂"事件"的意义,使教师获得应有的实践性认识,那么,"技术性实践"取向的教学研究是不可能的。要探究每一个教师和每一个儿童的具体的活动和经验的意义,就得寻求"反思性实践"取向的教学。"反思性实践"教学的研究旨在解读特定课堂中发生的具体经验和"事件"的意义,尊重主观,寻求叙事性的认识,形成课堂的实践性知识,并且编织课堂经验的意义与关系。这是一种基于"实践性知识"的"看不见的实践"。这里牵涉到教师的精神境界和精神状态问题。教师不读书是不正常的现象。"正如旅游能开阔心胸一样,熟悉各类对立的观点也会拓展你的视野。你应该反思不同的学习理论,并且思考各种理论在教师实际工作中的意义。"[17]所谓有比较才有鉴别,有鉴别才有理解。比如,大而言之,整个学习理论的发展经历了行为主义、认知主义、社会认知主义、社会建构主义的历程,每一个里程碑都各有意义。我们今天说要重视社会建构主义,不等于完全抛弃行为主义的视点,像四则运算、数列等知识点还是需要训练的。但问题是,行为主义无法回答高级思维能力的开发问题,因此必然会上升到社会认知主义和社会建构主义的阶段。我们的学术界不要还没有看懂什么叫社会建构主义就对其批判一通,这是不学习的结果。我们更需要的是多学习和了解各种学习理论,开拓视野。教育部将要出台的有关教师教育专业标准和课程标准的文件将会强调两个维度。第一个维度是从个人维度去衡量教师的专业发展。比如语文老师在语文学科领域内是否有扎实的造诣。但仅仅从个人维度进行考察是不够的，还需要有第二个维度——集体维度的视角。比如，是不是形成了善于合作的教师团队。实际上，任何学生的成长和发展都不是教师一个人的功劳，是整个学校的功劳，是整个社会文化滋育的结果。围绕"有效教学"的行动研究，不仅仅有助于学生更好地成长，实际上也有助于每一个老师更好地发展。这两点是不对立的。它充分体现了我国古代教育家的智慧——"教学相长"。

"有效教学"的研究方兴未艾。在新课程改革背景下，一线教师面临的挑战是，如何通过"创新教学"和"行动研究"，推动"有效教学"研究的进展，借以激荡每一个学生成长的韵律，燃起每一个学生成功的希望。课堂教学作为一种复杂的社会现象，归根结底是社会文化的一个缩影。正如佐藤学教授指出的，"无论哪一个国家，学校教育总是浓缩了该国的一切社会与文化的元素的。学校教育的改革并不是单独的改革，教育改革的推进不能游离于该国的社会历史与文化传统之外。……构成学校的一切成员倘若不建立起彼此信赖合作的关系，那么，任何改革都不会取得成功。倘若每一位儿童的尊严和学习的潜能得不到尊重；倘若每一位教师的专业性和献身性的实践得不到尊重；倘若每一位家长对于教育的期待和多样的认识得不到理解，以及学校中持续地激励和帮助每一位儿童学习的亲和力，在这些成员中未能得到培育，那么，学校教育的改革是实现不了的。"[18]我相信，通过有效教学的理论与实践的深入研究和积极推广，广大一线教师一定会在素质教育的旗帜下，编织出层出不穷的课堂创新的故事。

参考文献

[1][4][11][14] 高垣真弓.教学设计的前沿[M].京都：北大路书房，2005：1—2,5—15,3—5,144—145.

[2] 佐藤学.学习的快乐——走向对话[M].钟启泉，译.北京：教育科学出版社，2004：20.

[3][18] 佐藤学.课程与教师[M].钟启泉,译.北京:教育科学出版社,2003:
153—154.

[5] 土歧圭子.教师学入门[M].东京:米克尼出版,2006:172.

[6][7][8][9] 钟启泉.对话教育:国际视野与本土行动[M].上海:华东师范
大学出版社,2006:132,136,121—122,133.

[10] 教育部.基础教育课程改革纲要[A]//钟启泉,崔允漷,张华.为了中华民族
的复兴,为了每位学生的发展——《基础教育课程改革纲要(试行)》解读
[M].上海:华东师范大学出版社,2001:7.

[12] 钟启泉.学习科学:儿童学习的多元解读[J].全球教育展望,2006,35(5):
21—28.

[13] 佐藤正夫.教学原理[M].钟启泉,译.北京:教育科学出版社,2002:
311—312.

[15] 西尔伯曼.教室的危机[M].东京:萨伊玛尔出版会,1973:3.

[16] 卢敏玲,等.课堂学习研究——如何照顾学生个别差异[M].李树英,郭永
贤,译.北京:教育科学出版社,2006:1(中文版序).

[17] 菲利普斯,等.学习的视界[M].尤秀,译.北京:教育科学出版社,
2006:17.

18

教材的概念与教材
创新的课题

　　传统的教学论往往把教材限定于概念和法则,这种观点是片面的,必须广义地界定教材概念,以赋予其新的含义。在教学实践中"教教科书"还是"用教科书教",清晰地反映了两种教材观的歧异,它是区分新旧教学的分水岭。在科学的教材观看来,优质教材不是冷冰冰的死板的教条或教义,而应当是一种富于"人文情怀"、引导儿童展开对话的一系列文化探究。确立科学的教材观是教材创新的根本课题。

一、教材的性质及其定位

　　在教学论研究中存在不同的次第进化的教学论模型:"教学的三角形模型"、"教学的四角形模型"、"教学的动态过程模型"、"应答性学习环境模型"①,等等。在不同的教学论模型中,"教材"(teaching material, subject matter)概念的界定,从狭义的"教科书"到广义的"应答性学习环境模型",形形色色。所谓学校中的教学,是在"教

---

① "教学的四角形模型"——借助如下两个视点,即:目标、内容、方法、组织、条件等要素,教学的过程、儿童的人格与集体的发展过程,来加以修正和补充,以更严密地把握教学结构。这个模型表示了教学是在作为形式作用关系的"教—学",与作为实质关系的"内容—方法"的交叉点上形成的。从教的侧面看,明确了教学过程构成的逻辑侧面——目标、内容、方法、组织——的关系,在这里,最典型的是内容与方法的关系;从学的侧面看,明确了如何统一地把握什么,以求得知识习得(实质训练)与能力发展(形式训练)的统一。"教学的动态过程模型"则是着眼于结构性地把握制约教学形成与发展的多种条件的模型。不仅从目标—内容—方法的关系链中去把握教学,也不仅是单纯的知识系统的教学,同时也意味着态度、信念、能力体系的发展过程。

材"、"教师"、"学生"这三个因素的构成中,教师直接地或以教材为媒介作用于学生的教育行为。——这就是众所周知的"教学的三角形模型",一个实体地表征教学的构成要素,把握教学结构的最通俗的模型。这里的教材一般指教科书。"应答性学习环境模型"则强调儿童作为学习的主体,直接面对学习环境而不是传统教学中被动地接受教师的教材讲解,这里的"教材"是一种"旨在儿童通过学习达一定目标而选择的文化性素材(事实、现象、资料、作品)等"。[1]这种文化性素材不仅牵涉教科书世界,而且牵涉现实的社会世界和虚拟的网络世界。由此可见,从最原始的教学论模型到最新的教学论模型,其教材概念所涵盖的广度形成了鲜明的对照。

其实,即便在"教学的三角形模型"中,"教材"的概念也未必有公认的界定。一般认为,在教育活动中依据一定的教育目的所选择出来的教育内容,作为教学时的材料,就是"教材"(teaching material)。[2]一言以蔽之,就是"使之学习某种内容的材料"。这个术语是多义的,这是由于内容与材料之间的关系是复杂的。试举一两个例子。家政科中学习裁缝方法的场合,其所使用的布料就是教材。而在这种场合使用的布料,一般是没有什么颜色之类的限制的。就是说,教材具有可替代的性质。语文学科也是同样。通过教材学习词汇和语法,学会阅读,这种场合的课文是可以替代的。这样看来,教材与内容可以明确加以区分,教材的含义是清楚的。但深究起来,未必那么简单。以历史学科为例,"法国大革命"的题材本身是个内容,但它也是世界史上大众创造历史的一个案例,也可以视为教材。就是说,在这种场合,是把"法国大革命"作为教材来学习人类发展的法则了。这样看来,内容与教材是难以简单地划分的。因此,教材的含义可以区分两种用法:一是同内容不加区别的场合,即囊括了内容含义的教材;二是同内容相区别的场合,像语文,具有容易区别的倾向,而数学却具有难以区别的倾向。

教材是制约教学过程的一个重要因素。不过,如何把握教材的性质,这是以教材如何分类为前提的。教材性质的把握大体可分三种视点：

1. 通常按照学科分类来把握教材性质，但也未必有明确的界限。例如，家政科中有关营养的部分属于自然学科的教材，有关裁缝的部分属于技能性教材，有关家庭经济的部分属于社会学科的教材等，教材性质有着复杂的构成。

2. 按照学力或智能的要素来把握教材性质。有的教育学者倾向于囊括性地划分，诸如把教材区分为四种——生活教材、认知教材、表现教材、技术教材；有的教育学者则是从一个人应当具备的学力的角度来进行分类，诸如语言学力（可再分为接受与表达）、数量学力、社会学力、自然学力、艺术学力（可再分为欣赏与表达）、身体运动学力等六种学力，等等。这些都是基于学力领域的分类或是智慧要素的教材分类。应当说，这是超越了现行学科区分的把握教材性质的有力视点。

3. 按照认知发展过程来把握教材的性质。不过，仅仅这样来把握教材性质还是不充分的。这是因为，人们的认知是多层次的，包括了要素性认知阶段、概括性认知阶段、实践性认知阶段，因此，把教材分为要素性教材、概括性教材、实践性教材也是可能的。如果说，第一视点是以学科为基轴考察教材的性质，那么，第二、第三视点则是以儿童为基轴考察教材的性质。这样，我们或许还可以把加德纳（H. Gardner）的多元智能理论和布鲁纳（J. S. Bruner）的"动作表象—图像表象—符号表象"的发展序列作为教材的分类依据，等等。以上两种视点可以视为从横向——基于学力领域（或是"智能要素"）和纵向——基于认知发展的阶段来把握教材性质的两个视点。应当说，这是超越了现行学科区分的把握教材性质的有力视点。

传统的教学论往往把教材限定于概念和法则的观点是片面的，必须广义地界定教材概念，以赋予其新的含义。值得我们注意的是，现代教学论对"教材"概念的界定突出了三个要素："其一，作为学生的知识体系所计划的事实、概念、法则、理论；其二，同知识紧密相关，有助于各种能力与熟练的系统掌握、心理作业与实践作业的各种步骤、作业方式与技术;其三,知识体系同能力体系的密切结合,奠定世界观之基础的、表现为信念的、政治的、世界观的道德的认识、观念及规范。"[3]这就是说,所谓"教材",不仅指各种概念、原理、法则、理论,而且包括心智活动与实践活动的各种方法、步骤、运算、规则、技术,以及世界观、人生观和价值观。因此,确立新的教材观,无论对于现实的课程教学改革的实践抑或理论研究,都是严峻的课题。我国的中小学课程教材改革基于新的知识观确立了"三维目标"——知识技能、过程方法、情感态度价值观;基于新的教学观倡导"三维世界"——教科书世界、网络世界、现实世界——的学习环境,为基础教育课程的基础开发展示了无限广阔的天地。这是学生获得真正的发展所需要的。面对课程改革的大势,被誉为教育实践界精英的某些特级教师的表现令人担忧。例如,一位物理学科的特级教师居然宣扬"物理教学无非是原理定律加大量练习",这种陈词滥调所带来的客观效果只能是对抗"三维目标"、张扬"只认分数、不问人格"的应试教育的舆论。

教材概念需要在一系列的关系链中加以定位。哪些文化性素材可以成为教材,归根结底依存于教育目的。从原则上说,"教育目标"(培养学生具有怎样的人格)是制约"教学内容"(应当使学生具备哪些素质)的;"教学内容"又是制约着用什么"教材"作为媒介的;而旨在掌握教学内容的手段或是媒介,就是"教材"。在这里,重要的是在"教育目标—教学内容—教材"的关系链中,各自处于相对独立的关系。正因为此,教学才可能从单纯的教材(教科书)灌输或死记硬背中摆脱出来。在我国新一轮课程改革的背景下,教材的概念被大大地丰富,教科书也终于得到了明确的定位。教科书往往是一种体现国家意志的预设的核心教材,尽管如此,教科书不再是完成课程教学目标的纲领性的、唯一的文本,其作用在于示范和建议,而非命令和强制。换言之,教师在教学过程中需要处理好"预设"与"生成"的关系。"预设"是为了"生成",教科书的预设是旨在具体教学情境中的动态生成。生动丰富的教材的生成是凭借教师专业判断的属于教师专业自律范畴的权利,就像医生针对病人拥有的处方权一样,教师则有教育的处方权。因此,诸如在语文教材中该不该引进《天龙八部》、该不该采用"刘翔"的题材之类的问题,是无须"全民讨论"的。

二、教材的历史演进与两种教材功能观的分野

教材在现实的学校教育中所发挥的作用与功能,是随着社会形势、教育体制的变化和学术文化的进展,以及教育研究的发展而历史地发生着变化的。在近代以前,学校里以基督教的圣经和儒教的四书(大学、中庸、论语、孟子)五经(易经、诗经、书经、春秋、礼记)这些经典、古典的文献的原文作为教材来使用。尽管也要求学生理解其神圣的内容,但基本上是采取死记硬背的方法。夸美纽斯(J. A. Comenius)着眼于创建"把一切事物教给一切人们的全部艺术",认为该艺术的关键只有一个,那就是以适当的教学方法编制教科书。他编制了面向儿童的世界上的第一本教科书——《世界绘图》,并成为了此后漫长岁月里欧洲各国儿童爱读的模范教科书。近代社会的教科书就这样成为或多或少体现了"教学的技法"、使儿童得以快乐学习的读物。可以说,近代社会之前,形式训练是教材选择的标准。直至 18 世纪末叶之前,都仅仅把古典语作为教材,让学生通过古典语言的学习,获得记忆力、准确性、推理力等的智慧训练。在 19 世纪初和后半叶,分别增加了数学教材和自然科学教材。这些学科的新设,与其说是让学生学习数学和自然科学本身,不如说是通过观察、演绎推理与归纳推理,获得智慧训练。而针对这种形式训练的教材价值观,斯宾塞(H. Spencer)率先主张教材必须有助于社会生活。他认为,直接有助于生存的知识和技能最有价值。进入 20 世纪,这种教材价值观在美国得到传承。所谓"活动分析法"就是通过调查、分析成人活动引出教材的一种方法,这种方法成为日后有助于生活的教材价值观的重要思想源流。然而,借助成人活动的分析引出教材的方法本身遭到了批判,因为它往往无视了学习主体——儿

童——本身。这就是说,在选择教材的场合,儿童的发展阶段和认知过程、创造过程、集体过程,是一个重要的支柱。况且,从另一种角度说,必须使得儿童通过教材去认识科学和艺术,进而创造科学和艺术。

从历史上看,作为教材编制的方法之争——"经验单元"与"教材单元"之争——此起彼伏。自赫尔巴特(J. F. Herbart)学派的戚勒(T. Ziller)以来的"单元法"是以儿童思维活动的单位作为编制教材的方法发展起来的。"单元学习"(经验单元学习)在新教育中处于核心地位。在课程改革运动的低谷时期,单元教学的探讨在现场的教学研究中逐渐销声匿迹。不过,儿童的探究性学习活动如何与教材的单位有机地结合和整合,始终是课程研究的重要课题,"单元法"所提示的基本课题即便在当今也并未黯然失色。在"经验单元"中有"问题单元"、"活动单元"、"作业单元"之别。与问题解决学习说相对立的系统学习说从学科内容的系统性、逻辑性出发,突出"教材单元"的优越性。在这种场合,编制系统地传递学术知识和技能的课程成为主体的作业。布鲁纳强调了培养分析性思维和直觉思维,唤起创造性发现的知性兴奋的必要性。他提出假设说,任何学科都具有智慧的性质,可以有效地教给任何发展阶段的儿童。并且指出,"准备"不是儿童发展的系数,我们需要研究两个基本课题。其一,如何以反映"学问结构"(structure of discipline)的方式去设计课程的问题;其二,如何把"学问结构"翻译成适于不同年龄阶段的儿童的"认识逻辑"与"思维结构",亦即如何去发现适于儿童的教材——"题材结构"、"教材结构"——的问题。

杜威(J. Dewey)的"知识"或"教材"三阶段说或许可以为我们提供考察教材结构的一条基本线索。杜威把"教材"视为"旨在解决问题情境而使用的材料"。他在《民主主义与教育》中给"教材"下的定义是:"所谓教材,就是在一个有目的的情境的发展过程中所观察的、回忆的、阅读的和谈论的种种事实以及所提出的种种观念。"[4]在这里,杜威显然是把教材作为活的知识来把握的。换言之,在他看来,

"教材即知识"。不过,这里的"知识"决非死的知识、静态的知识、现成的知识,而是活的知识、动态的知识、生成的知识。杜威认为,在儿童的经验中,"教材"(即活的知识)的成长可以区分出三个相当典型的阶段。第一阶段,儿童的知识是作为聪明才力,即"做事能力"而存在的。这种教材表现为同事物的亲近,或是对事物的熟知。第二阶段的教材渐次地借助别人传授沟通的知识或信息得以积累和深化。第三阶段,终于扩充和全面地掌握而达到合理地、有逻辑地组织的材料。就是说,相对而言,掌握这种材料的人,就是这门学科的专家。[5]具体地说,可以理解为三个层面的"活的教材"。

1. 作为行动的教材。在课程的最初阶段里,"做中学"是教学的基本原理。应当认识到教材的自然的发展进程。原始的或是最初的教材总是一种主动的行动,包括身体的运动和材料的处理。学校的教材不能同学生的需要脱节。"活动性作业"成为"教材"的中心内容和最初阶段。

2. 作为信息的教材。在活动性作业中,自由沟通的精神成为最大的特征。而这种自由沟通的精神一旦实现,就得自由地展开观念、启示、结果的交换,亦即以往经验中的成功与失败的交换。正因为此,才会产生"社会知识"(信息)的大量积累。在这种"社会知识(信息)"的积累过程中,作为相互沟通的结果,人们从中分享了许多东西。这就是信息获得过程——作为"合作性作业"、"社会性作业"而展开的"活动性作业"的"沟通"——的本质。不过,在现实中,这种作为信息的知识往往停留于知识本身的积累,这样一来,以为他人提供的现成的信息越多越好了。但是,在杜威看来,这种作为信息的知识的静态低温储存的理想,对于儿童教育是有害的。因为它剥夺了儿童思考、探究的机会。

3. 作为科学(或合理化知识)的教材。杜威主张的"教育是经验的连续改造",归根结底是"探究的连续展开"。我们在探讨教材的时候,最终必须探讨"科学或合理化知识",即真正意义上的探究的问题。关于作为科学的"知识"或是"教材",在本质上是"假设性"、"试验性"、"暂时性"的。因此,"科学"应当视为"知识的组织"。不过,杜威说,"科学或合理化知识"是"学习的完美的知识成果"、"学习的极致"、"知识活动的成果"、"知识活动的最终阶段"。这是确凿无疑的事实。因此,以"逻辑性"、"合理性"为特征的"知识的陈述"也是确凿无疑的事实。作为"科学的知识",显然是一种拥有"逻辑秩序"的"陈述"。

在现实的教育实践中存在着两种教材功能观。一种观点认为,学生的发展直接地受制于教材的选择和排列,把某种特定课业的教材的习得视为教学的本质。另一种观点认为,教材是教育过程中的必要成分,不过,它是可以广泛地彼此替代的。只是在作为刺激学生发展的手段之时,才会发挥教育的功能。前者是目的型教材观,后者是手段型教材观。两种不同的教材观蕴含了两种不同的教材功能。

目的型教材观从教师的角度出发,把作为学科内容的教材视为完成教学任务的决定性手段。在这里,把教材习得本身等同于基于教材习得的儿童发展。这样,教材的传递活动是核心的:教师提供一连串的教材以便儿童形成教师所期望的一定的表象群;或者扎扎实实地储存知识,以发展儿童的记忆力。这样,不仅教师的教材自主编制、教材自主选择受到限制,而且教师的教材研究工作也被排斥在外,教师的教材讲解成了单纯的内容传递的说明——照本宣科了。这是不能引发儿童对教材的对话的。其教学的形态表现为,采取讲解式或图解式的方式灌输现成知识,限制乃至消灭了原本丰富多彩的世界。在目的型教材观看来,教材不是学科内容与儿童之间的媒介,它从一开始就作为习得的对象,诸如概念和法则之类,原封不动地摆在儿童面前的。儿童的学习过程是被动地习得现成的结论。因此,作为某种科学思维活动的成果所成就的过程——知识的生成,科学概念体系的本来的发展过程,并不是对儿童开放的。这里的学习,亦即科学概念体系的习得过程,也不是基于儿童内部动机的自我运动——从无知到知、从不完全知到完全系统的知——所构成的。

手段型教材观则是将儿童借助对教材的作用而产生的主体方面

的能力的变化,视为教材的作用。这样,使得主体内部的条件产生变化、发展的素材,被视为教材的作用。这是对的,因为要发展学生的智慧能力,倘若没有同教材的对话或是互动,那是不可能的。在手段型教材观看来,由于教材与目标之间存在距离,教师的教材研究、教材解释就有可能介入。联系学生发展的含义和意义,在教学过程中考虑教材,是十分重要的。这是因为,没有主体对于教材的有意识的能动的学习活动,就没有教材存在的价值。教材不是儿童直接习得的对象,而是智慧训练的材料。儿童只有在能够自由地、能动地作用于教材的场合,才能自主地赋予教材意义,动员已知的知识建构新的知识。这种学习能够充分保障儿童的形式训练,但并不意味着作为学科内容的知识、概念、法则的习得被降为次要的了。

在教学实践中"教教科书",还是"用教科书教",清晰地反映了上述两种教材观——"目的型教材观"和"手段型教材观"的歧异。在"教教科书"的场合,教材自身是教学的目的。这种教学往往容易陷入灌输式教学。"用教科书教"的场合,教材乃是作为学生的学习课题提示应当教授的事项(要素)时的手段或媒介。可以说,"用教科书教"正确地表达了教学过程中教材的性格与功能。[6]我们不能无视儿童的思维活动、人格发展和知识习得之间的关系。这是因为,知识与思维是作为产物与过程相互结合的。知识是在思维中采取一定的形态表征的,知识借助思维而抽象化,这是一方面。另一方面,在内化新知的场合,已知的知识成为构成要素。儿童依靠他已知的知识,借助思维达于新的知识。因此,知识也是思维的一个条件。"学习的两个侧面——过程与结果,思考力的发展与知识习得——是辩证统一的。"[7]再者,知识、信念、能力、技能,构成了多层次的相互关系。知识的习得是信念形成的前提,而坚固的信念将会从本质上影响知识的习得。一方面,知识习得与信念形成是以儿童某种程度的智慧素质作为前提的;另一方面,在知识习得与信念形成的过程中,智慧素质会获得进一步的发展。在人格形成的这种复杂过程中,知识是基本要素。

"用教科书教"还是"教教科书"是区分新旧教学的分水岭。我国新一轮的课程改革针对"繁、难、偏、旧"的教学内容和"灌输中心"的教学方法,提出了"课程资源"和"对话教学"的概念,有利于革除"教教科书"的恶习。面对生机勃勃的"课程资源"的开发和"对话教学"的创造,有人却在埋怨这将导致"教学内容的泛化",一再鼓吹"教师讲解,学生听讲"的"合理性"、"合法性"。这不过是一种极力维护课堂教学的旧秩序——"教师控制学生、教师照本宣科"的课堂教学,亦即"教教科书"——的心理状态而发出的哀叹罢了。

　　新课程背景下的教材(教科书)具有"学习资源"或"学材"的性质。从儿童的角度看,现代所谓的教材(教科书)代行了教师的一部分职能,具有了即便教师不在场,儿童也能够自主地学习的"学习参考书"的性质。就是说,教材(教科书)不是单纯地通过文字传递知识、信息的媒体,而是刊载插图、照片以引发儿童的兴趣爱好,提示问题以便儿童以独立思考,加深理解;甚至是在一定程度上提示解决方略,帮助儿童自主地建构知识的媒体。现代教学论的研究表明,教材(教科书)的基本功能,大体可以概括为如下三大功能:为学习者选择并传递有价值的真实的信息与知识的"信息功能";为学习者建构自身的知识、有助于其知识的系统化的"结构化功能";为学习者提供合理的学习方法的"学习指导功能"。[8]

三、科学教材观与教材创新

　　在世界各国的中小学课堂中,教科书几乎无所不在,而且历久不衰。教材(教科书)尽管在学校教育中扮演重要的角色,但"教科书研究并没有得到应有的重视。在 20 世纪 30 年代至 20 世纪 70 年代之间,教科书的研究文献几乎销声匿迹"。[9]直至 20 世纪 70 年代,随着新课程的兴起,人们才开始关注教科书及其内容品质的问题;而新兴媒体的出现加快了教科书进化的步伐,使其进入"后教科书时代"。然而尽管如此,"传统媒体和新兴媒体在 21 世纪都有它们的用武之地",[10]特别是印刷教材,仍然占据重要地位。因此,我们不能专注于新兴媒体而忽略了传统媒体。长期以来,我国中小学教科书只有骨骼,没有血肉。① 正如当年杜威指出的:"旧教育的主要成分是陈旧呆板和毫无生气的教材,进步学校要从这些教材中解脱出来,是正当而合理的,这同样也是不可避免的。"[11]当今我国的课程教材改革也面临同样的课题。我国新一轮课程改革推出的教科书政策,就是旨在因应我国地区差异过大,打破我国中小学教材长期以来形成的教材垄断、教材划一、教材陈腐的积极的政策。

教材设计归根结底不仅取决于我们对社会需求的把握和人类知识遗产(科学技术和艺术发展)的认识,还取决于对学习者"学习"的界定。这里仅就后者作一讨论。海因希(R. Heinich)指出:"当个人与资讯及环境产生互动时,所引起的新知识、新技能或新态度之发展称之为'学习'(learning)。"[12]我们设计什么教材,不仅与学习者学习什么内容相关,而且与学习者如何学习有关。亦即关系到适当环境中信息的选择、安排与传递,以及学习者与信息互动的方式。在心理学中,不同的学习流派对学习有着不同的认识。行为学派着重强调对学习者外在行为的控制,认知学派强调内在的或由学习者主导的心理过程。这样,认知学派不像行为学派那样把学习的定义局限在可观察的行为内。而建构学派则强调,每个学习者都有一套对信息世界的解读。教学的目标不是传递信息,而是创造情境,让学生以自己理解的方式解释信息。教师的角色并非传达事实而是给学生提供获取知识的方法。不过,行为学派、认知学派、建构学派或是社会心理学派的学者都认为,优质教学应当包含如下几个特质:"主动参与、练习、个别差异、反馈、实际情境、社会互动"。[13]这样,我们就不难引出优质教材的基本条件:"要求学生在同自然、社会、文化的环境(外部世界)的交互作用所获得的直接经验(内部世界)中发现意义,

---

① 教材有别于学科内容。就是说,儿童不能仅仅学习概念和法则,概念和法则是通过具体的事实和现象加以习得的。从某种角度说,概念和法则是骨骼,而包裹骨骼的筋肉就是教材。

对它产生兴趣和疑问,展开解决问题的思考过程,提升理性的、感性的、技术的认识,谋求'知识整合'。……儿童在以往的生活经验中获得的'生活知识'和在学科教学中获得的'学校知识'激发他们的思考活动,在解决问题的过程中关联起来了。"[14]

教材设计应当遵循哪些基本原理,是值得我们探讨的。日本教育学者强调教材设计必须遵循三个基本原理:教材的典型性、教材的具体性和教材的集体性,不失为一种思路。

第一,教材首先必须反映教学内容的构成。亦即教材必须是最出色地反映出"典型地表达基本概念的本质所采取的必然的方法与形态"。[15]在选择教材时,采取"社会价值的标准"是非常重要的。基础教育学校的教材必须以学科内容的科学系统性为纵轴,以教材的生活性为横轴。就是说,必须在这纵轴(以现代科学的体系)与横轴(科学史、人类史)的交叉点上构成,以儿童各自的生活逻辑的特点为背景,折射科学法则和艺术主题所拥有的一般的、普适的生活性。这就是所谓的教材的典型性或科学性(或是教育性、思想性)。

第二,尽管如此,倘若单纯地同儿童的生活连接,表层地罗列,这样的教材并不是好教材。因为,教材是以学科内容的习得这一目的为引导,通过从目的与手段的关系定位普遍的概念和法则,使儿童内化的。必须使这种科学概念同在这个延长线上发生、消亡、变化、发展、丰富的生活概念相互碰撞,而系统地构成。否则,倘若同不具有普遍价值的纯粹的具体的生活经验碰撞的话,就不能使儿童内心世界发生丰富的、严格的内部运动,因而不能成为儿童发展的条件。教材是学生直接展开智慧运演的对象。所以,学生必须借助既有的知识、能力、感官进行操作、分析、综合。这就是说,教材的第一个必要条件是,"在引起学生注意、尝试或意识到之前已经被教材吸引了,而且已经产生了可以运用学生自身拥有的最基本的知识、经验、技术去加以解决的课题与问题,并且,作业和推理的结果最终能使学生感受到发现的惊异,在他们面前展示事物的新的侧面"。[16]这就是所谓的教材的具体性,或教材的生活性、趣味性(或是现实性、实用性)。

第三，作为教材的又一个必要条件是，容易集纳多元见解、能够组织集体思维的教材。亦即必须有相互切磋、形成价值观的集体性——"集体学习的文化"。这就是所谓的教材的集体性，这是教材设计和教学过程的组织与展开中必须重视的条件。这个条件跟前面两个条件不是矛盾的，可以说，是包容在前面两个条件之中的。

从教材开发的视点看，优质教材应当是教育目标与儿童活动这两个契机相统一的"具有学习价值的材料"。大凡优质教材应当囊括三种素材：

1. 侧重学习体验的素材。学习体验形形色色，问题在于选择哪些体验，如何对体验加以排列。这种素材实际上蕴含了这样一种倾向：不仅重视认知领域，而且重视情意领域、动作技能领域。

2. 侧重基本概念的素材。倘若按照布卢姆（B. Bloom）的分类，此类素材相当于认知领域的目标，按照加涅（R. M. Gagne）的分类，则相当于语言信息、智力技能、认知策略。这里的问题在于，选择教材内容时应当把握哪些信息源，判断教材内容质量的标准是什么，如何选择最适于该教材的分析技术。

3. 发挥信息媒体特性的素材。知识的单位与构成，是离不开素材（数据）与信息的。

日本教育学者进一步探讨了优质教材的基本要素，这些要素可以视为教材评价的基本尺度：

1. 基础性——教材必须是基础性的。教材反映初步的基本概念与法则。这里所谓的"基础"是指，开发智慧的基础，各门学科的基础。

2. 系统性——教材必须具有系统性。教材必须遵循各门学科及各部分教材的系统性。

3. 适切性——教材必须具有适切性，同学生的发展阶段合拍。一是内容本身要相应；二是能使学生掌握理解内容的方法。

4. 社区性——教材必须同社区实际相结合，有利于学生接触社会现实。所谓教材的"社区性"是指教材本身所蕴含的社区性——在具体的社区中反映了普适性的教材。[17]

另外,教材的知识系统当然是一种知识结构化系统。日本东京大学校长小宫山宏在界定了"知识结构化"的概念——"借助'结构化知识'(相互关联的知识群)、人、IT 以及这些要素的互动效应,建构知识得以增长的优质知识环境"[18]——之后,提出了"知识结构化系统的评价基准":(1)可视——处理过程可视化和处理结果可视化的知识结构化系统。(2)部件——以边界清晰的模块之集合构成的知识结构化系统。(3)俯瞰——知识的整体面貌可见的知识结构化系统。(4)联想——从某种知识通向另一种知识的知识结构化系统。(5)关系——形成知识网络化的知识结构化系统。(6)创造——从信息的检索分析导向新知创造的知识结构化系统。(7)支撑——从不同的目的与视点进行灵活处置的知识结构化系统。[19]上述评价基准为我们建构教材评价的理论框架提供了一种思路。

教材创新是时代赋予我们的使命。在科学的教材观看来,优质教材不是冷冰冰的死板的教条或教义,而应当是一种富于"人文情怀",引导儿童展开对话的一系列文化探究。这种文化探究不能脱离社会的脉动和学生的经验,不应预设凝固的教学程序和划一的标准答案。这就是说,我们追寻的基础教育教材,决不是单纯的教师和学生展开对话诠释的文本,它也是学生基于自身的经验,主动建构新的知识的基石,同时还是引导学生审视各种自然现象和社会现实,积极参与自然探究、社会探究和自我探究的指引。

参考文献

[1] 天野正辉. 教育课程的理论与实践[M]. 东京:树村房出版公司,1993:112.

[2] 奥田真丈,河野重男. 现代学校教育大事典[M]. 东京:行政出版公司,1993:348.

[3][6][15][16][17] 钟启泉. 现代学科教育学论析[M]. 西安:陕西人民教育出版社,1993:185,199,211,211,211.

[4] 杜威. 民主主义与教育[M]. 王承绪,译. 北京:人民教育出版社,1990:192.

［5］华东师范大学,杭州大学教育系.杜威教育论著选［M］.上海：华东师范大学内部教学资料.1977：192.

［7］吉本均.授业展开的教授学［M］.东京：明治图书,1980：53.

［8］柴田义松.教育课程［M］.东京：有斐阁,2001：163,176.

［9］台湾中正大学教育学院.新世纪教育展望［M］.台北：丽文文化公司,2000：508.

［10］［12］［13］Robert Heinich,等.教学媒体与学习科技［M］.单文经,等,译.台北：双叶书廊有限公司,2002：317,3,5.

［11］杜威.我们怎样思维·经验与教育［M］.姜文闵,译.北京：人民教育出版社,1991：294.

［14］钟启泉.对话教育［M］.上海：华东师范大学出版社,2006：115—116.

［18］［19］小宫山宏.知识的结构化［M］.东京：开放知识股份公司,2004：66,114—129.

19

建构主义学习观与
档案袋评价

建构主义学习观强调知识是学习者基于个人体验活动的产物，是在不断变化的社会情境之中形成的。因此，学习者是"活动式探究者"、"意义和知识的建构者"；而"档案袋评价"正是把握"每一个学习者的学习轨迹"和推进"学习网络"的有效手段。

一、建构主义学习观的特质

美国自 20 世纪 80 年代以来广泛推行"档案袋评价"（portfolio assessment），这是一种旨在把握每一个儿童学习的评价。这里所谓的"档案袋"（portfolio）是指针对某生从事的学习活动，旨在用于其评价、信息与表彰以及回顾学习过程而收集的"收集物"——作品与工作案例。这样，"档案袋评价"大体有双重含义与作用。一是归纳学习者的学习、表现与交流，以及学习者自己编辑制作的作品；二是对于学习者与教师来说是进行多元评价的素材。"档案袋评价"之所以应运而生，大体出于两个原因。一是对于 20 世纪 70 年代美国"回归基础"运动中过分的"标准测验"学力竞争的一种反思，作为替代性评价的一种摸索；二是寻求儿童"理想学习"和"真实学习"，以替代扭曲了的应试教育的一种尝试。后一个原由是更深层的，牵涉到学习观的转换以及由此而来的教育评价观的转换。

所谓"学习"（learning），一般定义为"基于经验的行动变化，即便当事人未经觉察或并无学习意图，但在一定的经验前后在行为方式上发生了某种程度的持续性变化"。[1] 然而这种界定，缺乏对于学习者的整体把握,也缺乏奠定学习者学习能力的视点。即便高喊发挥学习者的"能动性"、"自主性"之类的口号,也是同样情形:缺乏自觉地把握"学习"的含义、把握"每一个学习者的学习"的觉悟。在应试教育背景下死记硬背的"学习"无助于学习者智慧的发展,不是真正意义上的学习。那么,如何创造、如何援助"每一个学习者的学习",自然成为新课程的核心话题。

这个话题,首先是一个转换"学习观"的话题。[2]建构主义者认为,知识是学习者基于个体经验活动的产物;是在不断变化的社会情境之中形成的。因此,学习者不是单纯的"知识接受者",而是"活动式探究者"、"意义和知识的建构者"。学习与知识的获得并不仅仅限于头脑中的"信息处理"。我们不妨把信息处理理论与建构主义理论作一比较。"信息处理理论"的基本观点是:知识正确地反映了外部世界;被记忆所摄入、积累和汲取的是创造新知识的基础,是以相对不变的方式起作用的;所谓获得知识,就是指汲取了某些正确地反映了存在于外部世界的部分;难以培养运用自己所获知识的愿望;容易同现实世界和情境中的意义割裂。建构主义理论的基本观点是:所谓知识,并不是存在于外部世界的某种东西的摹写;学习是立足于业已建构、阐释的知识之上建构的;新的经验与素材是在业已建构的认知构造与体验世界的交互作用之中得以解释,并引入了某种独特的表征的;学习者拥有各自独特的见解与视野,在业已解释的知识之上建构的世界与他者的持续的交互作用之中,我们关于世界的表征得以确凿;借助专家的支援,学习者能够建构知识;"情境认知"(situated cognition)、"基于参与的知识建构"、"实践性知识"构成了关键的概念。

在建构主义者看来,学习者的学习与知识是在有内在必然性的某种"情境脉络"(real-life situation)之下加以创造的。在这里,基于每一个学习者的情感的"接受"与"确信"构成了基本的环节。因此,所谓学习,并不是从现成的知识体系中学习有价值的东西,而是以学习者的兴趣和需求为出发点,培育学习者主体。因此,需要矫正过分依赖于抽象的教科书知识的偏向,考虑到学习者所在的生活与现实环境下的文化背景。这样,建构主义学习论的基本特色可以归纳为如下几点:(1)同儿童个人世界的关联。学习者各自拥有的兴趣爱好、心理状态、学习风格与能力、动机、感情等,是千差万别的。(2)知识是建构的。所谓学习,是建构知识、意义与理解的建构式的过程。(3)重视合作与沟通的过程。学习是在积极的人与人的交互作用过程之中进行的。(4)重视超越了学校的学习活动的价值,学习具有情境化认知的连续性与情境依存性。(5)所谓学习,基本上是一种自然过程。

建构主义的学习理论为我们提出了如何培养"每一个学习者的学习"的课题,亦即寻求这样的"学习":基于体验与活动的、关注学习者内在兴趣爱好的学习,以及以关注学习者的整体的成长与发展为轴心的每一个学习者的学习。这种发展学习者经验的新学习观,要求新的评价方式的设计。这是因为,要发展每一个学习者的经验,创造每一个学习者的学习,就得洞察"学习者的学习轨迹",借以判断哪些是有意义的或有价值的经验。

要使得教育评价有助于教学的改进,就得明确目标并且设计适当的评价方式。研究表明,关注"学力"(学习)的质的水准有助于评价方式的设计。不同层级的学力目标(认知水准)构成了不同层次的学科教学的课题。一般而言,真正的学力(真实的学习)大体由三层结构组成——(1)知识的习得与巩固;(2)知识意义的理解与凝练;(3)知识的有意义运用与创造。相应于上述三种认知水准的评价方式自然也各不相同。[3](1)在"知道、能够"水准的评价设计中,重在知识、技能的测定。诸如采用填空题、是非题之类的客观测验,对于测验评价简单的知识、技能是有效的。(2)在"理解"水准的评价设计中,重在基于知识表象与思维过程的表达的评价方式。诸如采用描述法、概念地图法、简单的问题论述,或者让学习者在思考之际把思考的过程与答案的理由写在笔记本上,等等,这对于把握学习者的理解方式与困惑是有效的。(3)在"运用"水准的评价设计中,重在让儿童基于情境,动员自己既有的知识,同他者一起挑战"无标准答案的问题"解决的过程。这是传统的评价方式做不到的。然而,学习者的思考力,特别是综合问题的解决所需要的运用水准的思考力,是必须培育的。

"档案袋评价"被视为"表现性评价"的一个典型。所谓"表现性评价",一般是以问题情境中产生的学习者的活动与作品为线索,衡量考察其对概念意义的理解与知识、技能的综合运用能力的一种质性评价方法。从狭义上说,亦即设定真实性的场面,设计能够引出学习者的真实成绩的、测试学习者实力的评价课题,然后评价其活动的过程与成果。这就是所谓的"基于表现的评价"。从广义上说,从儿童在课堂教学中的发言与行为、记录的笔记,到日常的学习活动过程的非正规的形成性评价,就是"基于表现的评价"。基于"核心素养"的教育评价方式所考察的,不仅是知识的量的问题,而且重要的是采用以"表现性评价"为主的多侧面、多角度的评价方式。

二、教育评价观的转换与档案袋评价

20 世纪 80 年代以来,在欧美文献中"评价"(assessment)替代了"评鉴"(evaluation)成为频繁使用的术语,意味着教育评价观的根本转换。[4] 所谓"评价",是指在复杂的、连续的教学过程中,教师旨在做出更好的判断而收集、解释和利用信息。"评价"一般包含三个要素:认知、观察、解释。即,"观察"学习过程中学生的言行;"解释"为什么会出现这种行为;因而必须有对学习过程的认知性理解。[5] 评价是基于师生"进行中的对话"的,并不是单向的,而是共同地围绕评价所得的信息相互对话的活动。这种评价的特质是:从广阔的脉络与范围来把握学习者的学习;关注学习者各自的差异;学习者拥有自我评价的目标;学习者对于学习的进程做出自我评价;描述优劣得失;学习的评价与教学一体化。这样,教育评价正在经历如表 19-1 所示的发展过程。

从	到
重视结果	过程评价
个别技能	整合的技能
个别事实	运用知识
纸笔试题	真实课题
非情境化课题	情境化课题
一种正解	多种正解
无公认标尺	公认标尺
个体	**小组**
教学之后	教学过程
反馈少	深思熟虑的反馈
测验"目标"	实作测验
标准测验	非正式测验
外部评价	学习者自我评价
单一评价	多元评价
偶发评价	连续评价
终结性评价	循环性评价

表 19－1　教育评价的发展动向

　　"档案袋评价"作为一种从实践中涌现出来的评价方式,集中体现了上述教育评价发展的趋势。它作为"等级化"、"分数化"评价的一种替代,有其旺盛的生命力。它的优势在于,"为学生提供了一个学习的机会,使学生能够认识自己,判断自己的进步。"[6]这种评价方式着力于收集显示某一学习领域里学习者的努力与进步的作品,调查每一个学习者获得的经验,及其疑问和兴趣,探究其各个时段的学习过程,通过编制成"成长档案",来把握每一个学习者的学习轨迹(如图 19－1 所示)。

图 19－1　学习者的学习轨迹

档案袋评价的档案可以分三类：一是学习者用档案，可以明示每一个学习者的内在脉络和学习的轨迹，是学习者自身的东西，构成自我评价与相互评价的资料；二是教师用档案，是如何培育学习者的目标以及教学过程中所用的教材、素材，班级学生的资料与摘录，自我评价的资料；三是共同档案，记载有关每一个学习者的老师、同伴、社区人士、家长的思考与愿望。通过相关人员共同制作的共同档案将成为激励学生学习的场所，信息交换的场所，也就成为维护和推进学习网络的媒介。

　　档案袋评价的实施主要有如下七个要件（主要成分）[7]：确立明确的评价目的、内容、主题，保障每一个学生都有自己的成长记录袋；发展清晰明确的说明或是使用指南，选择广泛多样的不同类型的作品样本；依据所收集的作品样本的性质对作品样本进行归类存放；师生合作明确评判作品质量的标准；在教师指导下总体地或是分项目地评价作品；举办作品交流会；鼓励家长参与评价的过程。

　　档案袋评价往往着力于对学习者"核心技能"的考察。据日本教育学者寺西和子介绍，日本在"综合学习"中采用了档案袋评价的方法，并且列举了所要培养的"核心技能"（如表 19 - 2 所示）。[8]

表 19 - 2　"核心技能"及其评价项目

1. 旨在理解的阅读 阅读、信息获得、分析性思维
2. 数学分析 分析性思维、数学、关联性思维
3. 地图、图表、图 分析性思维、数学、关联性思维
4. 世界的语言（外语） 阅读、思维的表达、关联性思维
5. 行动研究 项目计划、默契、目标的设定
6. 信息（电脑） 信息的获得与管理、系统思维

7. 创造性表现
创造性思维、趣味性回顾、分析性思维、舞蹈、视觉艺术、图像、音乐表象与歌剧

8. 撰写报告
阅读、信息的获得与管理、思维表达、项目计划

9. 语言表达
思维表达、创造性思维

10. 社区服务
社区服务、目标设定、项目计划

三、档案袋评价与"7P 模式"

　　档案袋评价是在学习的自然流程中来考察所评价的对象——儿童的能力——的状态的。档案袋评价是一种计划、选择、反思的过程，一种把握学习者学习轨迹、推动"学习网络"的有效手段。作为一种质性评价，档案袋评价有其巨大的生命力。这是因为，它拥有如下特质：

　　培养和把握学习者自身实力的评价。标准学力测验不仅不能充分地评价学习者的能力，而且会使学习陷入竞争性学习，降低了教学的素质。在测验中，不仅不能把握作为学习者的智能的重要的分析力、复杂问题的解决能力、表现能力、综合能力、合作能力，等等，而且学习者也不能正确地评价自身学习的能力与成就。这些能力由于难以分数化，一向受到轻视。但是，以实力为核心的技能、表达力和态度等，对每一个学习者的成长来说都是不可缺少的。培养每一个学习者的身心一体化的问题解决能力、批判性思考力、持续能力、灵活性、自信、表达力等高度复杂的智能和知性，是今后直面的课题。

　　把握学习者在"现实脉络"和实际生活情境中的学习过程的评价。不能把学习者的学习视为离开了脉络的、抽象的、一般知识的授受。重要的是，培养每一个学习者超越了狭小的课堂空间，以更广阔

的世界和社会的"场"与"情境",亦即以社区与整个学校作为学习者学习的"舞台",建构有意义的学习——学习者自身潜心自己的体验与活动,从而不断有所"发现",同时不断建构"脉络化的学习课题"——的能力。这种学习超越了单纯的传递教科书知识的活动,为学习者创造了"脉络化的"(contextualized)学习。建构自己的学习能力和培养表达、交流的能力本身,对于学习者来说是有现实意义的。

描绘学习者"真实的学习过程"的评价。学习档案记录了每一个学习者学习的轨迹,例如,从单元初到单元结束,将该学习者的疑问、兴趣爱好、所想所感、体验与活动、观察调查的结果、访谈录、剪报和因特网信息的汇总、老师与同学的忠告、自己的学习总结、作品,等等,有序地编辑。学习者在这里是名副其实地作为"学习的建构者"、"活动的探究者"来描绘学习的过程与轨迹的。

有助于培养每一个学习者自我评价能力的评价。学习档案不仅提供了每一个学习者的知识,而且提供了丰富的、生生不息的信息。这种信息的反馈,将激励学习者成长,通过"回顾",冷静地洞察自己的学习,发展元认知。

成为同其他同学、老师甚至家长进行对话和沟通的资料,有助于培养合作式信赖关系的评价。以学习档案为媒介,师生以准确的话语为基础展开沟通与对话。也可以成为进一步学习的内容与方向交谈的资料。在这种对话过程中,产生相互信赖的关系。

这种评价并不是游离于"教学"的,而是整个教学的一部分。学习者自身参与课程与教学的设计,通过建档活动,体悟学习是学习者自身的事情。

档案袋评价既非一堆档案夹卷宗,更非剪贴簿。而是"实作评价"(performance assessment)与"真实评价"(authentic assessment)的结合。[9]近年来,发达国家发展的种种质性评价的评价技术,诸如"7P模式"[10],其基本精神都是相通的:

"档案袋评价"(portfolio assessment)——书面案例中所保存的学习者的作品、评价卡、收集的资料、作为活动记录的照片和记录等,根据这些资料,师生围绕学习成果展开对话。其长处是可以表现学习者学习的深度、广度和过程的情形,把握学习者长期成长的面貌。因此,也有将"档案袋评价"译成"作品集锦评价"或是"成长档案评价"的。

"剖面评价"(profile assessment)——根据各个单元所要培养的能力,而准备若干项目作答并加以评分,其结果用剖面图显示,由长短的直线或起伏的折线,显示个体之间的个别差异,也可看出个体本人在各种能力上的差异。这是一种有助于把握学习成果的某一侧面,设定后续学习课题的评价方法。由于评价视点明确,因此便于向家长交代,有助于提高教学的效果。

"实作评价"(performance assessment)——主要运用观察法,评价演技、实验、观察、讨论、发表之类学习者的具体活动(实作)的评价。如在戏剧、演奏中进行的试唱和试奏考查时运用的评价方法,有助于提高儿童的活动水准。

"过程评价"(process assessment)——同其他评价方法密切相关。在学习者的学习过程中,对兴趣爱好、同朋友的合作性、课题意识的深度、学习的充实感等,用5级记分加以评价的方法。有助于学习者学习情况的即时改进。

"产品评价"(produce assessment)——围绕学习者的"最终成果"——作文、报告、劳作、模型、绘画、雕刻、CD和网页乃至烹饪和建筑作品的评价。该评价方法可以使学习者领悟到成功的喜悦和成就感。

"项目评价"(projece assessment)——以综合性主题为中心,就项目的设计与管理状况进行的自我评价的方法。有助于培养学习者自律的策划实践能力。

"品格评价"(personality assessment)——以年表形式回顾自己的成长历程,分不同视点加以评价的方法。

总的看来,质性评价与量化评价是相对的两种评价方式。前者基本上是"针对后者的偏失而表现的一种反动"。[11]其优点是:第一,着眼于学生的整体发展,兼顾认知、情意、技能领域整体的学习评价;第二,适应学生的个别差异,肯定个人的努力进步与整体成就。呈现个别化的学习进程;第三,师生共同参与评价内容的设计、作品选择标准及档案评价标准。激发学生自我反思、自我督导、自我评价的主动学习的潜能;第四,建立相关资源库,达成资源共享的目的,提升学生的沟通、合作、表达及组织能力。档案袋评价有可能使教学真正成为一门激荡师生智慧的艺术,这也是我们的新课程所需要的。

参考文献

[1] 东洋.心理学事典[M].东京:平凡社,1981:81—82.

[2][4] 寺西和子.学习观的转换与教育评价观的转换[J].东京:授业研究,1999(4):80—81.

[3] 筱原正典,荒木寿友.教育的方法与技术[M].京都:智慧女神书房,2018:216—220.

[5] 波多野谊余夫,大浦容子,大岛纯.学习科学[M].东京:放送大学教育振兴会,2004:179.

[6] 李雁冰.课程评价论[M].上海:上海教育出版社,2002:204.

[7] Popham,W.J.促进教学的课堂评价[M].国家基础教育课程改革"促进教师发展与学生成长的评价研究"项目组,译.北京:中国轻工业出版社,2003:158—159.

[8] 寺西和子.美国 21 世纪普通中小学(公立)的综合学习[J].授业研究,2000(2):80—81.

[9] 王咏.教学创新多元评量——档案评量评析[J].中等教育,2002(8):56.

[10] 寺西和子.综合学习中起作用的 7 种评价技巧[J].授业研究,2001(3):77—78.

[11] 单文经.教学引论[M].台北:学富文化事业有限公司,2001:287.

20

课程人的社会责任何在

本文通过解读 2001 年以来我国教育舆论界围绕基础教育课程改革所展开的论战的若干基本事实,旨在揭示伴随课程改革的深入发展所遇到的种种观念冲突和来自保守势力的重重挑战,叩问我国课程人的社会责任何在。尽管新课程改革步履维艰,但终究会走向成功。凯洛夫教育学的幽灵终究阻挡不了改革者前行的步伐。

一、是非曲直谁评说

教育是一个公共文化领域,教育的公共性决定了教育问题需要作为公共的论题被加以思考和讨论。本文假定,所谓"课程人"指的是围绕课程改革的公共论题发表主张和意见的专业人员或是大众媒体人员。这样,大凡各级学校教师、教育研究人员、教育行政干部和教育记者所发表的课程言论,均属讨论之列。近年来,这些课程人围绕课程政策、课程理论和课程改革实践的问题,掀起了一场又一场论战。这是好事,因为它从一个侧面反映了我国第八次基础教育课程改革前所未有的进展。

这是风风雨雨、是是非非、沸沸扬扬的唇枪舌剑,难免伴有沙尘和谜团。但沙尘总得吹散,谜团终要揭穿。因为真理终究是越辩越明的。

如何解读"王钟之争"[1]说? 有人说,"这是个人意气之争"。不对,两者之间不存在任何个人恩怨。也有人说,"这是兄弟学校之争"。不对,两校精兵强将合作共事,直接参与了新课程改革各个环节的工作。这是大是大非之争！王策三先生在《北京大学教育评论》发表的五万言书——《认真对待'轻视知识'的教育思潮——再评由"应试教育"向素质教育转轨提法的讨论》（2004年）中反复强调，根本就没有所谓的应试教育和素质教育的对立，由应试教育向素质教育转轨的提法是错误的。他甚至公然举起"为考试而教，为考试而学"的旗帜，说什么中央文件从来没有提过"素质教育"，否定已经成为国策的"素质教育"。并且以"记取历史教训"为由，把包括我国"文化大革命"在内的世界教育史上的一切污泥浊水统统泼向"新课程改革"。风风雨雨的"王钟之争"实际上是改革大方向之争。在教育部的《基础教育课程改革纲要（试行）》（2001年）驱动第八次课程改革开始之初，王先生等人就紧锣密鼓地发文章、出文集，忙于"纠正"课程改革的大方向。尽管如此，当时我们的态度是"你说你的，我做我的"，对这些言论一概不予回应。然而他们却我行我素，居然挥舞起"轻视知识"的帽子，混淆视听。事实证明，关乎大方向的论争是想回避也回避不了的。于是，《全球教育展望》（2005年）、《教育发展研究》（2005年）等杂志才开辟专栏，开始作出理性的回应。一连串的文章辨析了新课程倡导的基本理念，重建了新的知识观、学习观和课堂文化观，指出了我国基础教育改革的唯一出路就是汲取世界发达国家教育改革的经验，从精英主义教育走向大众主义教育，培养适应新时代发展的新人。最近王先生又发表《关于课程改革"方向"的争议》（2006年），声称："究竟课程改革的方向是正确的还是错误的？不能一概而论，要具体分析。"怎么具体分析？他斩钉截铁地说："2001年以来的改革方向有重大偏差，方向是错误的。"那么根据呢？"根据就是数学新课标全面否定过去的教学体系，全面否定我国中等教育的优良传统。"数学新课标果然有方向性错误吗？原来他的立论根据就是"院士告状"的内容。那是2005年春天关于义务教育数学课程标准之争，两院院士的"数学课标叫停"的提案在教育界引起轩然大波，于是教育部组建了以史宁中教授为组长的数学课程标准修订组，加强了修订工作的权威性和代表性，加快了完善数学课程标准的步伐。一个基本事实是,数学教育改革的大方向是被充分肯定的。时至今日,王先生依然无视这个基本事实,动辄高喊"否定传统"、"方向错误"、"注定失败"、"后患无穷",这不能说是负责任的学术态度。

如何解读"功劳被劫"[2]说？王先生接着又在他的这篇文章中语出惊人地说,如今新课程改革分化为"两股道"。一股道是以他为代表的"新课程派",另一股道是他批判的"新课程理念派"。他断言,"新课程理念派""对新课程改革产生了很大的误导和干扰作用"。至于什么误导,如何干扰,他并没有直说。接着是一番更为荒唐的言辞:"尽管新理念的做法与整个课改传统断裂,而客观上却享受20世纪80年代开始至今的整个课改所立下的功劳"。在他看来,"新课程理念派"邪恶至极,攫取了正统的"新课程派"的成果,他感到"冤枉"了。然而读者不免纳闷:在洋洋洒洒的五万言书中明明斩钉截铁地声称"为考试而教,为考试而学有什么不好,应试教育是学生全面发展的一种基本形式"的王先生,怎么摇身一变成为"新课程派"了呢？要知道,称得上新课程派的应当是反叛应试教育的呀。你说自己是"新课程派",究竟新在哪里？有什么成果值得别人攫取呢？别人攫取了哪些成果呢？比如说,新课程改革倡导学科课程与跨学科课程(综合实践活动课程)并举的课程结构。这里的综合实践活动课程自然是我国教育界对长期以来经历的从"第二课堂"再到"活动课程"的改革实践之后的历史经验进行提升后所形成的课程发展,难道这就是先生所谓的"功劳被劫"？看来是先生的心态失衡了,或者说是先生自我边缘化的结果。新课程改革不是某些人的心血来潮,也不是从天上掉下来的,更不是什么灾难,它是我国教育实践的历史发展的必然结果。古人云"正其义不谋其功,明其道不谋其利"。纠缠于"功劳不功劳"、"被劫不被劫"的是是非非,提出这个问题本身就很无聊。课程改革不是任何个人所能左右、所能成就的,休想归因于某些个人的功劳！《基础教育课程改革纲要(试行)》以及课程改革方案本身就是集体智慧的结晶。它是教育部组织专家队伍进行大量的调查研究,广泛听取家长和社会各方面的意见,并对20多个国家与地区的课程改革情况进行研究和借鉴后的成果；是 1 000 多位专家参与国家课程标准的研制工作，200 多位专家院士审议各种课程标准，并对历史、地理、思想政治课程与意识形态关系较为密切的课程标准报请中宣部、外交部审议的结果。先生怎么无视了这个实实在在的事实呢？

如何解读"三新鼎立"[3] 说？有人梳理课程改革的谱系说，"新基础教育"、"新课程改革"、"新教育实验"，分别从课堂、课程和教师专业发展的角度切入，形成"三新鼎立"之势。这种比喻容易引起读者的误读。可以说，这三者并不构成鼎立之势，沸沸扬扬的"三新鼎立"的说法并不成立。为什么？这是由于三者的属性不同，彼此并不在一个平面上。"新课程改革"的修饰词只能是教育部而不是任何其他的个人。它是由时任教育部部长作为实施素质教育的重要载体和关键环节来抓的，并且是得到国务院的直接支持的。教育部发动的"新课程改革"，从改革纲要生成课程标准，从课程标准生成"一纲多本"的教材教参，从课程标准、教材教参生成教师培训，从教师培训生成有声有色的课堂教学层面的改革，这是有序地推进的"为了中华民族的复兴，为了每位学生的发展"的世纪工程。它有别于另外"两新"之处，就在于它是一种政府行为，体现了新世纪国家基础教育发展的战略。因此，它是全方位的：从课程切入，但关注课堂层面的改革和教师的专业发展。它不是某些人视为"眼中钉"的所谓"理念派"的心血来潮，也不是某些个人能够成就的。在改革的大潮中有朵朵浪花，也会有沉渣泛起。倘若非要给三者作比喻的话，那么，教育部策动的"新课程改革"无疑是改革的主潮，浩浩荡荡，势不可挡。因为它符合国家发展的需求，反映人民心中的诉求。至于另外"两新"，可以说，它们的改革主张，它们的理论建树，它们的实践积累，同样是旨在摆脱应试教育的束缚，高扬素质教育的旗帜的。因此，把它们比喻为课程改革滚滚浪涛中的"浪花"朵朵，或许更为贴切。无论如何，三者之间的关系不是什么"角力关系"，而是"琴瑟和谐"的关系。具有讽刺意味的是，舆论界怎么偏偏无视了这朵"20 世纪 80 年代开始至今的新课程派"的"浪花"了呢？

真正的课程改革必定是观念与体制的同步变革,归根结底是涉及利害关系的重新调整。因此,来自旧观念的挑战,来自旧体制的挑战,来自既得利益者的挑战,来自新课程改革实践本身的成长、成熟过程的暂时失衡所带来的挑战,使得课程改革的全过程充斥着激烈的矛盾和冲突,这是必然的。是非曲直谁评说? 这就不能不牵涉到课程人的社会责任的问题了。

二、社会责任岂能忘

　　新课程改革的目标不仅凝集了本土改革实践的经验,而且体现了国际教育发展的共同趋势。课程改革是在传承我国基础教育传统优势的前提下,借助学校课程的重建、课堂教学的重建、学校文化的重建,推进课程发展的一个漫长的渐进的历史过程。然而,在"改革纲要—课程标准—新课程实验"各个环节之间,总会存在某些落差。不能因为课程标准或者新课程实验存在这样或那样的问题就否定它的改革大方向。设置教育实验区的目的之一,就在于借助改革实践的过程,去发现这样或那样的问题、缺点和错误;去求索解决这些问题、缺点和错误的策略,从而为课程标准的修订和课堂教学的转型积累实践依据。因此可以说,围绕改革实践中的这些问题、缺点和错误,发出不同的声音,辩论双方才可能分享对方的智慧,也终究有益于我们共同的基础教育课程改革工程的健康发展。这正是作为课程人的社会责任的一种表现,也是我们梦寐以求的一种"和而不同"的教育民主的境界。

　　然而,作为实施素质教育的重要载体和关键环节的课程改革,归根结底意味着应试教育的覆灭。倘若缺乏这个共同的思想前提,自说自话乃至设想一些"假想敌",无中生有地引发无谓的"口水仗",不是真正的学术讨论。"课程领域已步入穷途末路,按照现行的方法和原则已不能继续运行,也无以增进教育的发展。现在需要的是适合于解决问题的新的原则……新的观点……新的方法。"[4]是坚定不移地推进素质教育,还是死心塌地地张扬应试教育? 是真心实意地推进课程改革,还是千方百计地阻挠课程改革? 从根本上说,是把国家和民族的利益置于企业利益、个人权威之上,还是相反,把企业利益、个人权威置于国家和民族的利益之上? ——这是鉴别课程人是否承担了社会责任的最根本的标尺。言论自由总是伴随社会义务的。课程人在发表自己的意见时,必须同时考虑社会责任。课程改革是政府行为,是专业行为,也是合作行为。上上下下都要承担各自的责任。政府机构不能不作为或"和稀泥",专业人员不能信口开河,大众媒体不能为所欲为。"真心实意地做课程改革的促进派。"——这就是课程人的社会责任。当然,要求每一个人都充当课程改革的促进派,事实上是不可能的。因为,不同的人群拥有不同的立场、观念、态度和追求,他们的认识也有一个发展过程。然而,作为课程人,起码应当满足最低限度的社会责任,而不能说是一种苛求。那么,作为课程人的社会责任的底线是什么呢?

(一) 不要干扰改革方向

教育问题、学校课程问题是一个整体性的问题,需要整体的、全局的、专业的思考,也需要善意的批评和理性的响应。要学会主张,学会倾听,学会分享,在共同的目标追求下,寻求多元声音的交响。在改革的大方向取得共识的前提下,我们需要调查、实验、研究、讨论甚至争论的问题牵涉到课程实施的方方面面,而且层出不穷。诸如课程标准、教材开发、考试评价、课堂教学、课程资源、教师研修等制度层面的建设;以及教育落差,如地区落差、学校落差、学生落差等所造成的现实矛盾的化解。这其中存在诸多新旧矛盾引出的问题,需要在一边实践、一边研究的过程中一一加以解决,而这是需要最大限度地动员尽可能多的专家学者参与的工程。因此,不要老是拿"院士告状"的材料纠缠不休了,不要不了解事实真相就信口开河了。比如说,王先生一直批评新课程的"三维目标"是"轻视知识"的典型表现。

然而,当代哪个国家的课程文本不在倡导"三维目标"? 如果把"学力"隐喻为"学力之树",那么,构成树木的三个部分的树叶、树干、树根,可以分别视为由知识与技能、过程与方法、情感态度与价值观三个维度构成的统一体。"看得见的学力"是由"看不见的学力"支撑的。"三维目标"恰恰是在强化知识目标而非"虚化"知识目标。"究竟是把学力狭隘地限定在知识和技能方面,还是把学力看作是包含知识、技能再加情意的全方位学力呢"? 日本教育界在 20 世纪 70 年代有过这两种对立观点的激烈论战。辩论的结果是,前者是应试教育的学力论,后者则是体现了以人为本的教育观,因而获得了更多的支持。[5]① 即便从"知识维度"来说,新课标、新教材不仅更新了知识,而且拓展了知识的广度和深度。倘若从"知识量"的角度审视,笔者担心某些学科的"知识量"不是太少而是仍然太多的问题。所谓"轻视知识",完全是子虚乌有! 维护改革的大方向,是课程人责无旁贷的社会责任。何必站在改革大潮的对立面,老是拿跟进措施一时不到位或是具体操作过程中的某些失误指手画脚呢! 为什么要设立课程改革实验区和实验校? 为什么课程标准要通过改革实践的检验再行修改? 就是因为任何改革实践都有一个认识发展的过程。所谓"实践出真知",没有实践,就没有真正的认识。不可能等到一切都在完完全全的预料之中,在细致入微的计划之中,在尽善尽美的掌控之中,才启动改革。倘若那样,无异于放弃改革。

(二) 不要违背学术良知

课程改革的过程同时也是繁荣课程学术的过程,独尊一家的时代已经远去。凯洛夫(I. A. Kairov)教育学没有"课程"的概念,没有"儿童"的地位,没有"教育民主"的诉求。可某些人对于这种适合应试

---

① 事实上,2007 年 4 月日本文部科学省实施的"全国义务教育学力调查",就是由学力测试(包括旨在测试基础知识和基本能力的 A 卷和旨在测试灵活应用能力的 B 卷),以及相关背景(生活习惯与学习环境)的问卷调查组成的。从这种学力调查的设计框架,我们不难看出其背后的新的学力观。

教育的理论情有独钟,而对于苏维埃教育科学的精华——维果茨基(L. S. Vygotsky)、苏霍姆林斯基(V. A. Sukhomlinsky)却冷若冰霜,对于 20 世纪 80 年代以来西方教育界基于教育研究范式的转型而带来的新发现、新发展更是视若洪水猛兽。这是不利于课程学术发展的不正常的现象。有人发表文章说,[6]透过日本学者佐藤学的译著与藤田英典的译著在中国教育界遭到一热一冷反应的现象,来借题发挥。作者硬生生地把这两位日本学者当作"辩论中的对立双方"的代表,提醒读者要关注藤田英典这个所谓"反改革派"的言论。错了,作者先生。他们都是站在教育学术前沿的"改革派",都是作为同一个研究共同体的成员一起编撰"学习与文化丛书"的心心相印的东京大学著名学者。不要以为"改革派"无视改革中直面的问题,佐藤学(专攻学校教育学)也同藤田英典(专攻教育社会学)一样,关注"危机引发改革,改革产生困惑"的话题。不过,这是作者望文生义闹出的笑话呢,还是有意捏造事实? 读者不得而知,但看来是醉翁之意不在酒,大概不外乎两个理由。其一,埋怨读者"没感觉",为什么冷落了某些国人的著作,却热衷于洋人的著作。其二,埋怨读者"不成熟",为什么冷落了反改革的声音,却一味热衷于改革的声音。①然而问题在于,一味尊崇凯洛夫幽灵,为应试教育呐喊,称得上是"共同的追求"么? 能够贴近时代、吸引读者么? 读者相信么? 读者的眼睛是雪亮的,社会的反响是公正的。不用作者去教训读者该读什么,

---

① 潘新民在《教育学在线》(2006 年第 4 期)上发表《再读王策三教授〈认真对待'轻视知识'的教育思潮〉——兼与应学俊同志商榷》一文,指责"众多读者""断章取义","误读、误解"了王先生"非常中肯"的见解。作者俨然以权威的口吻说:"中小学教师还应加强教育基本理论学习……才能抵制住转轨者的一些非常不切实际的观点。"在这里,读者不免会提出一系列的问题讨教:为何四面八方众多读者老是"断章取义",出现"误读、误解"的现象呢? 连那么多专业人员都解读不了如此高深莫测的学问,需经这位作者"辅导"(不过是大段地复述原话而已)才能领略一二? 所谓的"加强教育基本理论学习"莫非图谋重振昔日凯洛夫教育学的威风,"才能抵制住转轨者非常不切实际的观点"? 请问哪些是"非常不切实际的观点"? 从应试教育向素质教育转轨的大方向是错误的吗? 令读者纳闷的是,还有人在网上发表题为《认真学习王策三教授语录》的文章(统共两个自然段落:第一段是"王先生语录",第二段则是嘲笑读者轻慢了王先生的大作,既不认真拜读,也全然读不懂),为王先生百般辩解。可惜,越是辩解,越是破绽百出。

读者自有选择的权利。所谓"听不得反对意见"者,究竟是谁呢? 这场论争的起因难道不是某些人反对"应试教育向素质教育转轨"的提法,连篇累牍地指责"新课程改革是轻视知识教育思潮的代表"、"课程改革的大方向存在问题"所引起的吗? 难道只允许某些人唠叨50多年前的陈词滥调,却容不得别人有丝毫不同的声音吗? 我国教育正处在从应试教育向素质教育的转型时期,教育优化和教育问题共生,教育进步与教育代价共存。多年来的应试教育已经让我们付出了太大的教育代价,每一个有学术良知的课程人,难道不应当共同承担起尽力减少乃至避免这种教育代价的社会责任么!

(三) 不要污染舆论环境

创造一个立足国际视野、扎根本土实践的课程改革的舆论环境,是所有课程人特别是新闻记者义不容辞的义务。同样是教育报社的记者,有的深入课程改革的前沿,写出了有血有肉的深受读者欢迎的报道,而另一些教育记者的表现却是令人遗憾的。某记者自新课程实施以来,动辄打着"专家"的旗号发表报道,"专家认为,概念重建不合理,课程改革不合法。"是哪个专家? 报道没有指明。不合谁家之法? 也没有明说。这些报道集中宣传一个主题——"教学认识论"。①诸如"课程改革的理论基础应当是'教学认识论'";"应试教育是素质教育的一部分";"所谓的'回归生活'和'社会实践'只是补充和辅助,而不是主导。……21世纪的新蒙昧主义正在形成甚至崛起",等等。[7][8]好大的"21世纪新蒙昧主义"的帽子! 似乎抛弃了"教学认识论",无异于教育的灾难。马克思主义教育学说的一个基本原理就是,学校的教育、教学活动应当与生机勃勃的社会实际生活联系起来。学科教学不应当是与儿童的现实经验、学习积极性和问题毫无

---

① 谁也不会否定教学的认识论基础研究的价值。换言之,教学的认识论研究不是王先生的专利。这里的"教学认识论"是特指王先生从凯洛夫教育学那里搬来的片面强调"教学特殊性"的灌输主义教学认识论。

关系的枯燥无味的知识的堆积。我们应当认识到，提倡"回归生活"和"社会实践"意味着教育的生活意义的升华，和生活的教育意义的升华，并不是否定学科和学科教学。学科教学不是社会生活本身，但它是可以生活化的。这两者之间存在根本差别。"通过增加学生的记忆量来实现教学的效果，……存在很大问题。事实上，真正的解决实际问题的智慧得不到发展，学生反而从这种学习经验中养成对权威的盲从，同时也产生了对学习的厌恶。"[9]某些人倘若非要守护"新蒙昧主义"的帽子，那么，远离时代、远离儿童、远离生活、远离实践的课程与教学，才是货真价实的新蒙昧主义！这样看来，正如炒作"轻视知识教育思潮"者恰恰是轻视知识的典型一样，炒作新蒙昧主义者恰恰是新蒙昧主义的典型。其实，"教学认识论"不是什么新东西，是从凯洛夫教育学那里搬来的。[10]不管你承认不承认，一个铁的事实是，这种灌输主义"教学认识论"在教育学术界原本就没有多大声誉；在今日课程改革的大潮中，在课程意识逐渐觉醒的广大中小学教师面前，其市场已经极度萎缩了。如今，这个记者迫于全国上下坚定不移地推进素质教育的社会压力，又转而去"辨析"原本不是对立的两个概念——"素质教育与传统教育"了。[11]表面看来，他不再是赤裸裸地为应试教育辩护，但这是一种更加诡谲的手法：把应试教育纳入传统教育的概念，从而改变素质教育的内涵，回归应试教育的老路。这些报道的负面影响比起"南京高考之痛"有过之而无不及。更有甚者，安徽某学院某教授去中学作报告说："你们要警惕！钟教授跟日本人走得很近，不要听钟教授那一套，那是欧美的思潮，不适合中国的国情。中国的国情只能适用凯洛夫教育学。"话音刚落，当即受到该校教师的质问。据说那场报告会只好草草收场。有位老师问我"要不要回应"。我回答说，"随他说去"。不过，我倒想提醒这位先生，动辄施用"崇洋媚外"乃至"里通外国"的"文革式"语言暴力，是无济于事的。谩骂不是学术。越是谩骂，越会使你们"自我边缘化"，同时也越是激励我们更加坚定地、理性地肩负起"概念重建"的社会责任。

三、风物长宜放眼量

在新课程改革的进程中,围绕课程改革的问题,改革与反改革的声浪恐怕会持续存在于改革的全过程。现在有人提倡"折中主义",说"保守主义"与"激进主义"各执一端。应当说,冠名某些人"保守主义"是名副其实的,冠名"激进主义"却有些偏颇。从秉持改革是唯一出路的主张看来,正名为"改革主义"也许更贴切一些。至于说"保守主义是激进主义的产物",这是颠倒了因果关系的说法,是违背事实的。从事件发展的全过程来看,事实的真相恰恰不是"改革主义"产生了"保守主义",而是"保守主义"引发了"改革主义"。一位日本教育哲学家曾经说过,迄今为止的教育思想可以归纳为三大教育思维方式——"过去主义哲学"、"现在主义哲学"、"未来主义哲学"。"过去主义哲学"一味沉迷于过去而不能与时俱进,"现在主义哲学"纠缠于眼前的困惑而只能左顾右盼,而"未来主义哲学"却要立足未来文化,审视过去与现在而又超越过去与现在。[12] "未来主义哲学"的教育思维正是发展教育事业、发展学校课程所需要的。

教育现象千姿百态而又千变万化,但这并不意味着其不可认识、不可驾驭。关于课程改革的大方向问题已经争论二十几年了,"素质教育"的概念也已经约定俗成并且写进了刚刚修订的《中华人民共和国义务教育法》,成为全社会认同的价值取向,这难道还要没完没了地争论下去?应当说,结论是明明白白的。那就是,应试教育与素质教育是不可调和的两种教育思想;素质教育是我国从"人口大国"走向"人力资源强国"的发展战略的必然选择。教育部启动基础教育课程改革工程和教师教育改革工程,就是坚定不移地实施素质教育的信号。因此,今日讨论的话题应当围绕素质教育实施的策略问题展开,不能老是回到几十年前论争的原点上纠缠不休。当然,课程改革的专业性非常强,"在从事一切改革与实验之前,我们必须认识到,大凡学校的改革是无比繁难的社会事业。无论哪一个国家,学校教育总是浓缩了该国的一切社会与文化的元素的。学校教育的改革并不是单独的改革,教育改革的推进不能游离于该国的社会历史与文化传统之外。构成学校的一切成员倘若不建立起彼此信赖合作的关系,那么,任何改革都不会取得成功。倘若每一位儿童的尊严和学习的潜能得不到尊重;倘若每一位教师的专业性和献身性的实践得不到尊重;倘若每一位家长对于教育的期待和多样的认识得不到理解,以及学校中持续地激励和帮助每一位儿童学习的亲和力,在这些成员中未能得到培育,那么,学校教育的改革是实现不了的。"[13]我们课程人唯有贴近世界学术前沿,贴近改革实践前沿,贴近学科重建前沿,才能真正持续地发出自己的专业的声音,才能真正回应新时代"概念重建,课程创新"的挑战。

贴近世界学术前沿。世界教育科学从 20 世纪 80 年代中期开始,基于研究范式的转型开拓了新而又新的教育学术前沿,展开了一系列的"概念重建"。以"学习科学"为例。20 世纪 50 年代末心理学的"认知革命"催生了旨在科学地理解人类认知过程的新的领域——"认知科学"。认知科学自诞生以来,从多元的视点——人类学、语言学、哲学、发展心理学、计算机科学、神经科学及其他心理学分支,展开了对于人类学习的科学研究。学习研究终于摆脱了"思辨"阶段而走向"科学"。新生的学习科学作为研究人类思维和学习的跨学科研究领域,由众多的研究课题组成:认知心理学、发展心理学、社会心理学、认知心理学、文化人类学、脑科学。学习科学,特别是脑科学的发展,打破了三大神话。[14]第一个神话,"90%的大脑潜能尚待开发说"——人类仅仅运用了大脑的极小部分(10%或是 20%)的潜能,极大部分的大脑潜能尚待开发。这是源于对脑科学研究数据的错误解释。早在 100 多年前,神经科学家就已经完成了第一次大脑图谱,神经和心理功能已经定位于大脑的具体结构上。不过,当时仅仅描绘出 10%的结构与功能。或许这个论断被误传,错误地被理解为其余90%没有普通功能。第二个神话,"左右脑分工说"——有人基于裂脑研究得出左脑是"理性脑",右脑是"感性脑"的结论,并据此设计了诸多教育计划。然而从 20 世纪 80 年代开始，就开始批判 20 世纪 70 年代以来这种"左右脑的疯狂"。人们经过多年裂脑研究达成的共识是，大脑左右半球的分工并不是那么泾渭分明，左右半球既有相对的分工，又有密切的协作。人类的许多重要心理功能都需要左右半球的协作才能完成。第三个神话，"关键期说"——"关键期"（"敏感期"或是"机会窗"）一直是除了大脑可塑性和复杂环境研究之外的又一个重要话题。然而学习科学的研究表明，"关键期"不是短暂的、严格限定的，也不是永久的或是不可改变的。许多科学家倾向于采用指称"更长的、非限定性阶段"的"敏感期"，以避免严格狭窄的"关键期"的界定。"山中方七日，世上已千年。"在当今的全球化时代，倘若我们课程人缺乏国际学术视野、仇视"概念重建"，仍然像炒作"三大神话"那样热衷于炒作凯洛夫，岂不可以收进《新笑林广记》！更何谈作为一个大国应有的学术风度。

贴近改革实践前沿。新课程改革与凯洛夫教育学决裂，并不意味着排斥，而恰恰是追寻本土教育传统。课堂教学中暴露出的诸多问题都牵涉到什么是知识、什么是学习、什么是课堂、什么是学习水准等的问题，对于这些问题的回答，明显存在着素质教育思想与应试教育思想的分野。决战在课堂，重建课堂教学是课程改革的核心环节。实行国家课程标准指导下的教材版本多样化是新课程改革的又一个重要追求。然而，人们期待的"一纲多本"、"和而不同"的教材多样化局面并没有出现。在教材多样化的背后隐藏着教育内外的种种势力的较量，因此不可能一帆风顺、一蹴而就。应当承认，教材研究（特别是教材基础理论的研究）原本是我国教育研究中极其薄弱的一个环节。当世界各国各自在钻研以"共同文化"、"核心知识"、"关键能力"、"基础学力"作为学科重建和教材编撰的核心观念的时候，我们还在炒作"双基论"。要知道，"双基论"是从苏联搬运过来的。苏联早在 20 世纪 50 年代末就抛弃了否定"人"的"态度"这个最活跃的要素的"唯生产力论"——"双基论"。在 20 世纪 80 年代初，刘佛年基于国际比较研究，旗帜鲜明地提出了与之针锋相对的"三基论"

("态度、知识、技能"三位一体论)。这同今日新课程改革倡导的"三维目标"是基本一致的。实践表明,几年来教材改革不仅未能满足课程教学改革的需求,而且未能应对市场经济条件下围绕教材市场的争夺所产生的种种冲击和影响。教材的编写、审定、选用、出版、发行等各个环节,面临制度创新的诸多挑战。凡此种种,无不说明课程改革实践中的问题是错综复杂而且层出不穷的。倘若远离了改革实践的前沿,我们能有多大的发言权呢!

贴近学科重建前沿。学科重建不仅是国际潮流,也是我国教育发展的需要。基础教育课程改革的进展呼唤新的教师教育课程的创造。多年来以"老三门"(教育学、心理学、教学法)为代表的教育学科的话语系统,既有悖于我国的教育传统,又落后于新时代的变革,基本上丧失了其理论的价值,也难以跟教育改革的实践展开对话。正如格根(K. J. Gergen)所指出的:"在行为科学和社会科学中所谓的'法则',有着随时代的进展而发生变化的倾向。谓之'法则'者,归根结底是受价值——什么是理想的,什么是重要的——而左右的,是随着这些价值本身的澄清而变化的。"[15] 创新课程文化是时代赋予我们课程人的使命。"应试教育"的课程文化"只看分数,不问人格",扭曲了基础教育的基本功能,酿造了多少无视人格、摧残人性的人间悲剧!联合国教科文组织早在 20 世纪 80 年代就极力倡导,"学习权"是个人伸张基本权利及其发展潜能的基础。只有让每一个人都意识到个人尊严及社会合作的重要性,个人的尊严和价值才能得以保障,社会才能得以和谐。保障"学习权"即保障"基本人权",而保障"学习权"的教师教育课程离不开"尊重人类尊严和人性价值"的人文精神。因此,我们教师教育的课程该如何清算凯洛夫教育学的影响,真正体现"儿童为本"的理念,是摆在我们面前的首要的课题。新型的教师教育课程不是冷冰冰的、死板的教条或教义,而应当是富于"关爱伦理"、聚焦儿童发展与教育改革的基本课题展开的一系列文化探究。这种文化探究不能脱离社会的脉动和学生的经验,因此,如何秉持"实践取向"的理念,是我国教师教育课程创新面临的第二个课题。

人是具有"未完成性"的生物,正是这种"未完成性"而赋予人类以"万物之灵"的地位。而人类的文化探究又是生生不息的,如何秉持"终身学习"的理念,就成为教师教育课程创新面临的第三个课题。这就是说,我们追寻的教师教育课程决不是单纯的教师和学生展开对话诠释的文本,它也是学生基于自身的经验,主动建构新的知识的基石,同时还是引导学生审视各种教育现象,积极参与教育论题的公共论辩的指引。积极参与学科重建,致力于贯穿教师教育课程改革的三大理念——"儿童为本"、"实践取向"、"终身学习"是我们课程人义不容辞的社会责任。从基础教育课程到教师教育课程都面临着严峻的改革课题。唯有改革,才是教育发展之道。而一些人不去把握国际教育科学的新进展,不去领会课程改革纲要的基本精神,也不去体悟教育实验区和实验学校生机勃勃的新课程改革实践,却危言耸听地叫嚷"课程改革否定知识,取消教育","千万别以为'新课程'能拯救教育",实在是匪夷所思,倒是该引起所有课程人警惕的。

"牢骚太盛防肠断,风物长宜放眼量。"我国教育思想的发展和教育改革的实践,宣告了凯洛夫教育学统治地位的终结,这是谁也挽救不了的;概念重建的社会责任已经历史性地落在了以中青年学者为主力的课程人身上,这是谁也阻挡不了的。我们相信,课程改革的大潮终将冲破应试教育的一切羁绊,开创新世纪我国课程创新的愿景!

参考文献

[1] 王策三.认真对待"轻视知识"的教育思潮——再评由"应试教育"向素质教育转轨提法的讨论[J].教育发展研究,2004,3(10):5—23;王策三.关于课程改革"方向"的争议[J].教育学报.2006,2(2):3—10;钟启泉,有宝华.发霉的奶酪——《认真对待"轻视知识"的教育思潮》读后感[J].全球教育展望,2004,33(10):3—7;钟启泉.概念重建与我国课程创新——与认真对待"轻视知识"的教育思潮作者商榷[J].北京大学教育评论,2005,3(1):48—57;钟启泉.中国课程改革:挑战与反思[J].比较教育研究,2005,26(12):18—23.

[2] 王策三.关于课程改革"方向"的争议[J].教育学报,2006,2(2):3—10.

[3] 张荣伟.三新鼎立:历史谱系与本真意义[J].校长阅刊,2005.

［4］小威廉姆·E·多尔.后现代课程观［M］.王红宇,译.北京：教育科学出版社,2000：229.

［5］［9］市川博.社会科的使命与魅力［M］.沈晓敏,主译.北京：教育科学出版社,2006：227,30.

［6］丛立新.共同的追求,不同的声音［J］.北京：比较教育研究,2006,27(4)：1—5.

［7］蒋建华.转变教育观念面对众多问号［N］.中国教育报,2005－8－13第3版.

［8］蒋建华.警惕怎么都行的教育观［N］.中国教育报,2005－8－27第3版.

［10］张华.试论教学认识的本质［J］.全球教育展望,2005,34(6)：6－18.

［11］蒋建华.素质教育不要"骑着毛驴找毛驴"［N］.中国教育报,2004－1－28第3版.

［12］松田义哲.教育方法原论［M］.东京：建帛社,1978：101.

［13］佐藤学.课程与教师［M］.钟启泉,译.北京：教育科学出版社,2003：1(中译本序).

［14］周加仙.基于脑的教育研究［D］.上海：华东师范大学课程与教学研究所2004届博士学位论文.

［15］Gage,N.L.提高教学实践力的方法：教学法的科学基础［M］.山本芳孝,译.东京：田研出版公司,1995：25.

原出处一览

1. 《论学校课程改革的价值转型》（合作执笔者安桂清），原载台湾《教育研究杂志》2003 年第 3 期。

2. 《课程改革：挑战与反思》，原文《中国课程改革：挑战与反思》载《比较教育研究》2005 年第 12 期；原文《义无反顾奏响课程改革进行曲》载《中国教育报》2006 年 12 月 15 日新课程周刊版；原文《课程改革要突破"三个瓶颈"》载《光明日报》2005 年 9 月 21 日。

3. 《课程发展的回归现象与非线性模式——检视课程思潮的一种视角》，原载《教育研究》2004 年第 11 期。

4. 《"学校知识"与课程标准》，原载《教育研究》2000 年第 11 期。

5. 《概念重建与我国课程创新——与〈认真对待"轻视知识"的教育思潮〉作者商榷》，原载《北京大学教育评论》2005 年第 1 期。

6. 《新世纪学校课程的创造》，原文《论"学科"与"学科统整"》载《教育探索》2006 年第 4 期；原文《求应变求平衡，高中接轨新课标》载《中国教育报》2018 年 3 月 28 日第 5 版（校长周刊）。

7. 《探究学习与理科教学》，原载《教育研究》1986 年第 7 期。

8. 《研究性学习："课程文化"的革命》，原载《教育研究》2003 年第 5 期。

9. 《综合实践活动课程：实质、潜力与问题》（合作执笔者安桂清），原载《北京大学教育评论》2003 年第 3 期。

10. 《综合实践活动：含义、价值及其误区》，原载《教育研究》2002 年第 6 期。

11. 《知识隐喻与教学转型》，原载《教育研究》2006 年第 5 期。

12. 《知识建构与教学创新——社会建构主义知识论及其启示》，原载《全球教育展望》2006 年第 8 期。

13. 《对话与文本：教学规范的转型》，原载《教育研究》2001 年第

3 期。

14. 《新课程背景下教学改革的价值取向及路径》（合作执笔者姜美玲），原载《教育研究》2004 年第 8 期。

15. 《教学活动理论的考察》，原载《教育研究》2005 年第 5 期。

16. 《"批判性思维"及其教学》，原载《全球教育展望》2002 年第 1 期。

17. 《"有效教学"研究的价值与展望》，原文《有效教学的最终标准是学生成长》载《中国教育报》2007 年 6 月 16 日第 3 版（教育科学版）；《"有效教学"研究的价值》，原载《教育研究》2007 年第 6 期。

18. 《教材的概念与教材创新的课题》，原文《确立科学教材观：教材创新的根本课题》载《教育发展研究》2007 年第 12 期(6B)。

19. 《建构主义学习观与档案袋评价》，原载《课程·教材·教法》2004 年第 10 期。

20. 《课程人的社会责任何在》，原载《教育参考》2006 年第 8 期，《全球教育展望》2006 年第 9 期。